JN327798

暴力と適応の政治学

京都大学
東南アジア研究所
地域研究叢書
30

インドネシア民主化と
地方政治の安定

岡本正明 著

京都大学
学術出版会

目　次

略語一覧 —— vii

序　章　暴力集団の台頭と「地方政治の安定」
—— 社会的亀裂はなぜ政治化しなくなったのか？

【インドネシアの暴力集団との出会い】

第1節　インドネシア「安定」のメカニズムに迫る —— 本書の目的 —— 5
第2節　民主化のパラドックス，暴力と政治，自治体新設 —— 11
　　　　—— 先行研究の意義と問題点
　　①民主化パラドックス論：オリガーキー論，金権政治論 —— 12
　　②暴力と政治論 —— 14
　　③自治体新設運動 —— 18
　　④政治的安定論 —— 18

第1章　権威主義体制の崩壊から民主化・分権化へ

【研究者人生も変えた民主化・分権化】

第1節　民主化に向けた改革 —— 23
第2節　分権化に向けた施策の実態 —— 26
第3節　細分化する地域主義 —— 30
　　column　分権化法案作成者たちは誰だったのか？ —— 29

第2章　暴力集団（ジャワラ）とイスラーム
—— バンテン地方の政治構造の歴史的展開

【イスラーム指導者ウラマーとは？】

第1節　バンテン地方の地誌 —— 37

第2節	バンテン地方の研究史	— 41
第3節	歴史 — 植民地国家の時代	— 43
第4節	「無法者」ジャワラ	— 45
第5節	「バンテンのイスラーム」とウラマー	— 49

第3章 独立宣言, 社会革命, そしてアイデンティティの政治 — 1945-1971年

【インドネシアにおける「正しい」暴力】

第1節	独立宣言と地方での秩序崩壊	— 55
第2節	無秩序状況と社会革命 (1) — バンテン理事州	— 57
第3節	無秩序状況と社会革命 (2) — タンゲラン地区	— 59
第4節	共和国政府による社会革命潰し	— 60
第5節	アイデンティティの政治とその失敗 (1) — イスラーム国家樹立運動	— 61
第6節	アイデンティティの政治とその失敗 (2) — 細分化の地域主義	— 62
第7節	バンテン州設立運動の始まり — 1960年代前半	— 64
第8節	二度目のバンテン州設立運動 — 1960年代後半	— 66

第4章 ウラマーとジャワラを通じたスハルト体制の浸透 — 1971-1998年

【スハルト時代の暴力集団, パンチャシラ青年団】

第1節	国家の浸透 — イデオロギー, 制度, 外部者支配	— 73
第2節	国家と地域社会との媒介者 — 地方エリート, ゴルカル	— 78
第3節	媒介項 (1) — ウラマー	— 81
第4節	媒介項 (2) — ジャワラ	— 85
第5節	ハサン・ソヒブという男 — スハルト体制の寵児	— 90

第5章　細分化の地域主義 ── バンテン州設立運動

【不法鉱山の取り締まり】

第1節　バンテン人アイデンティティの再政治化 ── 103
第2節　バンテン州設立運動の組織化 ── 105
第3節　公的機関からの支持調達 ── 州設立運動のポリティクス ── 107
　　　①バンテン地方の支持調達 ── 107
　　　②中央政府の対応 ── 108
　　　③西ジャワ州の反発 ── 109
　　　④西ジャワ州の遅延作戦 ── 111
　　　⑤バンテン州法制化 ── 113
第4節　政治アクターの特徴 ── 114
第5節　州設立運動の政治的意味 ── 118

第6章　州「総督」と呼ばれる男
── 権力闘争とジャワラによる地方支配 ── 2000-2006年

【ジャワラとメディア】

第1節　暴力の脅威による社会・経済・文化の支配 ── 123
第2節　地方政治・行政の支配 ── 125
　　　①正副州知事選 ── 126
　　　②州開発行政・人事 ── 129
　　　③州開発予算 ── 131
　　　④おごれるハサン，PPPSBBI ── 133
第3節　国家的正義，そして中央政界との関係 ── 不安定な同盟 ── 135
第4節　バンテン社会の他のアクターたち ── 139
　　　①県知事，市長 ── 139
　　　②市民社会勢力 ── 147

第7章　新勢力との闘争 —— バンテン州知事選，2006年

【領導会の人たち】

第1節　政党推薦の獲得 —— 158
第2節　副知事候補選び —— 164
第3節　選挙戦略 —— 買票 —— 168
第4節　ジャワラ組織の歴史的連合の発足 —— PPPSBBI，そして領導会 —— 170
第5節　若手知識人の取り込み —— 174
第6節　州知事選挙結果 —— 僅差の勝利 —— 177

第8章　福祉正義党 　　—— イスラーム的正義の台頭と皮肉なアクロバット

【宗教と暴力】

第1節　正義党，そして福祉正義党の台頭 —— 183
第2節　政界における正義党 —— イスラーム化と汚職撲滅 —— 188
第3節　2004年総選挙，そして地方首長公選 —— 189
第4節　「普通」政党としての福祉正義党 —— 穏健化，金権化 —— 191
　①大統領直接選挙と金権体質の始まり —— 193
　②政党体操 —— 195
　③テレビ広告 —— 196
第5節　バンテン州の福祉正義党 —— 台頭の軌跡 —— 199
第6節　素人政治家たちの議会政治 —— 201
第7節　現実主義路線へ —— 203
　①セラン県知事選と県行政 —— 203
　②バンテン州知事選 —— 205
第8節　政治的アクロバット —— ジャワラとイスラーム主義勢力の連合 —— 208

第 9 章　安定化のポリティクスの多様性
―― インドネシア地方政治の全体像

【政治的安定と暴力】

第 1 節　細分化する地域主義のポリティクス ―― 218
　　①バンカ・ビリトゥン島嶼部州新設運動 ―― 219
　　②ゴロンタロ州新設運動 ―― 220
　　③西スラウェシ州新設運動 ―― 221
　　④中スラウェシ州での県新設運動 ―― 222
　　⑤西カリマンタン州での県新設運動 ―― 223
　　⑥西スマトラ州での県新設運動 ―― 224
　　⑦北スラウェシ州での県新設運動 ―― 225
　　⑧東ヌサトゥンガラ州での県新設運動 ―― 226
　　⑨リアウ島嶼部州新設運動 ―― 226
　　⑩アチェ，パプア ―― 227
第 2 節　地方首長公選における社会的亀裂の非政治化 ―― 229
　　①バンカ・ビリトゥン島嶼部州知事選 ―― 230
　　②南スラウェシ州知事選 ―― 231
　　③アンボン市長選（2006 年 5 月 15 日） ―― 233
　　④ポソ県知事選（2005 年 6 月 30 日） ―― 234
　　⑤マナド市長選（2005 年 7 月 21 日） ―― 235
　　⑥北スマトラ州知事選（2008 年 4 月 16 日） ―― 237
　　⑦西カリマンタン州知事選（2007 年 11 月 15 日） ―― 240
第 3 節　合従連衡する政党 ―― 244

第 10 章　暴力と適応の政治を超えて

【暴力の恐怖を超えて】

第 1 節　暴力と政治をめぐる比較政治学 ―― フィリピンとタイ ―― 250
第 2 節　インドネシアは再び不安定化するか？ ―― 255
第 3 節　再び集権化へ？ ―― 259
第 4 節　再びバンテン州の事例 ―― 暴力とカネの政治を超えて ―― 262

あとがき —— 269

引用文献リスト —— 273

索　引 —— 289

写真提供者

写真1章の扉：アブドゥル・マリク氏提供

写真1-1, 1-2：アブドゥル・マリク氏提供

写真2章の扉：イワン氏提供

写真4章の扉：筆者撮影

写真4-1, 4-4, 4-5：Khatib Mansur 著書（2000年）の中の写真

写真4-6：地方紙 Harian Banten 2001年5月27日掲載の広告

写真4-7, 4-8：イワン氏提供

写真5章の扉：筆者撮影

写真5-1, 5-2：ハティーブ・マンスール氏提供

写真6章の扉：筆者撮影

写真6-1, 6-2, 6-3, 6-4：アブドゥル・マリク氏提供

写真7章の扉：筆者撮影

写真7-1：アブドゥル・マリク氏提供

写真7-2：筆者撮影

写真7-3：筆者撮影

写真8章の扉：筆者撮影

写真8-2：テンポ・オンラインから購入

写真9章の扉：筆者撮影

写真10章の扉：マトゥール・クサイリ氏提供

写真10-1：アブドゥル・マリク氏提供

写真10-2：アリフ・キルディアット氏提供

写真10-3：テンポ・オンラインから購入

略語一覧

AKSI: Asosiasi Kontraktor Konstruksi Indonesia（インドネシア建設業連合）
AMS: Angkatan Muda Siliwangi（シリワンギ青年団）
Bakor: Badan Koordinasi Pembentukan Provinsi Banten（バンテン州設立調整委員会）
BAPILU: Badan Pegendali Pemilihan Umum（総選挙準備委員会）
BAPPEDA: Badan Perencanaan Pembangunan Daerah（地方開発企画庁）
BAPPENAS: Badan Perencanaan Pembangunan Nasional（国家開発企画庁）
BIN: Badan Intelijen Negara（国家諜報庁）
BPK: Badan Pemeriksa Keuangan（会計監査院）
BPPKB: Badan Pembina Potensi Keluarga Besar Banten（バンテン人潜在能力領導会）
CIR: Center for Indonesia Reform（インドネシア改革研究所）
CAFGU: Civic Armed Forees Geographical Unit（市民武装自警団）
CVOs: Civic Volunteers Organizations（市民ボランティア組織）
DDII: Dewan Dakwah Islam Indonesia（インドネシア・イスラーム布教協議会）
DPD: Dewan Perwakilan Daerah（地方代表議会）
DPOD: Dewan Pertimbangan Otonomi Daerah（地方自治諮問委員会）
FBR: Forum Betawi Rempug（ブタウィ友愛フォーラム）
Forkabi: Forum Komunikasi Anak Betawi（ブタウィ同郷連絡協議会）
FPD: Front Peduli Denpasar（デンパサール敬愛戦線）
FPI: Front Pembela Islam（イスラーム防衛戦線）
FUI: Forum Umat Islam（イスラーム教徒フォーラム）
FUI Cirebon: Forum Ukhuwah Islam Cirebon（チレボン・イスラーム同胞フォーラム）
GAM: Gerakan Aceh Merdeka（自由アチェ運動）
GAPSUS: Garda Pasukan Khusus（特殊護衛部隊）
Gibas: Gabungan Inisiatif Barisan Anak Siliwangi（シリワンギ子孫先導連帯）
GPI: Gerakan Pemuda Islam（イスラーム青年運動）
GPRI: Gerakan Pemuda Reformasi Indonesia（インドネシア改革青年連合）
HGB: Hak Guna Bangunan（建物利用権）
HMI: Himpunan Mahasiswa Islam（イスラーム学生連盟）
IAIN: Institut Agama Islam Indonesia（イスラーム宗教学院）
ICMI: Ikatan Cendekiawan Muslim se-Indonesia（インドネシア・イスラーム知識人協会）
ICW: Indonesia Corruption Watch（インドネシア・コラプション・ウォッチ）
INCIS: Indonesian Institute for Civil Society（市民社会のためのインドネシア研

	究所)
IPK:	Ikatan Pemuda Karya (勤労青年連合)
JPPR:	Jaringan Pendidikan Pemilih untuk Rakyat (住民のための有権者教育ネットワーク)
KAMI:	Kesatuan Aksi Mahasiswa Indonesia (インドネシア学生活動連盟)
KAMMI:	Kesatuan Aksi Mahasiswa Muslim Indonesia (インドネシア・ムスリム学生活動連盟)
Kandep:	Kantor Departmen (県・市分所)
Kanwil:	Kantor Wilayah (州支所)
KAPPI:	Kesatuan Aksi Pemuda Pelajar Indonesia (インドネシア青年学生活動連盟)
KKN:	Korupsi, Koneksi, Nepotisme (汚職・癒着・縁故主義)
KNPI:	Komite Nasional Pemuda Indonesia (インドネシア青年国民委員会)
KNID:	Komite Nasional Indonesia Daerah (インドネシア国民委員会地方支部)
Kopassandha:	Komando Pasukan Sundi Yudha (陸軍特殊部隊)
Kopassus:	Komando Pasukan Khusus (陸軍特殊部隊)
Kopkamtib:	Komando Operasi Pemulihan Keamanan dan Ketertiban (治安秩序回復作戦司令部)
KPK:	Komisi Pemberantasan Korupsi (汚職撲滅委員会)
KPPB:	Komite Pembentukan Provinsi Banten (バンテン州設立委員会)
KORPRI:	Korps Pegawai Republik Indonesia (公務員組合)
MILF:	Moro Islamic Liberation Front (モロ・イスラーム解放戦線)
MKGR:	Partai Musyawarah Kekeluargaan Gotong Royong (相互扶助家族協議党)
MNLF:	Moro National Liberation Front (モロ民族解放戦線)
M3B:	Majelis Musyawarah Masyarakat Banten (バンテン社会協議会)
LDK:	Lembaga Dakwah Kampus (キャンパス布教委員会)
LIPI:	Lembaga Ilmu Pengetahuan Indonesia (インドネシア科学院)
LPJK:	Lembaga Pengembangan Jasa Konstruksi (建設業発展委員会)
LSI:	Lembaga Survei Indonesia (インドネシア調査機関)
LSI-2:	Lingkaran Survei Indonesia (インドネシア調査サークル) (2とあるのは，もう一つのLSIと区別するため)
MUI:	Majelis Ulama Indonesia (ウラマー協議会)
NU:	Nahdlatul Ulama (ナフダトゥール・ウラマー)
OPSUS:	Operasi Khusus (特殊工作班)
Parmusi:	Partai Muslimin Indonesia (インドネシア・ムスリム党)
PBB:	Partai Bulan Bintang (月星党)
PB2S:	Persaudaraan Buruh Banten Sejahtera (福祉バンテン労働者友好協会)
PBN:	Partai Buruh Nasional (国民労働党)
PBR:	Partai Bintang Reformasi (改革の星党)

PBSD:	Partai Buruh Sosial Demokrat（社会民主労働党）
PDI:	Partai Demokrasi Indonesia（民主党）
PDIP:	Partai Demokrat Indonesia Perjuangan（闘争民主党）
PDS:	Partai Damai Sejahtera（福祉平和党）
Persis:	Persatuan Islam（イスラーム統一連合）
Petrus:	Penembakan Misterius（ミステリアスな射殺）
PK:	Partai Keadilan（正義党）
PKB:	Partai Kebangkitan Bangsa（民族覚醒党）
PKI:	Partai Komunis Indonesia（インドネシア共産党）
PKNU:	Partai Kebangkitan Nahdlatul Ulama（ナフダトゥール・ウラマー覚醒党）
PKPB:	Partai Karya Peduli Bangsa（民族憂慮職能党）
PKS:	Partai Keadilan Sejahtera（福祉正義党）
PMII:	Pergerakan Mahasiswa Islam Indonesia（インドネシア・イスラーム学生運動）
PNI:	Partai Nasional Indonesia（インドネシア国民党）
PPNUI:	Partai Persatuan Nahdlatul Ummah Indonesia（インドネシア信徒連盟統一党）
PPP:	Partai Persatuan Pembangunan（開発統一党）
PPPSBBI:	Perhimpunan Pendekar Persilatan Seni dan Budaya Banten Indonesia（インドネシア・バンテン文化・芸術・拳術家連合）
PRD:	Partai Rakyat Demokratik（民主人民党）
PSII:	Partai Sarekat Islam Indonesia（インドネシア・イスラーム同盟党）
RBB:	Rewalan Banten Bersatu（バンテン有志連合）
Satkar Ulama:	Satuan Karya Ulama（ウラマー作業部隊）
Satkar Pendekar:	Satuan Karya Pendekar（拳術家作業部隊）
SPK:	Serikat Pekerja Keadilan（正義労働者組合）
TPPB:	Tim Pokja Provinsi Banten（バンテン州作業チーム）
UIN:	Universitas Islam Negeri（国立イスラーム大学）

暴力と適応の政治学

序章
暴力集団の台頭と「地方政治の安定」
──社会的亀裂はなぜ政治化しなくなったのか？

そもそも、大学院生になったとき、日本で言えばやくざにあたるようなジャワラを研究するとは思ってもいなかった。にもかかわらず、博士論文でジャワラを取り上げ、そしてとうとうこのように本にまでしてしまった。理由は非常に簡単である。親が転勤族ゆえ、日本の都会を転々としながら生きてきた私にとって、彼らはとても怖いが興味深い人たちだったからである。彼らの行動類型を理解しようと「仁義なき戦い」「ゴッドファーザー」を始め、やくざ映画、マフィア映画を片っ端から見たりもした。一つ分かったことは、どの社会、コミュニティにもこうした暴力や脅迫を武器としてのし上がる類型の人間はいるということであり、社会秩序が不安定であればあるほどこうした人間が影響力を持つということである。

暴力集団との出会い

私が西ジャワ州の州都バンドンで留学を始めたのが1996年であり、スハルト大統領を頂点とする権威主義体制には少しかげりが見られたものの、誰もこの体制がまもなく崩壊するなど信じていなかった時代である。国家が強い時代にあっても、スハルト体制は国軍と警察だけに治安を委ねることはなかった。たとえば、スハルト大統領の三男トミー・スハルトの後ろ盾もあって、パンチャシラ青年団（Pemuda Pancasila）という組織は全国展開する広域暴力団のような組織にまで成長し、国家が必要とあれば治安の維持に駆り出された。構成員は、ナイトクラブ、カラオケや売春宿のボディーガードや借金の取り立て、屋台などからショバ代をせびり取ったりしている人々である。開発を推進するための土地の強制収容にも積極的に関与した。本書で取り上げるバンテンのジャワラ組織PPPSBBIは地方の暴力集団といえる。

1997年にアジア通貨危機が起きてインドネシアが大混乱に陥り、翌年5月にスハルト体制が崩壊してしまうと、本書で触れるように、こうした暴力集団があちこちで台頭した。とりわけ地方では政治権力を握るものまで現れた。私の研究テーマが地方政治であったから、こうした権力を握ろうとしている人々に会わないと仕事にならない。そこで、まず、友人の雑誌記者を通じて、パンチャシラ青年団に接触してみることにした。

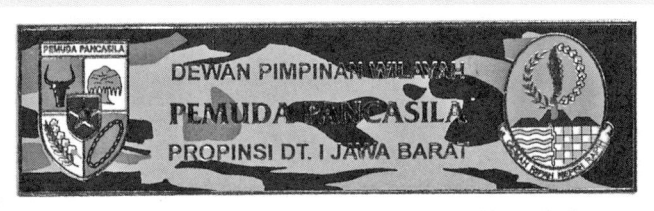

> **DEWAN PIMPINAN WILAYAH**
> **PEMUDA PANCASILA**
> **PROPINSI DT. I JAWA BARAT**
>
> **Drs. H. Tubagus Dasep IPS, SH, BE, MBA**
> Ketua Presidium
>
> Sekretariat :
> Jl. BKR No. 89 Telp. 022-5200119
> Bandung 40264
> Jl. Raya Soreang - Banjaran Km. 14
> HP. 0822001337
>
> Rumah :
> Komplek Kopo Permai III 45A No. 1
> Telp. 022-5403451, 5404321, 5418308
> Bandung - Jawa Barat - Indonesia

インドネシアの青

1999年2月のことである。相手はパンチャシラ青年団西ジャワ州支部長ダセップ氏であった。さすがに1人で会いに行くのは怖いので、その友人のバイクの後ろに乗って支部に向かった。当時の西ジャワ州支部の構成員数は486万2000人。もちろん、公称であり、到底当てにできる数値ではないけれども、それなりに関係者は多いことが分かる。西ジャワには、パンチャシラ青年団と並んで有力な組織として、「シリワンギ青年世代」（Angkatan Muda Siliwangi）があり、こちらは、西ジャワだけをベースとする組織であった。当時はどうもバンドン駅南のディスコなどではシリワンギ青年世代が幅を利かせ、バンドンから北にある高原都市レンバンあたりの売春を斡旋しているのがパンチャシラ青年団だという話を聞いていた。

青年団のユニフォームは、オレンジ色と黒色の迷彩服でお世辞にも美しいとは言えない。若い構成員に案内されて部屋に入ると、支部長はそのユニフォームを着て座っていた。机の横には写真が飾ってあり、支部長が、厚化粧をしたダンサーかムード歌謡の歌手のような恰好をした夫人とおぼしき女性とにんまり笑って写っている。まずは名刺交換である。ダセップ氏からは学位取得を示すIPS、SH、BE、MBAが名前の後ろに並んだ物々しい名刺を受け取った（写真）。私の友人は、座るやいなや、私の横で猛烈な貧乏揺すりを始め、一刻も早く帰りたそうであった。それもそのはずで、支部長の目つきはとても変である。我々を見ている眼の焦点が合っていない。うつろな眼は常に揺れ続けていた。もしかして、麻薬をやっているのかと勝手に考えてしまった。巻き込まれたら怖いので、必要なイン

タビューを済ませてさっさと引き上げようと思った。

　聞きたかったのは、1999年6月に民主化後初めて行われた選挙での彼らの役割であった。スハルト体制期であれば政権党のゴルカルを支援していた彼らが、民主化後にどういう政治行動をとったのか。そこで、単刀直入に民主化後もゴルカルを支持し続けているのかを聞いてみた。すると、支部長は大笑いしながら、西ジャワのパンチャシラ青年団が、今回の選挙ではゴルカルだけでなく、さまざまな政党の候補者になって大躍進したと語った。スハルト体制期最後の97年選挙では、ゴルカルがパンチャシラ青年団に割り当てた議席数は24。しかし、99年選挙では、ゴルカル党から12人、闘争民主党から18人など、合計58人の国会議員、地方議会議員を輩出することに成功したという。この躍進ぶりには驚いたが、彼らのことであるから、強引に党の公認をもらった候補者もいたことであろう。インドネシアの民主化に不安を抱いた瞬間であった。

第1節　インドネシア「安定」のメカニズムに迫る ── 本書の目的

　私がインドネシアに初めて長期の留学をしたのは1996年8月のことである。当時は，スハルト権威主義体制が盤石のように見えていた。しかし，1997年7月にアジア通貨危機が始まると，インドネシアは一気に不安定化していった。ジャカルタ北部の華人街コタの主要通りに面した建物が焼きつくされ，華人女性レイプ事件の報道もあり，西カリマンタンではエスニック紛争が始まっており，社会が騒然としていた。1998年5月，32年間君臨したスハルト大統領がついに辞任した時には，すでに帰国していたものの，テレビで辞任会見を見て鳥肌が立ったのを覚えている。スハルトの後任として副大統領ハビビが大統領に昇格し，予想を超えて矢継ぎ早に民主化・分権化の施策を打ち出して，社会の不満を抑えこもうとしたものの，エスニック紛争は西カリマンタンから中カリマンタンに拡大したし，アンボン，マルクやポソでは宗教紛争が激化した。加えて，東チモール，パプアやアチェで分離運動が復活し，東チモールは実際に独立を果たした。2000年に私はマカッサルからマナドまでスラウェシ島をつなぐ幹線道路トランス・スラウェシを車で縦断したことがあった。紛争地のポソでは，トランス・スラウェシに面した家の多くが焼き払われていた。ある建物には，キリスト教系の民兵団が武器を持って集合しており，非常に恐怖を感じた。
　JICA専門家としてマカッサルに勤務していた2001年10月には，深夜12時に警察の公安関係者2人が家にやってきて，仮面をかぶった集団が隣の道の日本人の家を襲ったとの情報があると警告してくれた。アメリカのアフガン空爆を日本が支援したことに反発する勢力の仕業だという話であった。結局，噂でしかなかったが，雇用していた警備員2名に警戒するように伝え，私も緊張した一夜を過ごした。そして翌2002年には，バリ島でイスラーム急進派による自爆テロが起き，200名以上が死亡する事件があった。もちろん，インドネシア全域が混沌としていたわけではないが，その頃は，露骨な暴力がかなり身近に感じられ，権力闘争には不可欠なリソースだと言われても驚かなかったであろう。
　それが今ではどうであろう。選挙での勝利こそが政治権力掌握の道であり，選挙では候補者や政党のイメージ戦略が重要になってきている。究極的には暴

力は政治にとって今でも重要であるにしても，現在のインドネシア政治では暴力以外のカネやイメージといったリソースが重要性を増している。その意味で，1998年に始まった民主化はうまく定着していると言えるし，政治的安定が実現していると言える。なぜなのだろうか。本書は，地方の視点からこの安定のメカニズムを明らかにしたいと考えている。

　インドネシアは，東西の幅で言えばアメリカ合衆国に匹敵し，人口は2010年で約2億4千万人を数える大国である。人口の85％がムスリムであり，世界最大のムスリム人口を抱える。しかし，カトリック教徒，プロテスタント，ヒンドゥー教徒などもおり，また，エスニシティの構成は多様である。ムスリムの宗派も多様であり，自爆テロを厭わない急進派もいる。地域間，階層間格差も高い。つまり，エスニシティ，宗教・宗派，地域間格差に依拠した水平的な社会的亀裂，貧富の格差に依拠した垂直的な社会的亀裂が複数に走っている。そのため，この国をまとめあげて政治的安定を実現するのは容易ではなく，第二次世界大戦後に独立を果たしてから誕生した民主主義体制と権威主義体制はいずれも10年もせずに崩壊していった[1]。

　ここでは，政治的安定を，イデオロギー・宗教・エスニシティ・階級・地域間格差など社会的亀裂に基づく対立が物理的暴力の行使に発展せず，政治体制が安定していることと定義しよう。その上で，独立後の二つの体制の失敗に続いて60年代中葉に打ち立てられたスハルトの権威主義体制を考えてみよう。この体制は，スハルト大統領を頂点として，経済成長と政治的安定の両立が曲がりなりにも実現していた。国軍が国内の末端に至るまで治安維持を行い，万年与党のゴルカルが確実に選挙で勝利してきた。そして，集権的な体制のもとで経済エリート官僚が成長政策を作り上げ，村の末端に至る官僚機構がその成果を再分配した。共産主義を完全否定することで，格差の政治化を認めず，地方にはあまり自治権を与えず，エスニシティや宗教の政治化には歯止めがかけ

---

1) 独立直後の1950年代，インドネシアは議会制民主主義を採用していた。この体制のもとで，中央でも地方でも共産主義勢力とイスラーム勢力の対立が激化していき，また，ジャワ島以外のスマトラやスラウェシでは中央政府に対する反乱が起き，政治は著しく不安定になった。イデオロギー，地域間格差といった社会的亀裂がこの不安定の原因であった。初代大統領スカルノは，議会制のもとではこの混乱は解消できないと判断し，権威主義体制を樹立した。こうした政治経験があったために，1967年に誕生したスハルト権威主義体制は，エスニシティ・宗教・人種・階層関係といった社会的亀裂に関わる事柄を選挙などで政治化することを否定して強権的に安定を作りだしてきた。

られていた。たとえ手段が強制的であったにせよ，スハルト体制は社会的亀裂の非政治化に成功していたと言える。

　スハルト体制は，内実を変えていきながらも30年を経た90年代半ばになっても崩壊せず，スハルトの死によってのみ体制変容が可能になると思えるほど強固かと思われた。しかし，97年にアジア通貨危機がインドネシアを襲うと，翌年5月にあっけなくこの体制は崩壊した。インドネシアの通貨ルピアが暴落して経済危機は深刻化していき，高い政治的不安定に陥った。首都ジャカルタでは，スハルト大統領，彼から政権を「禅譲」されたハビビに対するデモが起きた。政治的不安定は首都に限らなかった。パンドラの箱を開けたように，複数の社会的亀裂が政治化，そして暴力化する形で不安定化した。

　ジャカルタやポソ，アンボンでのような大きな紛争，混乱が起こるだけでなく，スハルト体制期の地方首長やゴルカル政治家批判デモは各地で日常茶飯事であった。そうしたデモによって更迭された首長もいれば，解散を宣言する地方議会まで登場した。社会全体が不安定状態に陥り，エスニシティや宗教に基づく自警団や暴力集団が誕生したし，企業は競って民間の警備会社に警備を依頼するようになった。

　こうした秩序の弛緩状況を受けて，2000年代前半まで，インドネシアは，アンゴラ，コンゴ，リベリア，シエラレオネ，スーダンのように統治能力の乏しい破綻国家 (failed state) になるのか，ソマリアのように国家の体をなさない崩壊国家 (collapsed state) になるのかという議論まで盛り上がった [Syamsul Hadi et. al. 2006: 8-9]。国家分裂論争も盛り上がり，その解決策として連邦国家論も台頭した (例えば，[Adnan Buyung Nasution et al. 1999; Ikrar and Irine 2002])。破綻国家論者で有名なR・I・ロットバーグは2002年時点でインドネシアについて次のように述べている。「(インドネシアは，) 広範に不安定が広がっているけれども，破綻ではなく弱い国家」，「弱い国家ではあるが，破綻国家の範疇に入り，その方向に展開しうる国家」であるとした [Rotberg 2002: 85-96]。マリーは2003年時点で「インドネシアは脆弱で弱い国家のように見えるが，失敗しつつある国家でもなければ破綻国家，崩壊国家でもないように見える」と述べている [Malley 2003b: 183]。こうした主張からも明らかなように，統治能力が欠如しているわけではないけれども，2000年代前半までは，インドネシアは政治的に不安定な国家だという判断が広がっていた。

　スハルト体制崩壊から17年を経た今，インドネシアはこうした不安定状況

からは程遠い．そして，東南アジアでもっとも民主的な国という評価が定着している。例えば，世界での民主化と政治的自由の実現を支持するアメリカの国際 NGO，フリーダムハウスは，2012 年，インドネシアは政治的権利においても市民的自由においても東南アジアで最も民主的な国との評価を下している [Freedom House 2012]。もちろん，中央，地方を問わず，政官界での贈収賄事件には事欠かず，実質的な民主主義の定着には疑問の声もある。しかし，経済は成長し，スハルト体制時代とは違ったロジックのもとで政治的に安定しており，民主主義体制が権威主義体制に逆戻りする様子はない。

　その理由としては複数のことが考えられる。国政レベルに着目するならば，後述するようにマルクス・ミーツナーが政党政治の安定に着目している [Mietzner 2008]。国政レベルではスハルト体制崩壊後の比較的早い段階に，エリート間で対立激化の回避と民主化・分権化の推進で合意があった。その後，彼によれば，主要な政党がイデオロギー的，宗教的に中道化したことが政治的安定につながったということになる。そして，こうした中道化は，スハルト権威主義体制が急進的な左派政党も急進的なイスラーム主義政党も否定した政治的遺産のためであるとする。国政レベルについてはこうした見方で間違っていないであろう。しかし，スハルト体制崩壊前後の混乱は，国政の中心ジャカルタだけでなく，インドネシアの各地で起きていたことであり，ジャカルタが平穏になればすぐに地方でも政治が安定する保証はなかった。

　地方の政治的安定が実現した理由を考える場合，国軍の対応に着目することが可能である。そもそも，インドネシアの国軍は，対外的防衛だけでなく，国内の治安維持も担い，国会や地方議会に議席を持って政治的役割を担っていた。そして，アジア経済危機後には，国軍の一部が混乱を作り出し，また，各地の混乱をもっぱら武力で鎮圧しようとしたり，紛争に党派的に関与したりしたことが政治的不安定を作り出し，また，長引かせていた[2]。しかし，民主化と共に国軍改革，脱政治化が始まり，紛争への党派的介入も減り，国軍は政治的不安定の大きな原因ではなくなっていった。それでも紛争化しうる社会的亀裂などの政治要因がなくなったわけではない。本書の関心は，こうした要因が

---

2) 現地の国軍や警察の部隊がいかに紛争を長引かせようとしてきたのかについては，ポソの宗教紛争についてのアリアントの研究が参考になる [Arianto 2007]。彼は，暴力行使への寛容な態度，任務を超えた暴力行使，武器や弾薬の配給，謎の殺人，治安部隊間の対立，軍隊の動員，治安部隊と民兵の関係といった観点から治安機構が紛争を長引かせた背景を説明している。

暴力を伴う紛争を引き起こさなくなった理由を解明することにある。もちろん，民主化や分権化といった制度改革が地方の安定を作り出したことは間違いない。少なくともインドネシアに関する限り，短中期的には分権化は国民国家の分裂を防ぎ，政治的安定の実現に貢献した。分権化は自治体の権限と予算の急増をもたらし，集権的なスハルト体制下で蓄積されていた地方の不満を収めることにつながったからである。しかし，インドネシアの民主化・分権化の場合のような極めて大幅な制度改革であれば，制度の運用は多様な形態がありうる。したがって，より重要なことは，こうした制度改革により地方でどういった政治変容が起き，政治が安定していったのかであろう。地方での政治経済的資源の拡大により，どの地域でも地方エリート間で資源争奪戦が起きた。そのエリート間の対立が社会的亀裂に沿った動員を伴えば，対立は深刻化，暴力化する可能性が高まったが，実際にはそうならなかった。なぜであろうか。

　本書では次の二つのことが多くの地方，とりわけ宗教やエスニシティの点で多様性が高く水平的な社会的亀裂が顕著な地域，ジャワ以外の地域での政治的安定をもたらしたと考えている。まず，自治体の細分化である。これは，分権化に伴って自治体数が増加したことを意味する。スハルト体制が崩壊し，2001年に地方分権関連法が実施される前から，一自治体においてマジョリティ・グループとの格差に不満を持つマイノリティ・グループが自らの自治体を作る運動を始めていた。中央政府も自治体新設に反対しなかったことから，自治体数は急増し，社会的亀裂が自治体の境界線と重なるケースが増えた。社会的亀裂に沿った政治的対立軸が減少して自治体内の同質性が高まり，その結果として地方政治の安定につながった。

　二点目は，首長公選で働いた社会的亀裂の非争点化である。すべてのマイノリティ・グループが新自治体創設に成功したわけではなく，社会的亀裂に沿った政治的対立軸が顕著に残る自治体もある。また，新設された自治体においても，別の社会的亀裂に沿った政治的対立軸があることが普通である。そして，こうした対立が激化，暴力化する可能性が高いのは，国会議員選挙や地方議会議員選挙よりも地方首長選であった。選挙制度上，国会議員選挙と地方議会議員選挙は同日に行われ，しかも20を超える政党（1999年：48政党，2004年：24政党，2009年：44政党（うち，アチェの地方政党6））が多数の候補者を擁立して一選挙区あたり複数の議席をめぐって選挙戦を戦う。そのため，争点が拡散しがちである。また，同日選挙である上に，1999年総選挙と2004年総選挙は比

例代表制であったから，地方議会議員選挙でも国政の争点が重要なテーマとなりがちであった。したがって，地方の社会的亀裂が政治化しにくかった。

国会議員・地方議会議員選挙と違い，2005年に始まる地方首長公選は，ローカルな社会的亀裂が争点化しやすかった。選挙戦は，正副首長をワンセットとするポストをめぐって，複数の正副首長候補の組み合わせが有権者の支持を求めるものだったからである。宗教・宗派，エスニシティ，地元意識といったアイデンティティに基づく社会的亀裂を代表する候補者間で選挙戦が行われ，選挙が暴力化してもおかしくなかった。しかし，予想に反して混乱は少なかった。そういう意味では，テイラーの言うように，選挙が暴力の行使を伴わずに政治的紛争を解決する手段となっている [Taylor 1996: 9]。では，どうして比較的平穏に首長公選は行われたのか。

インドネシアの首長公選の正副首長候補の顔ぶれを見てみると，異なる社会的亀裂を代表する正副首長候補の複数の組み合わせが形成される場合が多かった。一見すると，各社会的亀裂を代表する候補が同盟を組んで最大得票数獲得を狙ったように見える。しかし，複数の社会的亀裂を代表するアクターたちが合意して選挙連合を組んでいるわけではない。一つの社会的亀裂から複数の候補が調整もなく立候補した。そのため，選挙戦は，異なる社会的亀裂をもつ候補者間の対立というより，同じ社会的亀裂を代表する候補者間の対立になった。例えば，宗教紛争が起きたポソ県やアンボン市では，ムスリムとキリスト教徒からなる正副首長候補の複数のペアが選挙戦を戦った。そのため，選挙で宗教が争点となりにくくなった。このように一地域に存在する大きな社会的亀裂が非争点化されることで，政治対立の激化に歯止めがかかった。イスラーム的倫理を掲げて政治の刷新を訴え，イスラーム急進派と目されたイスラーム主義政党の候補者も，さまざまな背景を持つ候補者とペアを組んでおり，宗教・宗派を軸とする社会的亀裂の非争点化につながった。

本書は，バンテン地方を事例としてとりあげて，カネと暴力を重要な政治リソースとする政治が展開する一方で，社会的亀裂の非政治化，非争点化が起きて政治的安定が作りだされていった過程を実証的に分析していく。具体例としてバンテン地方を取り上げるのは次の6つの理由からである。①ジャカルタに隣接しており，その政治的安定はインドネシア全体の政治的安定にとっても極めて重要である。②インドネシア政治史をひもといてみると，政治秩序が不安定になったときにはバンテン地方も政治的不安定になっており，インドネシア

の政治的安定にとって一つの試金石となる地方である。③ジャカルタに近く，ジャワ島に位置するとはいえ，民族的にはジャワ人ではなくバンテン人が多数派を占めることからも分かるように，アイデンティティの政治が顕著化したジャワ以外の島々（外島）と類似点が多い。④ジャワラ（jawara）と呼ばれる暴力集団が歴史的にインフォーマル・リーダーとして卓越しており，現代インドネシアの各地の暴力集団の中でもエスニック・アイデンティティに依拠して政治的に影響力を持つことに成功している集団である。したがって，彼らがどのように政治的権力を獲得・維持し，そうした中で他の政治アクターとの対立・交渉・妥協を経て脅迫と暴力の行使を弱めていったのかを見ることは有用である。⑤バンテン州設立は，周辺化されていたエスニック・グループが主体的に自分たちの自治体設立運動を行い，実際に自治体創設に結びついた最初の例である。宗教やエスニシティなどのアイデンティティに依拠する水平的対立を解消できているのかを検証する事例として適当である。⑥インドネシアにおいてイスラームの影響力が最も強い地域の一つであり，イスラーム主義政党の福祉正義党が政治的に成功した地域の一つである。イスラーム主義を掲げた政党が暴力集団とも合従連衡していく過程がバンテン地方を見ることで鮮明に浮かび上がってくる。

　次節では，本書の位置づけを明らかにするためにも，インドネシアの民主化・分権化に関する先行研究で提示されてきた分析視角，論点を振り返っておこう。

第2節　民主化のパラドックス，暴力と政治，自治体新設
── 先行研究の意義と問題点

　東南アジア最大の国家であり，世界最大のムスリム人口を抱えるインドネシアが急速に民主化・分権化したために，インドネシア研究者も（比較）政治学研究者もこぞってこの政治体制の変動に着目して多くの研究を生んできた。民主制への移行研究（例えば，［増原 2011］），民主制への移行期における国軍研究（例えば，［Honna 2003; Marcus 2006; 2011］），国会・地方議会議員プロフィール研究（例えば，［森下 2003; 2007; 2010］），選挙研究，投票行動分析研究（例えば，［Liddle and Mujani 2007; 川村・東方 2010］），各地の紛争に関する研究，社会不安

に伴う暴力集団の台頭に関する研究，民主化に伴い台頭し始めた政治的イスラームに関する研究，地方政治研究など，それぞれのテーマで研究が生まれている。ここでは，そうした諸研究の中でも，本書の課題と関連が深く，また，民主化後のインドネシア政治を考える上で重要な分析視角となっている民主化パラドックス論，暴力と政治論，自治体新設運動研究，政治的安定論を中心に見ていくことにする。

①民主化パラドックス論：オリガーキー論，金権政治論

　インドネシアの民主化・分権化をめぐる研究でもっとも影響力があるのは，民主化・分権化の制度と実態の乖離に着目して，民主化・分権化のパラドックスに焦点を当てたものである。エドワード・アスピナルとミーツナーが2010年に編集した『インドネシアにおける民主化の諸問題』では，2010年段階でインドネシアの民主化については，実質的な民主化は実現していないとする立場，比較の視点からすれば民主化は成功しているとする立場，その中間の立場という三つの立場があり，最初の立場が多数派だと述べている [2010: 1-2]。こうした立場の研究のなかでも嚆矢に当たるのは，R・ロビソンとV・ハディースの著作『インドネシアにおける権力の再編』であろう [2004]。同著は，政治アクターの継続性に焦点を当てて，スハルト体制崩壊から比較的早い段階で民主化・分権化後の政治体制についてオリガーキー (oligarchy) という視点から鮮やかに分析して見せた。その論旨は至って明快である。スハルト権威主義体制時代に国家を私物化して政治経済的権力を握っていた者たち，彼らの言葉でいうオリガークたちが，ポスト・スハルト期の民主主義体制下において権力関係を再編して，新たに台頭してきた勢力と連合を組みつつ，国家を私物化しながら生き残り続けている。スハルト体制期に市民社会は骨抜きにされ，資本家・中産階級は収奪的な政治体制に取り込まれ，労働者階級は暴力によって抑圧されてしまったために，スハルト体制崩壊後にも強固な自由民主主義，社会民主主義連合勢力が生まれていない。そして，「今のインドネシアで起きていることは，スハルト体制下に胚胎した権力関係の再編に過ぎず，根本的な（民主化への―筆者注）移行ではない」[2004: 253] ということになる。

　D・スレイターは，カルテル政治論において，スハルト体制期からの継続性を強調している。彼は，民主化以後2004年ぐらいまでの中央政界に焦点を当てて，エリート・レベルでは政治的安定は達成されており，それはゴルカル，

闘争民主党，民族覚醒党 (Partai Kebangkitan Bangsa, PKB) といった主要政党の幹部がカルテルを作り上げているからだとする［2004; 2006］。政治的なカルテルとは，主要な政党すべてを取り込んだ広範な同盟関係を意味している［2004: 65］。カルテル政治が実現している一つの理由として，「スハルト政権時代の野党勢力は実はかなりの程度体制支持派や擁護派に食い込まれていた」ため，「権威主義体制の崩壊に伴うフォーマルなルールの変更が起きてもスハルト時代のインフォーマルなネットワークは生き残った」からだとする［2006: 209］。スハルト時代の体制派と反体制派のインフォーマルなつながりを指摘する点や政治支配のパターンをカルテルという言葉で表現している点がロビソンとハディースとは異なるが，スハルト体制との継続性を強調している点は変わらない。

また，民主化後に数多く生まれたインドネシアの政治研究では，金権政治がとりわけ議員選挙，首長選挙，大統領選挙において横行していることを指摘するものが多い。オリガーキー論が政治アクターの継続性から民主化のパラドックスを指摘しているとすれば，こうした金権政治研究は政治手法に民主化のパラドックスを見ている。事例研究では，党の議員候補者リストで上位を占めるための買収工作，大統領や首長候補たちによる党推薦を得るための買収工作，有権者たちに対する買票に触れたものが数多く存在する（例えば，［本名 2005］）。民主化パラドックス論は地方政治分析でも有力な視点となっている。ハディースは2003年の北スマトラ州の事例研究で二つの暴力組織に着目している。この事例をもとにハディースは次のように述べる。「ここで指摘したい重要なポイントは，改革のもとでの政治の自由化によってすべての社会的利益が平等に行き渡らなかったということである。金を持つ者，暴力装置を利用できる者がインドネシアの新しい民主的諸制度のもとでもっともうまくやっている者である。民主的諸制度は，権威主義的新秩序体制期に広範なパトロネージのネットワークを培ってきた社会権力と利益集団の連合におおむね乗っ取られている」［2003: 130］[3]。

2005年から地方首長公選制が導入されたことで，地方政治にも大きな変化

---

3) ハディースは2010年にフィリピン，タイの地方政治との比較の視座を踏まえたインドネシア地方政治研究の著作を発表している。これも2003年の作品と主張は同じである［2010］。また，ハディース以外にも，地方レベルでの民主主義の制度と運用の大きな乖離，民主化のパラドックスに焦点を当てたものはいくつかある。例えば，［Malley 2003a; 本名 2005; 山本 2001; Schulte 2003; 2004; Schulte Nordholt and van Klinken 2007; Sidel 2004; Syarif 2007］がその範疇に入る。

が現れたが，パラドックスを強調するものも目立つ。M・エルブとP・スリスティヤントの編著本『インドネシアの民主主義は深化しているのか？』[2009]は各地の地方首長選の事例を集めたものとなっている。事例研究では，シャリフがバンテン州を事例に汚職と金権政治を批判的に分析し[2009]，J・シラーがジェパラ県の県知事選を事例として金権政治の横行と民主主義の形骸化を指摘している[2009]。

　本書もこうした先行研究が指摘するような制度と運用の乖離，民主化の持つパラドックスを否定はしない。ただ，政治に万能薬はない。インドネシアが興味深いのは，極めて急激な民主化・分権化に舵を切ったにもかかわらず，この分権的民主主義体制が比較的早い段階で定着し始めたことである。選挙も予想以上に平穏に行われてきた。インドネシアのような宗教・エスニシティ構成が多様な社会，紛争後の社会を考える場合，どうしてこのように秩序なり政治的安定が実現しているのかを考えることは極めて重要である。政治学者レイプハルトが社会的亀裂の走るオランダやマレーシアといった社会において多極共存型民主主義を見出したとき，彼の一つの関心は多元社会での政治体制の安定の仕組みであった。言うまでもなくインドネシアはオランダやマレーシアと比較にならないほど多元性の高い社会であり，どうして秩序が生まれていったのかをも視野に入れて実証的に分析する必要性は高い。こうした問題意識から，本書は，バンテン地方における民主主義体制の制度と実態の乖離を問題視しつつ，社会的亀裂が非政治化・非争点化していき，地方政治が安定化していった過程を明らかにしたいと考えている。

②**暴力と政治論**

　西欧のインドネシア研究者たちが何の臆面もなく「インドネシアは暴力的な国である」[Colombijn and Lindblad 2002: 1]と述べたことに典型的に現れているように，国家による暴力，社会における暴力の行使の頻度が高いという理解がインドネシア研究においては濃厚である。実際，スハルト体制期を振り返ってみると，そもそもスハルト体制発足が50万人とも100万人とも言われる共産党（に所属するとされる）メンバー殺戮の上に成り立っているし，その後も，東チモール強制併合とその後の暴力，アチェやパプアでの一般市民に対する暴力の行使，「ミステリアスな射殺」(Penembakan Misterius, Petrus)と呼ばれる国家主導のゴロツキ，ヤクザ殺し，NGO活動家の誘拐・殺害などが行われ，国

家が暴力を行使した例は数多い。そして，国家による暴力についての研究も多い（例えば，[Anderson ed. 2001]）。また，スハルト体制崩壊前後からの暴力に関する研究も多い（例えば，[Coppel ed. 2006] や [Headman ed. 2008]）。

　こうした研究のなかでも各地の暴力の態様の変化を総括的に捉えようとした点で興味深いのは，サイデルの研究 [2006] である。サイデルは，90 年代中葉からのインドネシアにおける宗教的暴力を構造主義的アプローチにより，三つの時代に分けて説明した。95 年から 98 年にかけての暴動，99～2001 年の虐殺，そして 2000～2004 年の聖戦（ジハード）である。宗教的暴力に関与するアクターからの分析の不十分さを指摘し，歴史的・社会学的文脈を重視し，広い意味での権力関係における宗教の位置づけの変化が宗教的暴力の類型の変容を生むという指摘は興味深い。しかし，彼の関心はもっぱら暴動，虐殺，ジハードが起きた地域に焦点を当てており，それ以外の（彼にとっては平和な）地域においても宗教やエスニシティに基づく暴力の行使の可能性は高かったことが見過ごされており，それゆえに，どうして暴力の行使に至らなかったのかという点を看過することになっている。また，ポソ，マルク，北マルクで宗教紛争が鎮火した理由として，外部や上から宗教集団間対立を地方レベルで押さえ込もうとしたからだとし，「新県や新州設置を通じた宗教的にコード化された自治体区割り（gerrymandering）」[2006: 194] もその具体例として取り上げられている。しかし，この彼の言うゲリマンダリングが具体的にどのように政治的安定に貢献したのか，また，新自治体の誕生後，政治アクターたちがどのような権力闘争を経て政治的安定が曲がりなりにも生まれるようになったのかを説明してくれてはいない。自治体区割りは，地方エリートの意向でもあり，外部や上からの判断だけではない。

　インドネシア各地の紛争とその後に関する事例研究も盛んになった。とりわけ，国際 NGO であるインターナショナル・クライシス・グループ（ICG）が，分離運動や宗教・エスニック紛争の起きた東チモール，パプア，アチェ，マルク，カリマンタン，ポソなどについて，各地で重要な出来事が起きると，その詳細な報告をウェブサイト（http://www.crisisgroup.org/）で流した。さらに，民主化後のこうした地方の政治研究も進んだ。先述したエルブとスリスティヤントの編著本では，パプア，マルク，西カリマンタン，ポソでの首長公選に関する事例研究が取り上げられている。ミーツナーはこの編著本でパプアの首長公選についての事例研究をしているだけでなく，2007 年にもパプアとアチェに

おける首長公選の比較研究をしており,民主化が分離主義運動の影響力を弱めたと主張している [2007; 2009b]。また,西カリマンタン州についてはベニー・スビアントが,ポソ県についてはG・ブラウンとR・ディプロスが首長公選において異なるエスニック・グループ,宗教グループからなる正副首長候補の組み合わせが生まれたことを指摘している [Benny 2009; Brown and Diprose 2009]。そして,ブラウンとディプロスは,ポソ県において正副首長候補の5組の組み合わせがすべてキリスト教徒とムスリムからなっていたことを首長公選が平和に終わった理由としてあげている。ただ,スビアントの場合,アイデンティティの政治が西カリマンタン州において顕著になっているという文脈で議論しており,同州の安定にはそもそも関心がない。一方,ブラウンとディプロスはもっぱら首長公選にしか関心がない。そのため,ポソ県の地方首長公選は,水平的な社会的亀裂に基づく二つの県が分離した後に行われた事実を看過している [Rohaiza et al. 2011: 58-59]。ポソ県の安定を考える上ではこの事実も決定的であったと思われる[4]。

　民主化後には,上にも述べたように秩序の弛緩により,社会集団として民兵組織やゴロツキ(プレマン)組織・集団が各地で誕生したり,さらに影響を拡大したりした。バリやジャカルタではイスラーム過激派集団によるテロも起きて,私的暴力集団の存在はクローズアップされて,インドネシアの不安定さを象徴する現象と受け取られて多くの研究が生まれた[5]。

---

[4] ブラウンとディプロス自身は,アクターが積極的に平和構築に努めることで生まれる平和を「正の平和」(Positive Peace),アクターが平和構築に努めることなく生じる平和を「負の平和」(Negative Peace)と呼んだ。そして,政治エリート・レベルでも草の根レベルでも平和を求める動きはないまま,ポソ県の首長公選において「負の平和」の立場を取る正副首長候補が勝利したことから,ポソ県の平和は負のそれだとみている。そして,こうした組み合わせは,将来的な異なる宗教間のより大きな協力と統合につながるものではなく,紛争回避のメカニズムに過ぎなかったとして消極的に判断している [367]。しかし,ポソにおいて,全候補者の組み合わせがムスリムとキリスト教徒の組み合わせになり,アイデンティティに依拠した社会的亀裂が争点化しにくくなったという事実は,ポソ県の地方政治を考える上では決定的に重要であり,もう少し評価してもよいであろう。

[5] バリについては,伝統的(とされる)自警団プチャランの「復活」や政党政治の復活の中で政党と密接なつながりを持つデンパサールのプレマン組織「デンパサール敬愛戦線」(Front Peduli Denpasar, FPD)や「バリ義勇団」(Laskar Bali),カランアセムの「大衆代表議会」(Dewan Perwakilan Massa)についてのスルヤワンの研究 [2005;2006] がある。バリに隣接するロンボクについては,成人男性4人に1人が所属するまでにふくらんだ自警団についてのJ・マクドゥーガルの研究がある [2007]。ムスリムが多数派のインドネシアにおいてキリスト教徒が多数派を占める北スラウェシ州については,M・ジェイコブソンが研究をしている [2002]。彼は,南部フィ

こうした民兵組織，プレマン組織・集団は，スハルト体制期から存続していたパンチャシラ青年団なども含めて，体制移行の初期段階にデモを仕掛けたり暴力沙汰を起こしたり人目につくという意味で社会的，時には政治的に圧倒的存在感を示したことから，その時期に焦点を当てた研究が多い。しかし，ユドヨノ政権のもとで警察による秩序維持が曲がりなりにも機能し始めて，民主主義のルールが政治闘争の規範的ルールとなるにつれて，こうした組織は反国家的たり得なくなり，解散に追い込まれる組織や集団も現れ，生き残った集団や組織もデモなどはするにせよ，露骨な暴力行使をする機会は減った。イスラーム過激派によるテロも減った。先行研究の多くは2000年代前半までを扱っているために，こうした民兵組織，プレマン組織・集団の変容を視野に入れていない。インドネシアの場合，オランダ植民地時代から，こうした国家と社会の狭間で暴力を武器として台頭する集団，組織というのは存在しており，こうした組織や集団が暴力の主体として政治の不安定を惹起したり，助長したりする役割を果たしてきた。政治が安定したからといってこうした集団や組織が消え去るわけではなく，適応している場合も多い。スハルト体制期に，広域暴力団的に勢力圏を拡大することに成功したパンチャシラ青年団は適応した典型例と言える。今回の民主化・分権化においては，いったいどのような形でこうした組織なり集団が民主化に適応したのであろうか。実は10年ほどの中期的視野でこの点について分析をした研究はそれほどない。本書では，地方政治権力の掌握という点ではインドネシアで最も成功したと言える暴力組織「インドネシ

リピン，アンボン，ポソといった（宗教）紛争地帯のトライアングルのちょうど中央に位置するがゆえに，北スラウェシ州では，イスラーム過激派が紛争を引き起こすことへの不安が高じて「フクロウ旅団」(Brigade Manguni)，「キリスト教部隊」(Legium Christum)，「キリスト民兵団」(Militia Christi)といった民兵組織が生まれたと指摘している。経済活動の中心である首都ジャカルタには大小のプレマン組織がひしめき合っているものの，経済危機以後は自らをジャカルタ生粋のエスニック・グループ，ブタウィ人であると主張して，ブタウィ人への経済的機会の優先的割り当てを要求するプレマン組織「ブタウィ友愛フォーラム」(Forum Betawi Rempug, FBR)，「ブタウィ同郷連絡協議会」(Forum Komunikasi Anak Betawi, Forkabi)などが生まれた。友愛フォーラムについてはウントゥン・Wが社会学的に，I・ウィルソンやD・ブラウンが政治学的に研究を行った[Untung 2005; 2006; Wilson: 2006; Brown and Wilson 2007]。ジャカルタに隣接するがゆえにジャカルタ在住者も多いバンテン人の間からは「バンテン人潜在能力領導会」(Badan Pembina Potensi Keluarga Besar Banten)というプレマン組織が生まれ，岡本が調査をしている[2006]。ジャカルタには，イスラーム教をベースとする「イスラーム防衛戦線」(Front Pembela Islam, FPI)も生まれ，ウィルソンやアンドリ・Rなどが研究を行っている[Wilson 2006; Andri Rosadi 2008]。

ア・バンテン文化・芸術・拳術家連合」(Persatuan Pendekar Persilatan Seni Budaya Banten Indonesia, PPPSBBI) を具体的に取り上げて，民主化・分権化への適応過程を実証的に分析する。

③自治体新設運動

　本書で取り上げる自治体新設運動についての研究も多い。こうした動きについて，木村は「地域主義」(regionalism) といい，岡本は「細分化する地域主義」と呼んでいる [Kimura 2007; 岡本 2008]。32 年間にわたって中央政府が地方の経済資源，地方政府の財政・人事権を掌握していたことへの不満は，分離主義運動という形で現れはした。しかし，大幅な自治権が自治体に委ねられたことから，むしろ新しい自治体を作る動きが活発化した。エスニシティ的，宗教的，経済的に差別化されたと感じる集団が自らの自治体を作る運動を起こして，それが実現するようになった。この自治体新設運動については，リアウ島嶼部州設立の政治過程を取り上げた研究 [深尾 2003] や同州誕生後のアイデンティティ問題を取り上げた研究 [Faucher 2007]，ゴロンタロ州設立の政治過程を取り上げた研究 [Kimura 2007; 岡本 2007]，西スンバでの新県設立運動を取り上げた研究 [Vel 2007]，南スラウェシにおける未完の新州設立運動を取り上げた研究 [Roth 2007] があり，マルクの自治体新設の動きについては ICG の報告書 [ICG 2007] がある。こうした細分化する地域主義は，政治的不満を少なくとも暫定的に解決する手法であり，インドネシアが政治的安定を実現している理由の一つである。本書ではエスニック間の差異から来る政治経済的差別が解消された事例としてバンテン州設立を取り上げる。

④政治的安定論

　本書と同様に，政治的安定に着目した研究もわずかではあるが存在する。地方に着目した研究としては，先述したように，ブラウンとディプロスがポソ県の宗教紛争の終焉過程を分析している。また国政の安定に着目したのが，最初に述べたミーツナーの研究 [2008] である。彼は政党政治の安定に着目している。サルトーリや G・ピーダーセンの政党研究を持ち出してきて，1950 年代と 1990 年代以降の政党政治を比較する形で 90 年代以降の政党政治の安定を説明しようとしている。1950 年代の政党政治がイデオロギー，宗教問題で党間対立が激化して短期間のうちに不安定となって権威主義体制への道を開いたの

に対して，90年代以降の政党政治がそうした方向性を見せずに安定しているとする。その理由は，主要な三政党（PDIP，ゴルカル，民主主義者党（Partai Demokrat））がイデオロギー，宗教的に中道的スタンスを取っており，他のイスラーム政党なども中道に流れているからであり，それはスハルト体制期に急進左派と右派を否定した遺産であるとする。政党政治の中道化が政治的安定につながっているというのは重要な指摘である。ただし，50年代の政党政治の失敗は，地方がジャカルタ支配に抱く不満に対処しきれなかったことも一因であることからすると，98年の民主化以後，どうして地方のジャカルタへの不満が収まったのかについても検討する必要があるであろう。また，政治的安定を考えるのであれば，スハルト体制が崩壊する頃から顕在化した地方での水平的対立が非暴力化していったのかということについても検討を加える必要があるであろう。

　スハルト体制崩壊前後のインドネシア政治についてはこのように多様なアプローチから研究が生まれてきている。本書は，中央政治での安定に関心を寄せたミーツナーとは異なり，地方政治の安定に着目する。というのも，スハルト体制崩壊前後の政治的混乱は地方でこそ顕著であったからである。また，そもそも多様性の高いインドネシアのような国家にあって，一地方が社会的，政治的に不安定になれば，他地域に波及し，インドネシア政治が国家レベルで不安定化する可能性は高い。さらに，現在のインドネシアでは，民主化に加えて急激な地方分権化が進んだことで，地方での権力闘争は激しくなり，地方でこそ政治的混乱が起きる可能性が高くなっている。それゆえ，民主化・分権化後，地方政治が安定化していったロジックを見ていくことは決定的に重要である。

　地方での政治対立にあっては，政党間関係だけでなく，宗教グループ間，エスニック・グループ間，地域間などアイデンティティに基づく水平的対立も重要である。宗教やエスニシティといった社会的亀裂が投票行動に意味があることは，地方首長直接選挙に関するエリヤントの一連のサーベイ調査 [Eriyanto 2007a; 2007b; 2008a; 2008b; Eriyanto et. al. 2008]，前述のエルブとスリスティヤントの編著本の首長選の事例研究でも指摘されている。本書では，この水平的対立がいかに地方で緩和してきたのかに着目することになる。次章では，バンテン州の事例研究に入る前に，アジア経済危機，そしてスハルト体制崩壊後の政治的不安定に対して，ポスト・スハルト期の政権はどのように対応したのかを見ていくことにする。

1章 権威主義体制の崩壊から民主化・分権化へ

先にも書いたように，1996年に私がインドネシアに留学をしたときには，まさかスハルト権威主義体制が崩壊するとは思っていなかった。だから，留学にあたっては，この権威主義体制時代の（西ジャワ州の）地方政治を研究しようと思っていた。その理由の一つは，スハルト権威主義体制時代の地方政治についてはこれまで十分な研究がないからであった。スハルト時代は強権的・中央集権的な政治体制で，地方レベルで「政治」が見えにくいということもあったから，地方政治研究は少なかったのだと思う。そうは言っても，地方には自治体があり，州知事，県知事，市長もいて，地方議会もあり，地方政治を可視化することはできるはずだという意気込みで留学に望んだ。しかし，壁は厚かった。インドネシア語がさしてまだできないこともあって，政治家や官僚に会っても興味深い話を聞けるわけでもなかった。そんなこともあり，また，少なくとも留学地の西ジャワの地方政治にはダイナミズムに欠けているようにみえて，権威主義体制期の地方政治研究には，すぐに興味が失せてしまった。そして，地方政治に活気と混乱があった1950年代に調査対象を変えてしまった。現地語のスンダ語も学び始めた。

当時の活動家や政治家は存命中で，暇を持て余している人も多く，アポも容易に取れた。高齢者となった彼らにひたすら会いまくった。元活動家たちは，私を暇つぶし相手にしてくれた。場合によっては，当時の関係者を次々と呼んできて，7時間ぐらい一緒にいることもあった。こうなると，彼らの眼中からは私の存在は消えてしまっており，スンダ語の彼らの世界に埋没していくこともあった。インドネシア語でもまだ苦労していたのに，習い始めたスンダ語で会話されるとお手上げであった。それでも，色々と50年代の西ジャワの話が聞けて，とても楽しかった。しかし，帰国してすぐに民主化，さらには分権化が始まってしまった。これで人生が変わった。

民主化・分権化

研究者人生も変えた

民主化後，分権化後の政治変動が面白くて仕方がない。若い学生や活動家たちが政治変革に取り組んでいる一方で，混乱に乗じて利権をむさぼる連中もいた。彼らに会うのが楽しくて，ワクワクした。しかも，西ジャワ州から分離してバンテン州まで誕生してしまった（写真：バンテン州設立を喜ぶ学生たち）。おかげで，私の博士論文のテーマは，現代のバンテンを中心とする地方政治にごろりと変わってしまった。こんな悠長なことを言っておられない今の博士課程とは違い，当時はまだそうした余裕があった。

さらに，2001年から地方分権化が本格的にインドネシアで始まると，国際協力事業団（JICA）の長期専門家として，地方分権下のスラウェシ島地域開発に関与することができた。スラウェシにある全6州の地域開発企画庁長官に助言をすることが業務内容である。そうした仕事柄，スラウェシ島内の県知事や市長，地域開発企画庁長官と会う機会が頻繁にあった。県知事，市長を集めて地方分権化後の地域開発について話し合うセミナーなども開催した。彼らの中には，急に自らの権限が増えたことに途方にくれていたものもいたし，さまざまな権限を使って好き放題に自治体を運営するものもいた。あるいは，積極的に次々と政治行政改革を行うものいて，

多種多様であった。そうした中で，今では南スラウェシ州知事となったシャフルル・ヤシン・リンポは興味深かった。2001年当時，彼は46歳でゴワ県知事であった。県知事在任中に麻薬使用容疑がかかり，5つ星のホテルのロビーで，うつろな目をした彼が私に挨拶をしてきて驚いたことがあり，容疑は本当かもしれないと思ったものである。その一方で，優秀な若手官僚らとともに県政改革を試みていた。住民参加型の地域開発計画システムなどを立ち上げて，スラウェシでは改革派の知事として名を馳せており，実態はともかく，彼の話を聞くとインドネシアの分権化に希望を持てた。裏を探ればいろんなことが出てきそうだし，プロジェクトがらみだと厄介な人物に豹変することもあったが，何とも魅力のある県知事であり，嫌いではなかった。

調査国が大きな変化を遂げれば，研究者の人生も変わる典型なのかもしれない。JICA専門家になるなど考えてもいなかった。ただ，インドネシアの民主化・分権化という貴重な転換点をインドネシア人とともに経験できたことは，本当に良かったと思っている。その時の友人・知人たちとのネットワークが今の私の研究，そして人生を支えてくれている。

ここでは，スハルト体制崩壊後，破綻国家論や国家分裂論争まで盛り上がる状況のなかで，中央政府がどういった制度的処方箋を提示し，実践していったのかを見ていくことにする。

第1節　民主化に向けた改革

　スハルト体制への不満の矛先は，スハルト及びその一族への権力集中であり，中央集権的な体制に向けられていた。98年5月，スハルトの大統領辞任に伴い，彼から「禅譲」される形で大統領に就任したハビビは，民主化・分権化改革によって権力を一気に分散させることで，その不満を解消してインドネシア国家の存続，そして政権の存続を目論んだ。スハルト時代に副大統領であったハビビは，選挙のような国民の信託獲得プロセスを経て大統領になったわけではない。だからこそ，ハビビは矢継ぎ早に政治行政改革を進めて政権の正当性を保とうとした。民主化と分権化に分けてその制度的対応について見ていこう（1998年から2005年までの重要な民主化・分権化の動きは，表1-1にある年表を参照してほしい）。

　まず，ハビビ政権のもとで，民主化の大前提である文民統治の徹底が図られた。現役軍人の文官出向取りやめ，警察の国軍からの分離，国会・地方議会における国軍・警察議席の削減が決まった。それと同時に民主化の制度整備も進めた。1999年2月1日には政党法（1999年第2号法），総選挙法（1999年第3号法）を制定した。そして，同年6月に同法に基づいて48政党が参加する比較的自由・公正な総選挙がさほどの混乱もなく実施された。インドネシアにおいて自由・公正な選挙が行われたのは1955年以来，約半世紀ぶりのことであった。また，詳しくは後述するが，地方分権に関する1999年第22号法により地方議会が地方首長を選ぶことになった。スハルト権威主義体制時代には，地方議会は複数の首長候補を中央政府に提案することができたとはいえ，内務省の介入により，提案した時点でどの首長候補が勝利するのかはほぼ決まっていた。そのため，地方議会が首長を選ぶ実質的権限はほぼなかった。この第22号法のもとでは，地方議会の諸会派が正副首長候補を推薦し，議員の投票で新たな正副首長が決まることになり，中央政府の介入は実質的になくなった。

表 1-1　スハルト体制崩壊後の民主化・分権化の流れ（1998～2005年）

年月日	事項
1998/5/21	スハルト大統領辞任，ハビビ大統領就任，32年間の集権的権威主義体制崩壊
1998/5/24	ハビビ内閣，地方分権に関する新法作成指示
1998/5/28	ハビビ内閣，政治改革スケジュール発表，政治関連法案準備のための7人委員会発足
1998/9/17	政党法，総選挙法，議会構成法の三法案の国会提出
1998/11/13	国民協議会決議（政治的自由化，自由公正な選挙の実施，地方分権の実施など）
1999/1/28	政治改革三法案の国会通過
1999/2/1	政治改革三法（1999年第2号，第3号，第4号）の公布
1999/2/4	地方分権法案の国会提出
1999/2/9	中央地方財政均衡法案の国会提出
1999/4/1	警察の国軍からの分離
1999/4/21	地方分権法案の国会通過
1999/4/23	中央地方財政均衡法案の国会通過
1999/5/7	地方分権法（1999年第22号）の公布
1999/5/19	中央地方財政均衡法（1999年第25号）の公布
1999/6/7	1999年総選挙投票日
1999/8/30	東チモール住民投票
1999/10/19	国民協議会の東チモール独立支持
1999/10/21	国民協議会での投票を経て，アブドゥルラフマン・ワヒド大統領就任
2001/1/1	地方分権開始
2001/7/23	国民協議会にてワヒド大統領更迭，メガワティ副大統領の大統領就任
2001/11	第3次憲法改正，地方代表議会（DPD）設置決定
2003/7/31	大統領直接選挙法（2003年第23号）の公布
2004/4/5	2004年総選挙投票日
2004/7/5	初の大統領直接選挙実施
2004/10/15	新地方分権法（2004年第32号）の公布，地方首長直接選挙制の導入
2004/10/15	新中央地方財政均衡法（2004年第33号）の公布
2005/6/1	地方首長直接選挙開始（クタイ県から）

　2001年11月には第3次憲法改正が行われ，中央政府に地方の声をより明瞭に反映させることを目的として，各州4名の代表者からなる地方代表議会（DPD）の設置が決まった。この議会は，一種の上院のようなもので，州を選挙区とする選挙を通じて選ばれた4名の州代表が一同に集い，主に地方分権・自治について審議することが期待された。さらに2003年には大統領直接選挙法が制定された。2004年になると，99年第22号法を改正した2004年第32号法が国会を通過し，地方首長の公選制が導入された。その結果，インドネシア史上初めて国会議員，地方代表議会議員，地方議会議員，正副大統領，正副地方首長，村長といった政治職がすべて公選制となり，制度面で民主化は

完了した。2004年には国会・地方議会議員選挙，地方代表議会選挙，続いて大統領選挙がさほど混乱もなく行われた。大統領には，同年の総選挙で7%の得票率を獲得した新政党の民主主義者党から出馬した退役軍人スシロ・バンバン・ユドヨノが選ばれた。2005年にはいると，各地で地方首長公選も始まった。民主化が始まってから7年の間に，一連の民主化のための制度整備だけでなく，その制度に従って民主化が実践された。選挙期間中のカネのバラマキ，暴力による脅しなども行われたが，予想以上に円滑に進んだことは間違いない。

　地方政治を考える上で，地方首長選出の仕組みが地方議会による選出から有権者による選出に変更されたことは極めて重要なため，地方首長公選導入の経緯と公選制の仕組みをこれから少し詳細に説明する。

　地方首長公選の導入が決まったのは，99年に始まった地方議会が地方首長を選ぶ制度に強い批判が向けられたからである。地方議員数は州議会であれば45〜100名，県・市議会であれば20〜45名であり，首長候補者は最大でその過半数+1名（11〜51名）の支持を獲得すれば首長になることができる。首長当選に必要な票数が少ないために，候補者による買票工作が各地で取り沙汰されており，メディアでは首長選のマネー・ポリティクスを批判する記事が連日のように踊っていた。公選制はその買票阻止策として，また，首長の住民に対する直接的説明責任を高める方策として浮かび上がってきた。多数の有権者が相手では買票は困難であろうという推定が，公選制導入には働いていたようである。また，地方首長選に政党の本部や支部が介入して，地方で知名度が高く，地域の発展に尽くしそうな人物ではなく，党本部や支部が選んだ人物を首長候補に仕立てる傾向が目立つことにもメディアで批判が起きていた［Joko 2005: 25-27］。カネのバラマキが勝利のカギを握る党内政治を経て候補者になった人物は，当選後に資金回収に励むから汚職が蔓延するということが批判の理由であった。

　こうしたメディアでの批判を受けて，内務省は第22号法改正案編纂を担当するチームを発足させた。当然，このチームは公選制導入を積極的に推進していた。公選制に反対していたのは，票読みが困難になることを恐れるゴルカル党，闘争民主党，開発統一党といった既存大政党であった。結局，第22号法を改正した2004年第32号法では，政党推薦のない正副首長候補の立候補は認められなかった。首長候補者は副首長候補と組んで，地方議会で15%以上の

議席を持つか，あるいは地方議員選挙で15％以上の得票率を獲得した政党あるいは政党連合を通じてのみ立候補できることとなった。既存大政党が，首長公選でも政党の影響力を残そうとしたためにこうした制度改正となった。2004年の大統領直接選挙では，小政党からの候補者（ユドヨノ）が大統領になっており，同様のことが各地の地方首長選で起きることを既存大政党は恐れていた。

　首長選においては，50％以上の得票率を獲得した正副首長候補の組がいれば，その組が勝利する。どの組も50％以上の得票率を獲得していなければ，25％以上の得票率を獲得した正副首長候補の組が勝利することになり，もし25％以上の得票率を獲得した組が二つ以上あれば，得票率の高い2組が第2ラウンドの首長選を戦うという仕組みになった[1]。首長候補と副首長候補がペアを組んで選挙戦を戦うという選挙のルールがどうしてできたのかは分からないが，このことが社会的亀裂を跨境する妥協と合意の地方政治を作り上げていった。次に分権化への制度整備を見ていこう。

第2節　分権化に向けた施策の実態

　ハビビが大統領に就任してから半年も経たない98年11月，国権の最高機関である国民協議会特別会は，地方分権の実施，天然資源の公正な規制・分配・利用，インドネシア統一共和国の枠内における中央・地方財政均衡に関する98年国民協議会第15号決議を採択した。天然資源の産出地方への還元，地方財政の拡充を軸として，地方分権はこの時点で国策となった。そして，早くも1999年2月4日には地方分権法案が，2月9日には中央・地方財政均衡法案が大統領により国会に提出され，同月10日には同2法案に対する国会審議が始まった。そして，まず1999年5月7日に地方行政の基本的枠組みを定める1999年第22号法（以下，第22号法とする），続いて同年5月19日に中央政府

---

1) 2008年には2004年第32号法を改正する2008年第12号法が制定された。その結果，25％ではなく，30％以上の得票率を獲得した組が首長公選の勝者となること，複数の組が30％以上の得票率を獲得した場合，得票率の高い2組が第2ラウンドに挑むことになった。さらに，政党の推薦を受けない独立候補の立候補も認められることになった。独立候補として立候補するためには，自治体の人口規模に応じて，3～6.5％の有権者の支持が必要で，その証拠として彼らの住民登録証のコピーを選挙管理委員会に提出する必要がある。

と地方自治体の財政均衡の枠組みを定める 1999 年第 25 号法（以下，第 25 号法とする）が大統領の署名を経て公布された（コラム参照）。法案の国会審議からわずか 3 ヶ月あまりで，民主化後のインドネシアの地方行政・財政の枠組みは決まった。非常なスピード決定である。したがって当然ながら，関連省庁との十分な意見交換もなされず，関連法令，政令などは後日に作成されることとなった。これほど短期間に国家の根本である地方行政の枠組み変更が決まったのは，当時の第一党ゴルカル党幹部がハビビ（スラウェシ出身），アクバル・タンジュン（スマトラ出身），ギナンジャール・カルタサスミタ（スンダ出身）など非ジャワ人であり，分権化を支持する声が強かったことに加え，地方の混乱を分権化で収拾しようという意図，それをハビビ政権の売りにして 6 月の総選挙で彼が率いるゴルカル党を勝利させようという政治的判断などもあったことは間違いない。また，当時の内務相は，外島（ジャワ以外の島々）のリアウ出身の少将シャルワン・ハミドであり，彼もまた分権化を支持していた [Crouch 2010: 92]。

　この二法案によって首長決定権，事務権限，人事，財政面で大幅に地方に権限が移譲された。上述の通り，第 22 号法により，地方首長の選出は地方議会に委ねられた。第 22 号法ではきわめて安易に自治体の権限を拡大した。同法では，「自治体の権限は，外交，治安国防，司法，通貨・金融，宗教，その他を除く全行政分野に及ぶ」とし，公共事業，教育・文化，農業，産業・商業など 11 分野を基礎自治体である県・市が行う義務のある行政分野とし，州は県や市の境界事項に関する行政権限や県や市が遂行できていないか遂行していない権限を実施することになった。その結果，中央政府が権限を持つ上述の外交や治安国防などを除けば，スハルト体制時代に県／市に設けられていた中央省庁の出先機関，県・市分所（Kandep）は廃止ないしは県・市の関連部局に統合された。州は地方自治体であると同時に中央政府の下部機関としての性格を併せ持つものの，中央省庁の出先機関である州支所（Kanwil）は廃止ないしは州の関連部局に統合された。こうした統合に伴って，約 320 万人（公務員総数約 390 万人）いた国家公務員のうち約 190 万人が地方公務員に配置換えとなっただけでなく，その人事権が自治体に委ねられるようになった[2]。非常にラディ

---

2) 第 33 号法になると，第 22 号法のもとで能力無視，血縁・地縁，賄賂重視の地方公務員人事が行われていたという反省のもとに，教育・研修も含めた地方公務員マネージメントの指導・監督についての調整を国家レベルでは内務大臣，地方レベルでは州知事が行うと規定した。そうすることで地方公務員マネージメントの全国画一化を図り，中央政府，州政府の統制を強めた。統制

カルな人事異動が起きた。

　そして，第25号法により使途が自由な自治体財源が大幅に拡大した。190万人に及ぶ中央公務員の地方公務員化により，大半の自治体では増大した地方財源の5割以上は人件費に計上されたが,それでも開発予算は絶対額で増えた。表1-2は1999年度から2002年度までの，各州内の全県・市の歳入の推移である。リアウ州や東カリマンタン州など天然資源の豊富な自治体を中心として，分権化が始まった2001年度から明らかに予算が大幅に増加していることが分かるであろう。

　地方自治が行きすぎているとの判断から，2003年には中央政府は99年第22号法を改正する2003年第32号法，99年第25号法を改正する2003年第33号法を制定して中央集権化を人事や事務権限などの面で強化しようとしたものの，それほどうまくいっていない［岡本2012］。

　こうした分権化により，地方首長決定権，人事・事務権限，そして自由裁量のきく財源という政治的リソースが拡大したことで，自治体での権力闘争の契機が確実に多くなり，地方政治は活性化した。しかし，スハルト体制崩壊前後のような政治的不安定に陥った地方はほぼ存在していない。その一つの理由は，この分権化のもとで自治体の単位そのものの再考さえ可能になり，細分化する地域主義が勃興したからである。

のより具体的な点としては，州官房長の任免権は大統領が，県・市官房長の任免権は州知事が握り，県・市の局長，庁長官といった高官の人事については州知事と協議をしたうえで県知事・市長が決定することになった。さらに，一つの県・市だけの閉鎖的な人事慣行を排除して広範囲の人事異動を奨励するために，昇進基準の一つとして自治体間の異動が加えられた。また，首長ではなく官房長を地方公務員の指導役（Pembina）とした。第22号法スキームでは政治職である首長が行政官僚の指導役に当たるとしており，その結果として，猟官制のように行政官が首長の政治的・主観的判断で異動・昇進するという事態が発生して官僚のキャリア・パスが不安定化し，行政効率が低下しやすく，また政治化しやすくなっていた。第32号法ではそうした行政官僚制の政治化を防ぐ意味も込めて，地方行政職のトップである官房長を地方公務員の指導役に据えたようである。官房長の任免権は上位政府が有することから，上位政府が合理的な判断をするのであれば，地方公務員の政治化には歯止めをかけることができる。

column
分権化法案作成者たちは誰だったのか？

地方分権関連法案作成に当たったのは，内務省一般行政・地方自治総局長リヤス・ラシッドを委員長とする7人の委員からなり，「七人委員会」と呼ばれた。この七人委員会は，政治関連3法案の作成も行なっている。興味深いことに，イスラーム学生連盟（HMI）の元会長であるアナス・ウルバニンルム（Anas Urbaningrum）を除き，6人はアメリカの大学院で修士号か博士号を取得している。その6人のうち4人は北イリノイ大学のインドネシア政治学者D・キングの指導を受けている。リヤス・ラシッド（ハワイ大学で博士号取得）とアファン・ガファル（Afan Gaffar）が修士号，アンディ・マララゲン（Andi Mallarangeng），ラムラン・スルバクティ（Ramlan Surbakti）が博士号を取得している。他の2人，ハミド・アワルディン（Hamid Awaluddin）はアメリカン大学で博士号，ジョヘルマンシャ・ジョハン（Djohermansyah Djohan）はハワイ大学で修士号を取得している [Crouch 2010: 79]。この七人委員会が具体的に地方分権関連法案作成に着手し始めたのは，当委員会が総選挙法，政党法の法案作成に終了の目処を付け始めた1998年12月から翌年1月にかけてであると言われる。法案作成に当たっては，その審議に参加したドイツの国際援助機関であるGTZの関与が大きかった。中央・地方財政均衡関係については大蔵省の影響も強かったという。リヤス・ラシッドのグループ以外にもモフタル・パボティンギのグループ，ユスリル・イフザ・マヘンドラのグループも分権化のコンセプトを提示した。当初，リヤス・ラシッドのグループは，ハビビも支持する形で地方自治体としての州を廃止する案を提示し，他の2グループは州に力点を置く地方分権の実施案を提示した。結局，リヤス・ラシッドのグループは州をも自治体とする地方分権案を法案化するに至り，ハビビの反発を買ったという（これらの経緯については，JICA・ハサヌディン大学共催の「スラウェシにおける開発計画と実践に関する研修」での内務省地域開発総局スタッフのサハットの発言（2001年11月13日）に基づく）。

表 1-2　年度別州内全県・市歳入と増加率（1999～2002 年度）

(単位：10 億ルピア)

州名	1999年度 歳入	2000年度* 歳入	2001年度 歳入	2002年度 歳入	増加率
アチェ州	795	1,171	2,919	2,634	231.32%
北スマトラ州	1,748	1,755	4,180	4,923	181.64%
西スマトラ州	841	889	2,057	2,626	212.25%
リアウ州	764	886	6,120	7,173	838.87%
ジャンビ州	461	500	1,227	1,640	255.75%
南スマトラ州	856	835	2,450	2,633	207.59%
ベンクルー州	285	287	661	756	165.26%
ランプン州	863	848	2,013	2,358	173.23%
バンカ・ビリトゥン州	203	195	420	508	150.25%
西ジャワ州	3,463	3,470	8,380	9,111	163.10%
中ジャワ州	3,501	3,373	9,316	10,138	189.57%
ジョグジャカルタ特別州	477	497	1,231	1,420	197.69%
東ジャワ州	4,122	4,120	10,659	11,233	172.51%
バンテン州	705	657	1,845	1,977	180.43%
バリ州	1,151	1,114	2,273	2,363	105.30%
西ヌサトゥンガラ州	638	579	1,482	1,656	159.56%
東ヌサトゥンガラ州	695	801	2,216	2,390	243.88%
西カリマンタン州	677	650	1,677	1,915	182.87%
中カリマンタン州	543	551	1,460	1,684	210.13%
南カリマンタン州	699	751	1,557	1,768	152.93%
東カリマンタン州	915	1,048	5,414	2,756	201.20%
北スラウェシ州	364	362	921	1,057	190.38%
中スラウェシ州	478	511	1,145	1,368	186.19%
南スラウェシ州	1,386	1,537	3,289	4,219	204.40%
東南スラウェシ州	399	409	965	990	148.12%
ゴロンタロ州	151	156	400	463	206.62%
マルク州	231	394	781	954	312.99%
北マルク州	209	267	511	648	210.05%
パプア州	878	1,212	3,161	3,693	320.62%

＊ 2001 年度から予算開始月が 4 月から 1 月に変更になったため，2000 年度の予算は 9 ヶ月分である
出所：BPS 2003b; 2004

第 3 節　細分化する地域主義

　序章で述べたように，スハルト体制が崩壊したときには分離運動が起きただけでなく統一共和国そのものを問い直し，連邦制に移行すべきだとの意見も飛

写真1-1　バンテン州設立法案の国会での投票風景

び交っていた。しかし、県・市を中心とした自治体への大幅な公務員の異動、事務権限の移譲、天然資源賦存度の高い自治体を中心とした予算の大幅な増大などから、地方からは連邦制導入を巡る議論が一気に退潮し、東カリマンタンやリアウからの分離要求も下火となった。代わって、現存の国家体制内での地域主義・細分化の地域主義の実現要求、つまり自治体新設運動が勢いを増した。インドネシア語で発展、拡大、分割を意味する抽象名詞プムカラン（pemekaran）として表現されるこうした自治体新設の動きが起きた制度的理由は、自治体新設が困難であったスハルト体制期と違い、分権基本法99年第22号法のもとではかなり容易に自治体新設が可能になったからである。州新設にあたっては、3県・市以上から構成されること、県・市新設にあたっては、3郡以上から構成されること、そして、地域住民の支持、自立可能性、母体州あるいは県・市の同意、中央政府の同意という条件を満たせば多くの場合、認められるようになったからである。こうした地域主義が台頭したのは次のような理由からである。①地域間格差解消：ある自治体の中で中心地域が経済的に繁栄する一方、天然資源がありながら貧しい周辺地域がある場合、その周辺地域が自治体新設を求める。②エスニック集団間格差：複数のエスニック集団があ

写真 1-2　バンテン州設立をまちわびる

表 1-3　自治体数の変化（1998 年 1 月 -2014 年 7 月）[1]

州・島	1998 年 1 月 州	1998 年 1 月 県・市	2014 年 7 月 州	2014 年 7 月 県・市	増加数 州	増加数 県・市
スマトラ島	8	77	10	154	2	77
ジャワ島[2]	5	108	6	119	1	11
バリ，ヌサ・トゥンガラ	3	29	3	41	0	12
カリマンタン島	4	30	5	56	1	26
スラウェシ島	4	45	6	81	2	36
マルク，イリアン・ジャヤ	2	15	4	63	2	48
合計	26	304	34	514	8	210

1) 東チモール州は 2000 年に独立することから，東チモール州及び州内の 13 県・市は 1998 年 1 月時点で含めていない。
2) ジャカルタ特別州については，1998 年までは 5 市，1999 年以降は 5 市，1 県がある。首都として，この県・市には自治権がないが，ここでは含めている。
出所：インドネシア法令集，内務省データより筆者作成

る自治体に存在する場合，貧困地域で多数派を構成するエスニック集団が自らの自治体を求める。③政治経済的資源独占：自治体ができると，首長決定権，地方公務員人事権，事務権限，予算，経済資源が手に入る。①や②の理由で次々と誕生した自治体がリソースを獲得していることが明白になると，格差解消ではなく，③のような単純にリソース独占を求める自治体新設運動が誕生した。

表 1-3 は 1998 年 1 月と 2014 年 7 月時点での各地域での州，県・市の数，またその期間中の自治体増加数を示したものである。この表から分かることは，エスニシティ，宗教構成が複雑であるジャワ以外の島々，インドネシアで外島と呼ばれる地域において自治体数の増加は目立っているということである。第 22 号法制定時点ではこれほど自治体新設運動が起きるとは予想しておらず，制度設計者の想定外の事態であり，第 33 号法では新設の条件を厳しくしたが，一向に新設運動が収まる気配はない。中央政府にとっては財政負担が多くなる可能性があり，また，自治体数の増加イコール地方公務員，地方議員の増加であり，地方財政への負担も大きくなる。その一方で，自治体が新設されることで，地域間格差，エスニック集団間格差といった水平的格差に伴う対立が減少し，政治的不安定の要因を減らしている。

次章以降では，バンテン地方を取り上げて，民主化・分権化が具体的にどのような地方政治アクターの台頭をもたらし地方政治を作り上げているのか，そして，どのように社会的亀裂の非政治化，非争点化が起きているのかを明らかにしたい。

2章
暴力集団（ジャワラ）とイスラーム
―― バンテン地方の政治構造の歴史的展開

　私はインドネシア政治を研究対象にしており，アラブ語に堪能なイスラーム研究者ではない。とはいえ，インドネシアの人口の大半がムスリムであり，政治的にもイスラームの影響は濃厚であるから勉強もしている。また，イスラーム指導者であるウラマー，ジャワではキヤイと呼ばれる指導者たちは，政治的には極めて重要な役割を果たすことが多いので，いろいろなタイプのウラマーと接してきた。その中でも印象深いのが，この章にも出てくるイスラーム神秘主義教団（タレカット）の宗派に属していたアブヤ・ディミヤティ（写真）であった。

　私が彼のイスラーム寄宿塾を訪れたのは，ちょうどバンテン州設立運動が盛り上がっている2000年のことで，当時の大統領アブドゥルラフマン・ワヒドが同州設立に好意的であった頃である。ワヒド大統領は，インドネシア最大のイスラーム社会組織ナフダトゥール・ウラマーの指導者の1人であり，民主化への転換期に穏健にして寛容なイスラームがインドネシアで重要な役割を果たしたのは，彼によるところが大きい。このワヒド大統領は，非常に高名なウラマーであるディミヤティに昔から敬意を払っており，彼をよく訪れていた。そうしたこともあり，ディミヤティのことをよく知らぬまま，バンテン州設立にも関与しているはずだとの想定で彼のもとを訪れたのである。

　バイクで山道をあがり，人に聞きながら彼の寄宿塾とされる場所に行ってみると，竹編の壁や木材で作られた質素な作りの建物があった。そこで1人の老人が壁を向いて座りながらゆっくりと何かを唱えていた。さすがにその老人に声をかけるのはためらわれたので，その建物近くの家の前で座っているおばさんに近づいた。ディミヤティに会いたい旨を彼女に伝えると，彼女の右横にたくさん置かれたペットボトルを指しながら驚くべき返事をくれた。祈祷している老人がディミヤティであり，彼にお願いごとがあるなら，ペットボトルに入った水にその願いごとを吹き込んで彼に渡せばよいとのことである。あまりに不可解な返答だったので説明を求めた。彼女の説明では，そもそもディミヤティに会いに来る人たちの

ウラマーとは？

イスラーム指導者

目的は，彼にお願いをするためであるとのことであった。願いを吹き込んだ水にディミヤティが祈りの言葉を吹き込んでくれ，その聖水を飲むと願いが叶うということである。インタビューなど成り立たないらしい。祈祷が終わるのを待って挨拶だけでもしようと思ったが，彼女によれば何時間でも祈り続けるらしく，祈りが終わった後に会ってくれるかどうかも分からないとのことであった。仕方なく，その日は諦めて帰ることにした。

その後，ディミヤティについて調べてみると，彼はバンテンの三大ウラマーの1人であり，当時は80歳であった。1日の大半を祈りに捧げており，ワヒド大統領さえ5分間で帰るよう言われたという。さて，聖水の威力であるが，ウェブサイトを見てみると，ある妊婦の話があった。妊娠中に病気になった彼女は，その治癒のために薬を飲み続ければ障害を持った子供が生まれる可能性があると医師に告げられた。そこで，夫がディミヤティの助けを求めて彼のもとに水を持って行った。ディミヤティは，その水に唾液を吐いた。夫がその水を妻に飲ませると，五体満足の子供が生まれ，病気も治ったという。祈りを吹き込むというのはディミヤティの唾液を入れることなのかもしれない。いずれにしても，タレカットの本領発揮なのかもしれない。残念なことに，ディミヤティは2003年に崩御している。

インドネシアのイスラームのなかでも、とりわけナフダトゥール・ウラマーに連なるウラマーにはこうした神秘主義に満ち溢れた人が多い。テレビに出てくるウラマーたちもいる。説教番組だけではなく、オカルト的番組にも出てくる。かつて放映されていた「ゴーストバスター」なる深夜番組では、ウラマーが悪霊退治をしていた。ウラマーが、悪霊がいるとされる住居を訪れ、悪霊の数と特徴を把握する。それを視聴者に向けて説明した後、数珠（タスビ）を使い、両手を振り回しながら、悪霊を捕まえ、ガラスのボトルに入れて蓋をした。その家には、若い女性司会者が深刻な顔で「悪霊退治済み」というステッカーを貼って番組は終わりである。イスラーム的にこれがどこまで認められるのか分からないが、私の大好きな番組であった。

本章は，まずバンテン地方の政治的特徴と先行研究を概観する。続いて，オランダ植民地時代，そしてオランダからの独立闘争の時代に，イスラーム的正義の代弁者としてのウラマー (ulama) と暴力と呪術を武器とするジャワラ (jawara) という二つの社会的アクターが反植民地闘争のリーダーとして政治的にも台頭を果たした過程を見ていく。彼らは，ときには近代国家に対抗しながら，近代国家とバンテン地方社会の媒介役を果たしており，植民地国家，国民国家の時代を通じてバンテン地方の政治を考える上できわめて重要である。

第1節　バンテン地方の地誌

　歴史的には，バンテン地方とは図 2-1 のバンテン州の地図のなかで，タンゲラン県・市と南タンゲラン市を除いた県と市，つまりセラン県・市，チレゴン市，ルバック県，パンデグラン県をあわせた地域を指すことが多い。1920年代に地方分権化政策の一環でオランダ領東インド政府がジャワを3州に分けたとき，バンテン地方は西ジャワ州に入った。そして，西ジャワ州を六つの理事州 (Keresidenan)（プリアンガン，バタビア，バンテン，チレボン，ボゴール，クラワン（プルワカルタ））に分けた。セラン県（現在のセラン県・市，チレゴン市），ルバック県，パンデグラン県の三県がバンテン理事州 (Keresidenan Banten) を構成しており，タンゲラン地区（現在のタンゲラン県・市，南タンゲラン市）はバタビア理事州 (Keresidenan Batavia) に入った。インドネシアが独立してからもこの行政区分は変わらず，66年に始まるスハルト体制になってようやく変化が起きた。理事州という行政単位が廃止され，その監督官である理事官 (Residen) ポストもなくなった。その代わりに，州知事 (Gubernur) の監督下で複数の県・市の領域監督をする役職，領域監督官 (Inspektorat Wilayah) 職が作られた。西ジャワ州は五つの領域に分けられて，バンテン地方は第1領域 (Wilayah I) として同地方内の県・市は第1領域監督官の監督下に入った。このときにタンゲラン地区は第1領域に組み込まれた。その後，1974年に監督官の名称が州知事補佐 (Pembantu Gubernur) となり，州知事第1補佐がバンテン地方の監督をするようになった [Pemda Jabar 1993]。そして，2000年にはこのバンテン地方が西ジャワ州から分離してバンテン州となった。

図 2-1　バンテン州

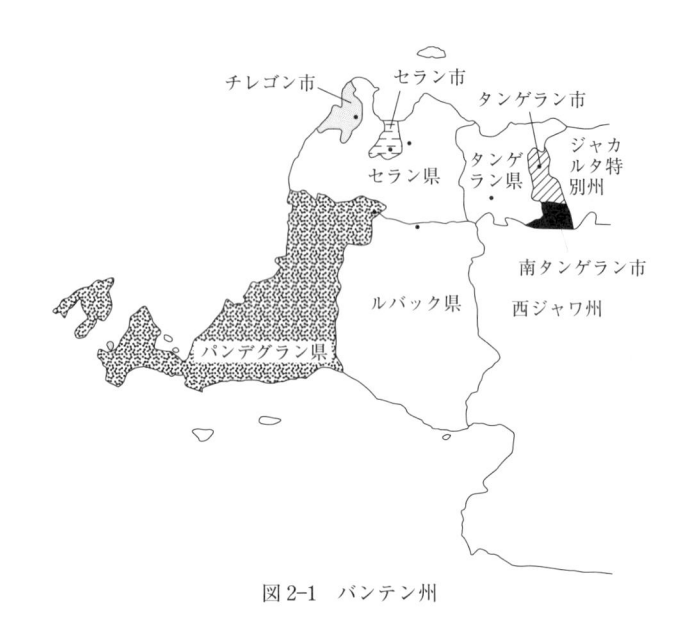

表 2-1　バンテン州の人口推移と増加率（1961〜2010 年）

県・市	1961	1971	1980	1990	2000	2010	増加率
セラン県*	648,115	766,410	968,358	1,244,755	1,652,763	1,980,189	205.5%
チレゴン市	72,054	93,057	140,828	226,083	294,936	374,464	419.7%
パンデグラン県	440,213	572,628	694,759	858,435	1,011,788	1,145,792	160.3%
ルバック県	427,802	546,364	682,868	873,646	1,030,040	1,203,680	181.4%
タンゲラン県**	643,647	789,870	1,131,199	1,843,755	2,781,428	4,142,190	543.5%
タンゲラン市	206,743	276,825	397,825	921,848	1,325,854	1,797,715	769.5%
バンテン州	2,258,574	3,045,154	4,015,837	5,967,907	8,096,809	9,782,779	333.1%

出典：バンテン州統計庁ウェブサイト（http://banten.bps.go.id/pop1.htm）（2008 年 11 月 9 日にアクセス）及び［BPS Banten: 2010: 7］
＊ 2007 年にセラン県から分離したセラン市の人口も含む
＊＊ 2008 年にタンゲラン県から分離した南タンゲラン市の人口も含む

　図 2-1 で示したように，バンテン州は首都ジャカルタに隣接しており，ジャカルタから州都セラン市までは約 90 キロであり，車だと有料道路で 2 時間ほどの距離である。表 2-1 はバンテン州及び同州内の県・市の 1961 年から 2010 年までの人口の推移と増加率を示している。バンテン州の人口は 2010 年現在で約 978 万人であり，1961 年から 49 年間で約 333％の増加率である。同期間中のインドネシアの人口の増加率が約 145％であるから，バンテン州の増加率はかなり高いことが分かる。

表2-2 バンテン州内の県・市における1人あたりGRDP（2008～2010年度）（千ルピア）

県・市	2008年度	2009年度	2010年度
パンデグラン県	6,175	6,571	7,328
ルバック県	5,766	6,126	6,456
タンゲラン県	10,799	11,286	12,279
セラン県	7,858	8,301	9,012
タンゲラン市	26,306	28,184	31,672
チレゴン市	50,271	54,485	59,557
セラン市	7,912	8,514	9,381
南タンゲラン市	7,466	8,138	9,058

出典：BPS Provinsi Banten 2011: 499

　社会・経済・文化的にバンテン州は大きく三つに分けることができる。北西部に位置するセラン市，セラン県北部，チレゴン市，南部に位置するセラン県南部，ルバック県，パンデグラン県，それから東部に位置するタンゲラン県，タンゲラン市，南タンゲラン市である。表2-2は，2008年度から2010年度までのバンテン州内の各県・市の1人あたり実質GRDPを示したものである。この表から分かるように，経済的には北西部と東部が南部に比べて発展している。北西部は東南アジア最大の製鉄所クラカタウ・スチールを筆頭に重化学工場がジャワ海の北岸，西岸に並ぶ工場地帯である。タンゲラン地区はジャカルタのベッドタウンとしても工場地帯としても急速に発展しており，表2-1にあるように人口増加率が最も高い。バンテン南部は山がちで農業セクターが卓越しており，1人あたり実質GRDPが三地域で最も低くなっている。

　社会・文化的には，大半がムスリムである点を除けば，3地域には違いがある。表2-3は2000年の国勢調査に基づく各県・市のエスニシティ別人口データである。タンゲラン県・市は，ジャカルタのベッドタウンであることを反映してバンテン人の人口が少なく，ジャワ人，スンダ人，ブタウィ人など多様なエスニシティ構成になっている。一方，バンテン北西部，バンテン南部ともにバンテン人が圧倒的な多数派である。ただし，歴史的に見れば，バンテン北西部にはジャワ語を母語とする言語集団が，南部にはスンダ語を母語とする言語集団が住んでおり，今も彼らは訛りのあるジャワ語やスンダ語を話す。したがって，統計上でもバンテン北西部にはジャワ人，バンテン南部にはスンダ人と範疇分けされる人たちの割合も多い。2000年の国勢調査は自己申告制によるデータに基づいており，自らが所属するエスニシティも本人申告である。2000年と

表 2-3　エスニック・グループの県・市別人口と割合 (2000 年)

	バンテン人	スンダ人	ジャワ人	ブタウィ人	華人
セラン県*	1,428,515	89,196	92,679	10,713	392
チレゴン市	183,117	25,795	52,626	3,054	819
パンデグラン県	694,068	249,741	12,856	2,993	131
ルバック県	936,514	47,558	9,161	3,151	222
タンゲラン県**	414,760	1,161,853	447,791	422,256	44,933
タンゲラン市	128,951	256,830	371,033	335,236	43,556
バンテン州	3,785,925	1,830,973	986,146	777,403	90,053

	バンテン人	スンダ人	ジャワ人	ブタウィ人	華人
セラン県*	86.43%	5.40%	5.61%	0.65%	0.02%
チレゴン市	62.14%	8.75%	17.86%	1.04%	0.28%
パンデグラン県	68.61%	24.69%	1.27%	0.30%	0.01%
ルバック県	90.93%	4.62%	0.89%	0.31%	0.02%
タンゲラン県**	14.95%	41.87%	16.14%	15.22%	1.62%
タンゲラン市	9.80%	19.52%	28.20%	25.48%	3.31%
バンテン州	46.86%	22.66%	12.20%	9.62%	1.11%

出典：BPS 2001a: 75
＊ 2007 年にセラン県から分離したセラン市の人口も含む
＊＊ 2008 年にタンゲラン県から分離した南タンゲラン市の人口も含む

いえばバンテン州が誕生してバンテン人意識が高揚した年であるから，ジャワ人やスンダ人ではなくバンテン人と申告する人が増えた可能性が高い[1]。

　いずれにしても，ジャワ語とスンダ語という異なる言語を母語とする二つの言語集団がバンテン人意識を持っている。もちろん，この 2 集団間で差異の意識はある。かつてのバンテン王国の中心がセランにあったこともあり，バンテン地方の中心といえば北西部地方であり，北西部のバンテン人は山中に住む南部のバンテン人を「森の人々」(Orang Hutan) と呼んで蔑視してきた。しかし，この二つの集団の間で対立が起きたという歴史も記録もなく［Williams 1990: 2］，バンテン人意識はかなり確立しており，それが 2000 年のバンテン州設立につながる大きな背景となっている[2]。

---

1)　オランダ領東印度時代の 1930 年の国勢調査以来 70 年ぶりに 2000 年国勢調査でエスニシティの項目が設けられた。それまでは，エスニシティは政治的に微妙であるため調査項目とはなっていなかった。
2)　唯一，南北間の差異が対立として表面化しかけたのはバンテン州設立後のことである。バンテ

バタック人	ミナンカバウ人	ムラユ人	その他	総計
4,795	7,780	4,426	14,237	1,652,733
3,869	4,539	3,104	17,783	294,706
530	2,359	460	48,516	1,011,654
688	3,381	1,317	27,888	1,029,880
36,223	26,629	28,347	192,240	2,775,032
29,416	20,593	20,406	109,912	1,315,933
75,521	65,281	58,060	410,576	8,079,938

バタック人	ミナンカバウ人	ムラユ人	その他
0.29%	0.47%	0.27%	0.86%
1.31%	1.54%	1.05%	6.03%
0.05%	0.23%	0.05%	4.80%
0.07%	0.33%	0.13%	2.71%
1.31%	0.96%	1.02%	6.93%
2.24%	1.56%	1.55%	8.35%
0.93%	0.81%	0.72%	5.08%

第2節　バンテン地方の研究史

　バンテンの政治や社会についての研究は比較的多い。植民地時代から独立闘争時代にかけて，反乱や社会革命という大きな政治変動が他の地域と比べても頻繁に発生したため，研究者の関心を呼んできたからであり，また，蘭領東インドの中心バタビアに近いために歴史的資料も多いからであろう。18世紀半ばから19世紀半ばまでの歴史について，J・ミグダルの国家社会関係論の枠組みを用いて分析した太田淳の研究［2006］，サルトノ・カルトディルジョのチレゴンにおける19世紀末の農民反乱に関する古典的研究［1966］，19世紀前半

ン北部のエリートがバンテン州の権益を独占していることに不満を抱いたバンテン南部のエリートの一部が南バンテン州設立を模索した。しかし，この動きはすぐにおさまった。この点については後述する。

から20世紀前半のバンテンのインフォーマル・リーダーに関する藤田英里の研究［2001］，20世紀前半の共産党蜂起に関するW・ウィリアムスの研究［1990］が植民地期の研究としては代表的である。また，フランスの学術誌 *archipel* 第50号［1995］は，「バンテン：地方史」という特集号を組んで10本の論考を掲載した。そのなかには，ファン・ブルイネッセンによるバンテンにおけるイスラームの歴史研究［1995］，E・エンスリンによるバンテンでの独立革命期の社会革命に関する研究［1995］などが含まれている。その後，独立してからスハルト体制期樹立までの時期を扱った研究は管見の限り皆無に近い。スハルト体制期のバンテンを扱った研究としてはティハミのパブアラン村に関する人類学的研究［1992］とウィルソンによる拳術家研究［2002］，アブドゥル・ハミドによるスハルト体制下でのバンテンのウラマーと政治に関する研究［2010］がある。スハルト体制崩壊以後の民主的・分権的政治体制下のバンテンの研究としてはアブドゥル・ハミド，シャリフ・ヒダヤット，リリ・ロムリによる地方政治研究がある［Abdul Hamid 2004; Syarif 2007; 2009; Lili Romli 2007］。

　植民地期から独立闘争の時代までを見てみると，社会のインフォーマル・リーダー的存在であったウラマーとジャワラが反乱や社会革命のときには政治的リーダーシップを発揮したことに焦点を当てた研究が多い。また，民主的・分権的政治体制期のバンテン政治研究では，政治経済的に影響力を握ったジャワラであるハサン・ソヒブについてシャリフ・ヒダヤットが「影の国家」論を展開した。ハサン・ソヒブは，本書でも主要に論じるジャワラであるが，政治的公職にないハサン・ソヒブがインフォーマルなネットワークで政治的影響力を行使している点に着目した研究である[3]。また，リリ・ロムリはサイデルのフィリピンにおけるボシズム論を援用して「ボシズム・プラス」論を展開した[4]。どちらもハサン・ソヒブの暴力性と金権政治とその圧倒的政治力に着目

---

3) シャリフは，ハサン・ソヒブの支配のインフォーマルな性格を強調しているが，それは必ずしも正しくない。とりわけ，地方首長が直接選挙で選ばれるようになると，彼の一族はこぞって公職に就いており，インフォーマルとは到底言えないからである。

4) リリ・ロムリはジョン・サイデルのボシズム論にプラスという単語をつけたのは，ジャワラが公務員を統御しているのみならず市民社会もコントロールしているからだという［2007: 258］。しかし，サイデルのボシズム論は，フィリピンにおける地方のストロングマンの搾取的性格はフィリピン国家の性格に由来しており，フィリピンの地方政治を説明するのに社会的関係であるパトロン・クライエント・ネットワークから説明することは不適切だという議論である［1999］。そうしたことからすれば，ジャワラが市民社会をコントロールしていることを理由としてボシズム・プラス論を展開するのはおかしい。また，そもそもサイデルのボシズム論でも，ストロングマン

するが，彼の政治経済権力が国家リソースに依存しているゆえに脆弱性を抱えていることへの関心は乏しい。

　ハサン・ソヒブとて中央政府との政治的ネットワークがなければ権力基盤の維持は困難であったし，私的暴力を政治的リソースとしているがゆえに治安機構とのイデオロギー的同一性やネットワークの保持は不可欠であった。しかも，自治体や中央政府の予算を乱用することで資金源を確保していたことから，司法機関が正常に機能すれば即座に権力基盤は掘り崩される可能性があった。また，次章以降で紹介する地方での選挙を見れば分かるように，対立候補というのは常に存在しており，実際にセラン県では彼の推薦する候補が負けもした。さらに，バンテンがイスラームの影響力がきわめて強い地域であることを反映して，イスラーム的社会正義の唱道も不可欠となりつつある。こうした上位の権力機構・アクター，他の政治アクター，そして正義観念に埋め込まれた形でハサン・ソヒブと彼のグループは政治経済的権力を堅持してきた。結果としてみれば，多くの場合，ライバルと敵対関係を継続するよりも，敵対勢力と妥協をし，彼らを取り込むことの方が多かった。地方分権により自治体予算が拡充し，首長ポストを握ればパトロネージを拡大することができただけに，暴力だけではなく，柔軟な対応をすることで彼とそのグループは政治経済的権力の維持に成功した。そのことが，曲がりなりにもバンテン地方の政治的安定につながった。本書は，彼と彼のグループのこうした柔軟性と彼の率いた勢力の政治パターンの変容と限界にも着目する。

第3節　歴史 ── 植民地国家の時代

　1527年から1813年にかけてバンテン地方にはバンテン王国というイスラーム国家が存在していた。16世紀末には西ジャワ，スマトラ南部を支配下に治め，17世紀までバンテン自体は東南アジアでも最大の都市であった。イスラーム法の裁判官カーディー（qadi）が非常に強い政治的影響力を有しており，彼を中心として王国によるイスラームの制度化が進んだ。しかし，ジャワでオラン

　　による市民社会のコントロールという点は織り込み済みである。

ダ植民地支配が強化されるなかでバンテン王国は衰退していった。18世紀末，フランスのナポレオンが英蘭戦争で弱体化したオランダを占領し，1806年には弟ルイ・ボナパルトを国王とするホランド王国が誕生する。ルイは，1807年，ヘルマン・ウィレム・ダーエンデルスを東インド政庁総督に就任させた。翌年1月にバタビアに到着したダーエンデルスはバンテン王国に厳しい介入を始めた。

ダーエンデルスは，同年11月にスルタン・ムタキンを廃位して王子スルタン・アリ・ウディン二世を即位させ，1810年にはバンテン王国を高地と低地の二つに分けて低地を直轄領にし，また，王国に対する統制を強めた。ヨーロッパでの混乱をついてイギリスが1811年にジャワを占領すると，総督に就いたラッフルズは1813年に高地の割譲をスルタンに要求した。スルタンはスルタンとしての名目的地位を保持して給与と債務返済金をもらうことを条件にその割譲に同意した。この時点で実質的にバンテン王国は消滅し，1832年に蘭領東インド政庁が当時のスルタンを国外追放するに至ってバンテン王国は完全に消滅した[5]。

そして，蘭領東インド政庁はバンテン地域にも官僚制を整備しはじめた。ジャワの他地域と同じく，この官僚制は，オランダ人官吏と原住民官吏 (Pangreh Pradja) からなっていた。県知事など要職に就いた原住民官吏は，バンテン出身者ではなく，西ジャワ州の中心地であるバンドンとその周辺地区出身のスンダ人であった。スンダ人官僚の間ではバンテン地方の評判は芳しくなかった。彼らは，バンテン地方とは，イスラーム教の影響が強く，厄介なバンテン人 (Banten bantahan) の住む地域であり，ジャワ島内の外島 (Buitengewesten op Java) という認識を持っていた。外島とは，蘭領東インドのジャワ島以外の地域を指し，後進地区との意味合いが強い。スンダ人官僚たちは，バタビアの政府の勤務評定が低いとバンテンへの異動が発令されると信じていた。一方，バンテン社会から見れば，優越感を持つ外部者がバンテン社会を支配していることを意味し，そのことが，バンテン社会内の地域差を超えて，搾取される主体としてのバンテン人アイデンティティを作り出した [Williams 1990: 62-73]。そして，二つの社会アクター，ジャワラとウラマーが何度も反乱を起こす不安

---

[5] バンテン王国とオランダ，イギリスの介入については，[Ota 2006: 143-159] が最新の研究成果である。

定な政治がバンテンで顕著になった[6]。以下では，ジャワラとウラマーの社会的特徴と彼らの 20 世紀前半の政治的役割を見ていく。

第 4 節　「無法者」ジャワラ

いつの時代，どの社会にあっても「無法者」,「無頼漢」,「ごろつき」,「無宿」,「ならず者」,「暴漢」といった範疇で括られる者たちは存在する[7]。ジャワではジャゴ (jago)，ジャガバヤ (jagabaya) と呼ばれる者たち，タイではナックレーンにあたる。共同体あるいは社会秩序の内と外の狭間にあって，社会秩序を規範づける正義の体系を無視して暴力を行使する可能性があり実際にも行使する社会的性格を有する者たちである。徹底的に反社会的で犯罪行為に従事していれば単なる「悪漢」であろうし，富者からのみ金品を奪うような庶民の味方としての性格も兼ね備えているのであれば「義賊」ということになる。ジャワラというのは，バンテン地方におけるこうした無法者のことである。彼らは勇敢さ・男らしさを尊び，拳術や呪術に長け，自尊心を傷つけた相手への暴力の行使をためらわず，語り口は粗野であけすけ (blak-blakan) である。バンテンにおいてジャワラはそうした存在として文化的・社会的に認知されてきた。ティハミに従えば，ジャワラは，刀剣や銃弾から不死身になる術 (ilmu kebal) や遠距離攻撃などの呪術を習得しているとされる [Tihami 1992]。さらに，イスラーム神秘主義タレカット (tarekat) の一派リファイヤ (Rifa'iyyah) から影響を受けて発展したデブス (debus) と呼ばれる身体技術を身につけている者もいる。デブスとは，タレカットと土着の民間信仰が組み合わさったもので，瞑想や修行などを経て獲得可能となる技であり，刃物で身体を突いても刺しても傷すらつかず，炎の上を歩いても熱さを感じなくなる (写真 2-1 参照)[8]。拳術や呪術に長

---

6) 太田淳によれば，18 世紀，19 世紀のオランダ資料ではジャワラという言葉自体は使われていない [Ota 2006: 155]。
7) 「無宿」「無法者」「悪漢」の中でも，「豊かな者から奪い，貧しい者に与える賊」，民衆の側から見れば「正義」を体現しているとイメージされる賊である「義賊」に焦点を当てたものとしては，[南塚 1999] の作品がおもしろい。また，中東のイスラーム都市社会の無頼については，[佐藤・清水・八尾・三浦 1994] が参考になる。
8) 現在では，デブスはバンテン文化の一武術となっており，公演が行われ，VCD なども販売さ

けたジャワラは自らの流派を持ち，道場を作って後身の指導も行ってきた。

　ジャワラとは元来は村のフォーマルなリーダーとは別個の存在であり，賭博場や売春宿から見かじめ料をとり，たかりやゆすりといった犯罪（に近い）行為を行うだけでなく，実際に路上強奪をする者や牛泥棒をしてジャワラのネットワークを使って売りさばく者もいた。また，村長などの僕として村落秩序を維持する役割を担ったり，ときには自らが村長になったりすることもあった。バンテン地方における無法者の存在がオランダ植民地資料に初めて現れるのは1795年のことであり，ダーエンデルス総督が統治をした19世紀初め頃から，無法者による反乱についての記述が現れる。そして，バンテン地方は他のジャワと比べて遙かに治安の悪い地域としても有名であり，1810〜1870年までの間に最低でも19回の反乱が起きている［Williams 1990: 45-47, 79］[9]。ダーエンデルス総督によるバンテン王国への介入強化と住民への労働賦役，軍事奉仕の強化が始まると，住民たちは山間部に逃亡して無法者集団を形成した。なかでも，パンゲラン・アフマドは有力な無法者としてのし上がり，ラッフルズによる英国統治時代には英国との協力を模索するまでに実力をつけた［Ota 2006: 154-155］。

　ジャワ一般では，19世紀初頭以降，オランダは官僚制の整備を通じて植民地支配をジャワ島の村落レベルにまで及ぼし始めた。そして，中国人によるアヘン請負業がこうした官僚制の整備と共に拡大していき，村長とジャゴ，あるいはジャガバヤの間の広範な協力関係が打ち立てられていった。村長は植民地行政の最末端の単位になり，その社会的性格は名望家的なものから官吏的なものへと変貌を遂げた。その過程で村長は植民地政庁に仕えるという意味での「公」的存在，フォーマル・リーダーになり，植民地政庁の要請を受けて税・

れている。ジャワラ組織である「インドネシア・バンテン文化・芸術・拳術家連合」(PPPSBBI) の幹部が所有するデブス興行団「シナル・バンテン」(邦訳：バンテンの光) はVCDも出しており，そこではデブスのパフォーマーが自らの舌の先端を刃物で切り落とした後，再びその舌をつなげたり，首を切り落としてつなげたりするパフォーマンスもあるが，トリックの要素が強い［Sinar Banten 2003］。他にも，デブスのパフォーマンスでは，ドリアンのトゲのある皮を歯で剥いたり，たいまつの炎を体に密着させたりするようなことは普通に行われる。また，デブス演者の首を切り落とすというパフォーマンスが実際にあり，その際には山羊の首が切り落とされることで演者の首が再びつながると主張するものもいる。

9）　1820年頃にはオランダは中間レベルの官僚として現地人を採用するなどしてバンテン統治のコツを学び，ある種の秩序が打ち立てられる［Ota 2006: 155-158］。しかし，それはジャワラたちの秩序形成への積極的参加もあって実現したと思われる。

写真 2-1　デブスのパフォーマンス

労役などを村民に強要する一方で，自らの地位の最終的正当性を政庁に求める存在となっていった。そして「公」的なリーダーとして村長は権力基盤を強化した。先に触れたジャワのジャゴの中には，脅しと暴力を用いて村長に代わって村人から税の取り立てを担うものも現れた。あるいは，中国人のアヘン請負業者を支援して影響力を拡大する者も現れた。オランダ植民地国家のジャワ社会への浸透はおおむねこのような解釈で理解されている[10]。もちろん，こうした浸透はそれほど容易に進んだわけでも貫徹したというわけでもなかった。東ジャワのクディリでタバコ農園を経営していた人物による 1872 年の次のような記述がジャワの村における社会状況をよく表している。

　　ジャワでは，泥棒ビジネスは行政サービスの一部であり，多くの人々に仕事を供給してくれるし，投資をしているものもいる。泥棒の保護者には多くの利益をもたらしてくれる。村長が自分の村を非の打ち所がない，秩序だった村だと思うのは，最低でも 1 人は泥棒がいるときである。実際には，何人かの泥棒がいて，ジャゴと呼ばれる最長老の泥

10）ジャワのジャゴについては，［Ong Hok Ham 1978, 1984］，［Schulte 1991］の文献が優れている。また，19 世紀後半から 20 世紀初頭のジャワ，マドゥラにおける村長の社会的位置づけについては，［植村 1988］が優れている。

第 2 章　暴力集団（ジャワラ）とイスラーム　47

棒,あるいは最も賢い泥棒の指揮下にあることが多い [Schulte 1991: 74]。

　バンテンでは,ジャワ島の他地域と比べると村長への権力の集中は起きなかったため,こうした泥棒あるいは無法者の存在はさらに大きかった [植村 1988: 86-87]。ジャワにおいて村長への権力の集中をもたらした強制栽培制度はバンテン地方では定着することがなかった [藤田 2001: 39-42][11]。さらに,ジャワの他地域では植民地権力の確立と村長の権力基盤の確立に重要な役割を担ったアヘン請負制がバンテンでは定着しなかった [Rush 1990: 27][12]。したがって,バンテンでは,村長がジャワラのようなインフォーマルなリーダーと権力を分有する状況が続いた[13]。20世紀に入ってもジャワラは基本的に脅しと暴力を武器にして台頭していく有力者であり,イスラーム指導者(ウラマー)やスンダ人貴族と並ぶ地方エリートの一類型であった。蘭領東インドの首都バタビアの発展とともにその港タンジュンプリオクも発展を遂げて港湾荷役労働者の需要が高まると,ジャワラたちはバンテンの貧困地帯から港湾労働者を調達する手配師の役割を担った。バタビアに近いバンテンからは労働者の調達が容易なだけに,タンジュンプリオクにおいてバンテン人のコミュニティは一大勢力をなした。

　ジャワラのなかには村長にまで成り上がった者もいたようであるが,ジャワラの多くは無法者,あるいはインフォーマル・リーダーとしての性格が濃厚であり,蘭領東インド政庁の圧政に対する反感は根強く,19世紀末のチレゴン反乱など植民地期の圧政に対する反乱の際には彼らがウラマーと並んで主導権を握った。

　1920年代になると,共産党とジャワラの同盟関係が誕生する。インドネシア共産党(Partai Komunis Indonesia, PKI)がバンテンで勢力拡大を図ったときにウラマーと並んでジャワラを積極的にリクルートしたのである [McVey 1965:

---

11) 強制栽培制度の要諦は,本書との関係でいえば,村長が「強制栽培に要する耕地の具体的な調整・管理,栽培労役の組織化,地税徴収の割当,栽培報酬の分配,などの職務を通して地位を強化し,地税歩合・栽培歩合のほか,村内の優等田を職田として保持したり,村内住民から労役を徴発する権限も保持していた」[宮本 2003: 105] ということである。

12) バンテンでアヘン請負が定着しなかったのは,イスラームの影響が強かったからだという [Rush 1990: 27]。しかし,この理由は曖昧であり,もう少し別の理由があるはずである。

13) 藤田英里によればインフォーマル・リーダーとしての「長老」が重要な役割を果たし続けたということになる。おそらく,ジャワラの中にはこの「長老」に位置づけられていた者もいたであろう。

303; Williams 1990］。蘭領東インド政庁による取締が強化されたために，共産党が反乱という直接行動に出る路線を明確化し始めた 1925 年 3 月にバタビアで行われた共産党幹部会は，「向こう見ずな分子」を党に取り込む決定を下している。党の有力幹部のアリミンが強く要求したからである。アリミンは，タンジュンプリオク港で船員や港湾労働者と接触していたときに，労働調達に関与しているジャワラたちに出会っており，彼らは党の味方にも敵にもなることを理解していたはずである。今のところ彼らはどの政治組織にも属しておらず，権威と法を蔑視していることは健全で，いざとなればどのような態度もとり得ると判断していた［Williams 1990: 155–156］。その後，バンテンの共産党幹部の最も重要な仕事は，「革命のために有力者，とりわけ戦闘的なウラマーとジャワラを取り込むことであった」［Williams 1990: 167］。実際に多くのジャワラが共産党員となり，共産党幹部は，ジャワラは変貌して，今では人民の大義に挺身しているとの評価を与えるようになった［Williams 1990: 188］。アリミンが見抜いていたように，そもそもジャワラとは法や権威に依拠することなく，暴力と胆力でのし上がるタイプのリーダーであり，非イデオロギー的であり，常に義賊的でもない。ただ，バンテン社会の貧しさを知悉しているジャワラの中には共産党の掲げる革命思想に共感したものもおり，ウラマーとともに 1926 年の共産党蜂起に加わるものも現れたのである。

第 5 節　「バンテンのイスラーム」とウラマー

　バンテンは，19 世紀後半から現在まで，「ジャワの他地域，そしておそらくインドネシアの大半の他地域よりもムスリム意識の強い地域であるという評価を受けてきた」［van Bruinessen 1995: 165］。インドネシア・イスラーム研究の碩学スヌーク・フルフローニェは，19 世紀末にメッカにいる東南アジアからの滞在者のなかでバンテン人が最も目立っており，偉大なクルアーン教師の大半はバンテンから来ていると述べている。さらに，バンテン人は断食月の断食や喜捨（zakat）などの宗教儀礼を他のジャワ人よりも熱心に実践しており，宗教心が高いとも述べている。そして，植民地政庁の宗教官吏が喜捨を受けるジャワの他地域と違って，バンテンでは独立性の高いウラマーが喜捨を受けていた

という。ここでいうウラマーとは，クルアーンへの造詣が深く，呪力を持つとされ，イスラーム寄宿塾プサントレン（Pesantren）を所有しているイスラーム指導者を一般に指す。プサントレンにはウラマーからイスラームについて手ほどきを受ける学生たちであるサントリ（santri）が寄宿生活を送っていた。

バンテンのイスラームの特徴は，国家から自立性の高いウラマーたちが農村部にプサントレンを展開して定着している点だとされている。そして，1888年のチレゴン反乱，1920年代の共産党蜂起，後述する独立戦争期の社会革命などにおいて彼らがリーダーシップを発揮したことから，いまだにバンテンにおいてウラマーは国家から自律性をもつ変革期の政治リーダーと見なされがちである。しかし，歴史的には，ウラマーがこうした社会正義の代弁者として台頭したのは，19世紀半ばから20世紀半ばの約1世紀の間でしかない[14]。

ファン・ブルイネッセンによれば，オランダの介入によってバンテン王国が衰退してイスラームの権威を独占できなくなったことが，18世紀以降，プサントレンを生み出し，19世紀後半から本格的に農村部でもプサントレンが増えていったという［van Bruinessen 1995: 173］。と同時に，バンテン王国にとって政治的権威を強めるために重要であったイスラーム神秘主義がプサントレンを通じて急速にバンテン社会に広がった。とりわけ，リファイヤとカディリヤ・ワ・ナサバンディヤ（Qadiriyah Wa Naqsyabandiyah）というイスラーム神秘主義教団（タレカット）の宗派が強い影響力を持った[15]。カディリヤ・ワ・ナサバンディヤの指導者でバンテン出身のアブドゥル・カリムがメッカからバンテンに一時帰国したことで，それまで交流がなく対立していたプサントレン間でネットワークが生まれ，タレカットによるイスラームが急速に浸透した。そのイデオロギーは不寛容であり狂信的要素を持ち合わせ，強い反外国勢力意識を植え付けるものであった。それゆえ，蘭領東インド政庁への反乱で重要な役割を担うようになった［Ensering 1995: 134］。イスラームに則った結婚式や割礼の儀式，さらには通常の礼拝が信奉者獲得の場となり，信奉者となれば教師への絶

---

14) 現代においてもウラマーを社会正義の代弁者と即座に見なす傾向は，社会の構造変化を考慮しないある種の神話でしかない。
15) カディリヤ・ワ・ナサバンディヤは，カディリヤという宗派とナサバンディヤという宗派が組み合わさったもので，もともとはメッカで西カリマンタン出身のアフマド・コティーブが19世紀後半に始めた。アブドゥル・カリムは彼の後継者であり，彼によりメッカのバンテン人コミュニティに加え，バンテンでもこの宗派は影響力を強め，農村部でも支持基盤を広げた。今でもカディリヤ・ワ・ナサバンディヤは存在する。

対的忠誠と秘密保持を誓った。1888年に起きた蘭印政府に対するチレゴン反乱は，この不可視のタレカット・ネットワークでつながるプサントレンのウラマーが重要な役割を果たしたために，蘭領東インド政庁は反乱が起こることをまったく事前に察知していなかった。結局，武力に勝る蘭領東インド政庁はこの反乱を鎮圧することに成功したものの，イスラームへの恐怖は強まった。

　1926年に発生した共産党蜂起では，イデオロギー的には奇妙なことにウラマーたちも参加した。共産党は，時間をかけて共産主義に精通した幹部からなる政党を作り上げるよりもウラマーをも取り込んで性急に蜂起や反乱を試みた[16]。共産党側は，ウラマーたちが蘭印政府の厳しい取締に不満を抱いている点につけこんだ。共産党の宣伝担当者たちは，異教徒の政府のもとではイスラームは自由たり得ないが，人々による統治を意味する共産主義にあって宗教は自由であり，植民地国家が課す制限を受けることもないと訴えた。来る革命闘争が不可避的なだけでなく，勝利を収めるのは神のご加護があるからだといい，イスラームの守護者としてレーニンやボルシェビキを描き，公平にして豊かな国，神に認められた国の創始者として描いた。ウラマーにしても，この共産主義者のレトリックを鵜呑みにしたわけではない。ただ，共産主義の革命思想の支持者は急増しており，ウラマーの中には，共産党だけがインドネシア独立を実現できる組織だと判断して支持に回ったものもいた［Williams 1990: 181-182］。結局，先述のように1926年の蜂起は失敗して，首謀者たちは政治犯収容施設のある蘭領東インド東端のボーヘン・ディグールに送られた。

　19世紀後半にバンテン北部で起きたチレゴン反乱，バンテン南部に地理的範囲を広げて1920年代に発生した共産党蜂起という二つの政治的騒乱のどちらにおいても，ジャワラとウラマーは主体的に参加した。そもそも蘭領東インド政庁のバンテン社会への浸透度がジャワの他地域と比べても低かったことで，ジャワラやウラマーといった社会的リーダーたちが自立性をもって行動しやすかったことに加え，彼らは蘭領東インド政庁の圧政に対する不満を抱いていたからである。その後，1942年に始まる日本軍政が終了して1945年にインドネシア共和国の独立が宣言されると，バンテンでは社会革命状況が生まれ，再びジャワラやウラマーがリーダーシップを発揮することになる。

---

16) 共産主義的には貴族階級と連携を組むことなど考えがたいことであるが，バンテンにおいては，農村部から支持を集めるために，バンテン王国の旧貴族層を積極的に取り込み，彼らがバンテンの貴族の称号であるトゥバグス (Tubagus) を使うことが認められさえした［Williams 1990: 159］。

3章
独立宣言，社会革命，そしてアイデンティティの政治
―― 1945-1971年

　この章では，インドネシア政治史にとって，また，インドネシア社会を考える上で決定的に重要な二つの事件が出てくる。一つは1945年に始まるオランダからの独立闘争で，もう一つは，スハルト体制発足の契機となった1965年の9月30日事件である。インドネシアでは，どちらの事件も決定的に重要な史実であり，膨大な語りがある。インドネシア国内を見る限り，語りの多くは，暴力そのものを否定するものが少なく，「正しい」暴力の行使であるとされている。独立闘争については，生まれたばかりのインドネシア国民が再植民地化を目論むオランダ軍に対して行った武力行使は「正しい」暴力だということになっている。この語りは分かりやすいし，バンテンを事例に本章で比較的詳細に書いているので，ここではもう一つの9月30日事件について考えることにしたい。65年というのは，初代大統領スカルノが陸軍と共産党とバランスを取りながら権威主義体制を敷いている頃である。陸軍と共産党の間で権力争いが激しさを増すなかで，共産党がスカルノへのクーデターをして政権獲得を目論んだとして，陸軍高官であったスハルトたちが共産党を解体した事件である。その結果，スハルトは政権を掌握して権威主義体制の樹立に成功したのである。

「正しい」暴力

　共産党の解体にあたっては，陸軍のみならず，陸軍の支援を受けた社会組織，イスラーム組織が共産党員狩りを行った。共産党員のみならず，共産党員という烙印を押されたものも含めれば，死者の数は7.8万人から100万人，投獄された者の数は60万人から170万人にのぼると言われている。大量殺戮を受けて誕生したスハルト体制は，国家に逆らうことの怖さを国民に植え付けることに成功した。スハルト体制は国家原理としてパンチャシラという五原則を採用した。五原則自身は高邁なものだが，スハルト体制下では反スハルト体制＝反パンチャシラ＝共産主義という等式が生まれ，そして，スハルト体制に反対するものを弾圧していった。この弾圧に参加したのは何も軍隊だけではない。軍隊を後ろ盾とする暴力集団もそうであり，その見返りにこうした暴力集団が拡大し，また利権も得ていくことになった。この本で取り上げるバンテンのPPPSBBIはその典

インドネシアにおける型である。民主化時代でも，PPPSBBIの幹部たちは共産主義は悪だと思っている。

2013年に上映され話題になった映画に「アクト・オブ・キリング」(The Act of Killing)（写真）がある。大量殺戮を取り上げた映画には被害者の視点から描く作品が多い中で，本映画は，殺害者の視点から描いた作品であっただけにショッキングであった。この映画は，9月30日事件において，国軍が作り上げた社会組織，パンチャシラ青年団の幹部がどのように共産党員（とされた者たち）を殺したのかを，その幹部の実演とインタビューをもとに描いている。1000人ほど殺したとも言われる中心人物が，人を殺す時に血を流さずに針金で効率的に殺す方法を実演している。彼は，当時は「良心」(Hati Nurani) から共産党員を殺していったと述べて，殺戮を正当化する一方で，殺される役を演じることなどから最後には良心の呵責にも悩まされている（ただし，この呵責が本心からなのかどうかははっきりしない）。しかし，他の元幹部は殺戮をまったく悪いと思っておらず，正しい行為だったと半ば自分に言い聞かせている。

9・30事件の殺戮を「正しい」暴力だとする理解は，何もこの幹部に限らず，インドネシア国民のかなり多くに未だに共有されていると言って良い。それは，民主化の始まった現代においても，学問的目的を除けば，共産主義，マルクス・レーニン主義の普及は認められておらず，共産主義＝悪という等式から抜け出せていないからである。現行刑法では，共産主義，マルクス・レーニン主義を何らかの形で広めるものには懲役刑を課すと規定されており，現在審議中の刑法改正案でもその規定は変更されそうにない。また，民主化後に発足した国家人権委員会は9・30事件で深刻な人権侵害があったとして，最高検察庁に取り調べを行うよう要求しているが，同庁は対応をする気配がない。インドネシア政府として共産主義が危険思想とする立場は変わらず，9・30事件という暗い過去を正視する姿勢がない。9・30事件における共産主義者への暴力は「正しい」とされ続けている。

この章では，日本軍政が終焉して，インドネシアが独立宣言をした1945年から，スハルト権威主義体制が誕生して間もない1967年までのバンテン地方の政治を見ていく。インドネシアという国民国家がバンテン地方に埋め込まれ，国家とウラマーやジャワラといった社会的リーダーとの関係が再編される時代にあたる。

第1節　独立宣言と地方での秩序崩壊

　1942年2月に日本軍はジャワとスマトラに侵攻を開始し，3月には蘭領東インド軍はあっけなく全面降伏した。それから3年半の間，日本軍政の時代が続いた。インドネシア独立を希求するナショナリストの中には，スカルノやハッタのように日本軍政に少なくとも表向きは協力しながら独立の実現を図るものと日本軍政に徹底的に反対する社会主義者シャフリルなどのグループに分かれた。1945年8月15日，日本が連合軍に降伏すると，当然ながら，この二つのグループでは意見が一致しなかった。スカルノやハッタなどは，穏健な方法での独立を模索した。連合軍は日本軍に当面の現状維持を委ねており，日本軍は武装解除をしていなかった。そのため，スカルノやハッタは，日本軍との対立を避け，暗黙であれ彼らの支持を取り付けつつ，軍政の行政機構を基本的にそのまま受け継いでインドネシア国家を樹立しようとした。
　一方，日本軍政との協力を拒否してきたシャフリル，あるいは彼を支持するスカルニ，ハエルル・サレなどの青年たちはこうした現状維持路線に反対であり，対日姿勢を明確にした革命による早急な独立を望んだ。シャフリルは，日本軍政下で行政機構の中心に居座り続けた原住民行政官吏は，「オランダ植民地主義が我々の封建主義の残滓から作り上げた装置でしか」[Sjahrir 1968: 26]ないのであり，独立を通じて彼らを一掃することを目論んでいた。シャフリルを支持し，血気にはやる青年たちは，8月15日夜にスカルノとハッタを拉致して独立を宣言することを迫った。スカルノとハッタは条件付きで彼らの要求をのみ，2日後の8月17日にあまり衆目を引かずにスカルノ宅前で独立宣言を行い，スカルノとハッタがインドネシア共和国初代大統領，副大統領についた。

スカルノやハッタは，急進派の要求を呑んで独立を宣言したものの，穏健な形で日本軍政からの権力継承を模索し続けた。中央レベル，つまり内閣布陣では日本軍政期に部長や参与など要職に就いていた政治家，官僚を起用し，地方レベルでは原住民行政官吏に立場を保証することで行政機能の破綻を防ごうとした。急進派による粛清を恐れていた原住民行政官吏は，スカルノとハッタの提案に応じた。8月19日には，日本軍政時代に州（蘭領東インドの理事州に相当）の副長官職にあった原住民行政官吏が日本人に代わって州長官になった。日本軍政時代の州という行政単位を理事州に戻し，その上位行政単位として州（Propinsi）を復活させ，インドネシアを8州に分け，ジャワでは元ジャカルタ州長官スタルジョ・カルトハディクスモを西ジャワ州知事にするなど，有力な原住民行政官吏に地方行政を任せた。

　9月2日，スカルノとスタルジョの提案で，全ジャワとマドゥラの原住民行政官吏を集めた会議が開催された。そこでスカルノはこう述べる。「インドネシア共和国の政府指導部の政策では，原住民行政官吏は単に秘書，事務員，あるいは職工長だとみなされているとは思わないで欲しい。我々は原住民行政官吏の地位を下げたり，おとしめたりするつもりはない。我々は原住民行政官吏にふさわしい地位を与える所存である」[Anderson 1972: 113]。その2日後の9月4日に発表された初代内閣人事は2日前のスカルノ発言を裏付けるものであった。というのも，内務大臣に就いたのは，スタルジョと並んで蘭領東インド時代以来，原住民行政官吏の代表的人物であった元バンドン県知事ウィラナタクスマであった[1]。

　国民の統一を重視するスカルノやハッタにすれば，彼らを取り込むことは不可欠であった。急進派が原住民行政官を物理的に排除し始めれば，現状維持を委ねられた日本軍との激しい戦闘は避けられなかった。また，オランダはインドネシアの独立をまったく認めず，再植民地化を目論んでいた。そうしたなかでインドネシア人同士の対立が激化すれば，オランダの再植民地化を容易にしてしまう恐れがあった。加えて，原住民行政官ほど近代的行政に対する知識と実務能力を有するものがいない以上，彼らが共和国に忠誠を誓い直し，行政の歯車を回してくれた方がよかった。

　しかし，こうした中央政府の意向は，必ずしも一般市民レベルでは受け入れ

1）　ウィラナタクスマについては，ニナの研究がある [Nina 1998: 281-289]。

られなかった。日本軍政時代，原住民行政官吏は，日本軍による民衆の抑圧に加担しており，民衆の間で彼らへの不満が強まっていた。また，民衆は，蘭領東インドの時代のときほど，行政官の公的な権力と権威への畏怖心を持っていなかった。日本軍政は，原住民行政官吏をインドネシア民族主義者たちと同列に扱っていた［Anderson 1972: 65］。さらに，独立宣言後にインドネシア共和国が領土の実効的支配を実現するために設置したインドネシア国民委員会地方支部（KNID）などの公設組織においても，彼らは政治家たちと同列でしかなかった[2]。また，彼らの地位を支える武力もなかった。それゆえ，民衆にとって行政官は恐れるに足らない存在，打倒できる存在となっていた。そのため，スカルノたちが原住民行政官吏を通じて地方の統制を再び実現しようとしたとき，地域によっては強い不満が起き，急速な秩序崩壊が生じた。とりわけ，タンゲランを含むバンテンでの秩序崩壊の度合いは高く，社会革命的状況となり，ウラマーやジャワラが新たな秩序構築を模索した。次節以降でこの状況を見ていこう。

第2節　無秩序状況と社会革命（1）——バンテン理事州

バンテン理事州では，オランダ植民地時代に反乱に参加したことのあるウラマーとジャワラが原住民行政官による秩序再構築に反対した。ウラマーでは，チレゴン反乱や共産党蜂起に参加したアフマド・ホティーブが重要な役割を果たし，ジャワラでは共産党蜂起に参加しながら逮捕を逃れた共産党幹部チェ・ママットが有力なアクターであった。彼らの蜂起に恐れをなしたバンテン理事州のトップである理事官 R・Tg・ティルタスヤトゥナは隣接するボゴール方面に逃亡した。そして，ホティーブが集会で理事官に選ばれた。彼は，日本軍政時代に日本軍を補佐する目的で作られたジャワ防衛義勇軍（ペタ）の大団長をセランで務めていたウラマーである。そして，ジャワラのチェ・ママットがセラン県の KNID 支部長についた。ウラマーとジャワラによる地方統治が始まったのである。

---

2) スマイルの研究がパンレ・プラジャの地位低下を強調するものとなっている［Smail 1964］。

チェ・ママットは，有名な共産主義者タン・マラカやハエルル・サレと連絡を取り合っており，ラディカルな社会秩序の変革を目論んでいた。当然，スカルノ大統領の穏健路線には反対しており，バンテンにおいても，ホティーブに対して「オランダ及び日本の植民地支配の遺産」である原住民行政官吏の排除を主張した。バンテンとランプンのジャワラのリーダーを自称するチェ・ママットはタンゲランからジャワラたちをトラック2台に載せてセランに乗り込み，理事官事務所を占拠した。そして，人民議会(Dewan Rakyat)を樹立し，自らがバンテン地域の人民議会の議長だと宣言した。チェ・ママットは，セラン県南部に位置するチオマス地方のジャワラの団員が多い「パモン・プラジャ包囲」民兵団 (Lasykar "Gulkut" (Gulung Pamong Praja))を作り上げた。パモン・プラジャとは，独立宣言後の原住民行政官吏の呼称である。この民兵団は，再植民地化を目論むオランダにパモン・プラジャとその子孫が寝返らないようにすることを目的として樹立されたが，実際は，パモン・プラジャたちを山刀で脅して財産を略奪する行為を重ねており，ごろつき集団に近かった。

　当初，ホティーブ自身はこうしたチェ・ママットの過激な権力奪取に反対であった。しかし，チェ・ママットの影響力が大きかったことから，彼の意向に沿って3県(パンデグラン，セラン，ルバック県)の県知事，各地の郡長，村長(lurah)職からパモン・プラジャを追放して，ウラマーや宗教官吏を任官させた。セラン県ではジャワラがセランの名門貴族出身の県知事ヒルマン・ジャヤディニングラットを捕まえた。後に釈放された彼はボゴールに逃げ，ボゴール理事州副理事官に就任した。ルバック県の県知事R・ハルディウィナングンは殺害された。パンデグラン県の県知事Mr・ジュムハナ・ウィリアアトマジャはインドネシアの国旗である紅白旗の掲揚を拒否して逃亡した [Williams 1985: 63; Anderson 1972: 335-337]。

　さらに，理事官の諮問機関として，また理事官の監督機関として40名のウラマーからなるウラマー評議会 (Majlis Ulama) が発足した。社会革命により，バンテンから近代的官僚がいなくなり，バンテンはジャワラが支えるウラマー統治地区となった[3]。

---

3)　バンテンにおける社会革命の様相については，[Ensering 1995: 131-163] に依拠している。

第3節　無秩序状況と社会革命 (2) ── タンゲラン地区

　バンテン理事州とは違う形で，タンゲラン地区でも社会革命が発生した。蘭領東インド時代のタンゲラン地区は他のバタビア周辺地区 (Ommelanden) 同様，私有地 (Particulier landerijen) が卓越しており国家権力の浸透が弱い地域であった。この地域の私有地はほぼ小国家なみの「主権」を有しており，地主たちは住民の教育，保健，その他の社会サービスに責任を持つことが期待されていたものの，実際にはそうしたサービスを提供しているとはいえず，フォーマルな村の行政組織など大半の地域で存在さえしていなかった。バタビアに隣接しているフロンティア地域であり，粗野で無秩序に近く，チンピラや無法者が跋扈していた[4]。

　オランダ植民地時代を通じて秩序が確立していなかっただけに，日本軍が降伏するとすぐに無秩序状況に陥った。まず，地主と小農とを問わず，華人の虐殺が起きた。蘭領東インド政庁，日本軍政を支えた村長，警察，原住民行政官吏が職位を剥奪され，中には殺されるものも出た。インドネシア共和国が発足させた地方警察が強制的に事態を収拾しようとすると，事態はさらに悪化した。10月18日，「人民の父」(bapak rakyat) を自称するウラマーのハジ・アフマド・ハエルンが立ち上がった。彼は，イスラーム系のアンダーグラウンド・ネットワークを利用して人民革命をおこしタンゲラン県の統治機構を崩壊に追いやり，独立国家「真性社会主義国家」(Negara Sosialis Sejati) を樹立した。ハエルンは26年共産党蜂起参加者であり，呪術 (ilmu kebatinan) に長けたイスラーム説経師 (Ustadz) であった。この蜂起により，県知事R・アグス・パドマヌガラは辞めさせられ，村長に至るまで原住民官吏は警察も含めて更迭され，下級官吏選出は人民の投票に委ねられた [Cribb 1991: 53; Anderson 1972: 169; Dinas Sejarah KodamV/Jaya 1975: 88]。アフマド・ハエルンら4名からなる中央委員

---

4)　20世紀初頭になってオランダ東インド政府が倫理政策を始め，1912年以降，国家による私有地買収の動きが進む。しかし，世界恐慌で買収は不完全のまま終わる。1935年には蘭印政府がジャワ私有地株式会社 (NV Javasche Particuliere Landerijin Maatschappij) を設立させて自由市場で私有地買い上げを進めるが，思うように進まず，42年の日本軍侵攻を迎えた。したがって，およそタンゲラン地区において近代的統治は行われなかった。こうした点については，クリブの研究がよく調べている [Cribb 1991: 9-23]。

会が作られ，警察に代わる治安機構や「挺身隊」（Barisan Berani Mati）と呼ばれる自警団を作り上げた [Dinas Sejarah KodamV/Jaya 1975: 89][5]。タンゲランでも近代的官僚を排除したウラマー中心の秩序が作られたことになる。

第4節　共和国政府による社会革命潰し

　スカルノ大統領率いる共和国政府は，こうしたラディカルな秩序変革をまったく認めようとしなかった。そして，軍とパモン・プラジャを利用して鎮圧に当たった。タンゲラン地区については，共和国政府がジャカルタ理事州理事官に任命したパモン・プラジャのセワカが鎮圧に乗り出した。彼は，各地で強引に権力を掌握したアクターに対し，いったんはそのまま郡長，県知事に据えて懐柔した後，軍の力などを利用して排除していった。例えば，「人民の父」ハエルンについては，46年1月にタンゲラン県知事就任を認めた。しかし，副県知事にはパモン・プラジャのR・アフヤド・ペナを据え，軍に治安を委ねることを条件とした。こうしてハエルンの周りを共和国派で固めて彼の権力基盤を骨抜きにした後，彼を追放した [Pemda Jabar 1993: 423-424]。

　バンテン理事州でも共和国側はウラマーやジャワラによる社会革命の否定を始めた。副大統領ハッタはバンテンがウラマーに支配されていることに激怒しており，共和国は国軍として発足させた人民治安軍（Tentara Keamanan Rakyat）のバンドン支部隊長スカンダ・ブラタマンガラをセランに送り込んだ。しかし，ブラタマンガラは，スンダ人でありパモン・プラジャの血筋に当たるため，バンテンでは反発を買うだけであり，彼の部隊は受け入れられなかった。そこで共和国政府は，社会革命の結果バンテン理事州の理事官に着任していたホティーブを支援すると同時に監視するために，西ジャワ州副知事としてユスフ・アディウィナタを，農業・経済顧問としてバルウィを，軍事顧問としてスケンデルを送り込んだ。さらに，日本軍政期のスカルノの個人秘書でオランダ時代に原住民行政官吏をしていたセマウン・バクリもセランに送り込んだ

---

[5]　ジャヤ・第5師団司令部歴史局によるハエルンの社会革命についての記述は，スハルト体制が作り上げた歴史観に依拠しており，ハエルン＝悪というスタンスから描かれすぎているため，「真性社会主義国家」の構造などについてのみ参照した。

[Ensering 1995: 155-156]。バクリはパモン・プラジャとはいえ，バンテン南部のルバック県出身者であり，バンテンでも受け入れられやすかったと思われる。こうして，共和国政府はタンゲラン地区と同じくバンテン理事州においても，近代的官僚なき統治，ウラマーとジャワラによる統治を骨抜きにしていった。

その後，オランダはインドネシアの再植民地化を試みるが失敗に終わり，1949年にインドネシアは連邦共和国として正式に独立を果たす。そして，その翌年の1950年，スカルノは連邦共和国を否定してインドネシア共和国を作り上げた。バンテンでは，ホティーブに代わり，バスリをバンテン理事州理事官に着任させることで，ウラマーとジャワラの社会革命は終焉を迎えた。次節では50年代のバンテン地方を見ていく。

第5節　アイデンティティの政治とその失敗（1）
　　　── イスラーム国家樹立運動

　1950年に生まれたばかりの共和国は，独立して間もない他の東南アジア諸国同様，政治体制として西洋的な議会制民主主義を採用した。20世紀初頭からインドネシア・ナショナリズムが生まれているとはいえ，インドネシアという国民国家に望ましい具体的な政治体制について政治エリートの間でコンセンサスはなかった。イスラーム国家樹立を目論むイスラーム主義者もいれば，共産主義者もいる。多数派を占めるムスリムの間でも近代主義者のムハマディヤと伝統主義者のナフダトゥール・ウラマー（NU）に見られるように立場の違いがあり，さらにプロテスタント教徒，カトリック教徒，ヒンドゥー教徒も地域によっては多数派を構成している。エスニシティの数は300を超えている。さまざまな社会的亀裂が存在していた。選挙と議会内政治は，こうした社会的亀裂に基づく政治対立を投票と妥協・調停を通じて自主的に政治アクター間で解消することを目指した。しかし，生まれたばかりの国民国家だけに，政治アクター間の社会的亀裂は深く，選挙と議会内政治はその対立を深めるだけの結果に終わった。中央政府に対する不満から48年にイスラーム国家樹立運動が始まっており，アンボンではインドネシア共和国からの分離を目指す南マルク国

家樹立の動きが消えず，50年代半ばにはスマトラやスラウェシでも反政府運動が起きた。こうした政治的不安定な時代にあって，バンテンでもアイデンティティの政治に関わる二つの動きが起きた。

一つめは，カルトスウィルヨ率いるダルル・イスラーム運動である。ジャワ人のカルトスウィルヨが48年に西ジャワを中心にイスラーム国家樹立を目指して始めた運動で，バンテンでは山村地帯の広がる南部に拠点があり，この運動を支持するウラマーたちがいた。農村部では彼は不死身であると信じられていた。共和国政府は，西ジャワを管轄とする陸軍のシリワンギ師団をこの運動の鎮圧に当たらせた。山間部でゲリラ的に活動を展開するダルル・イスラームに対して，シリワンギ師団は決定的な対策を打ち出せず，中ジャワのディポヌゴロ師団，東ジャワのブラウィジャヤ師団の支援を仰ぎ，さらに，バンテンの地理に詳しいジャワラもシリワンギ師団のために動員された。シリワンギ師団の公定史には，「バンテン社会で有力な名望家であるジャワラたちは，我々の元に戻ってきた」とある [Sedjarah Militer Kodam VI Siliwangi 1968: 543][6]。動員されたジャワラたちが具体的に何をしたのかは分からない。バンテン社会を知悉していることから，恐らく，ダルル・イスラームの部隊との戦闘要員であるより，村民をダルル・イスラームから離反させるために動員されたと思われる。62年にカルトスウィルヨが銃殺されてこの運動は衰退したものの，その後も陸軍を中心とする国家とジャワラの関係は続いた。1955年にバンドンで開催されたアジア・アフリカ会議の警備にも彼らは動員された [Wilson 2002: 255-256]。

第6節　アイデンティティの政治とその失敗 (2)
　　　　—— 細分化の地域主義

バンテンでは，ダルル・イスラーム運動に続いて，細分化の地域主義が起きた。ダルル・イスラーム運動が終焉した1963年にバンテン地方の州への昇格

[6) この公定史において，ジャワラが「戻ってきた」と書かれているのは，独立闘争の過程で社会革命を率いて共和国に反発していたジャワラが共和国政府を支持して，ダルル・イスラーム運動の鎮圧に協力し始めたからである。]

を求める運動が起きた[7]。1959年に議会制民主主義が破綻してスカルノ大統領が「指導される民主主義」(Demokrasi Terpimpin)と呼ぶ権威主義体制を始めていた。中央政界ではイスラーム勢力と共産主義勢力の対立が深刻化し、地方では反乱が起きた。こうした政治不安定を解消するために、スカルノは権力を一手に集中させた。1963年頃はスカルノが権力の絶頂にあり、地方反乱を抑えることで政治力もつけ始めた国軍とジャワを中心として急伸する共産党との間でバランスを取りながらその権力維持を図っていた。スカルノが提唱したナサコム(NASAKOM)体制は、民族主義(Nasionalisme)、宗教(Agama、特にイスラーム)、共産主義(Komunisme)という三つのまったく異なる立場をまとめあげることを目指していた。しかし、イスラームと共産主義は思想的に相容れない。また、スカルノのもとで急速に勢力を拡張していた共産主義勢力に対して、陸軍の間には強い不満があった。そうした緊迫する政治情勢の中で、1965年9月、陸軍がPKIのクーデターと呼ぶ9・30事件が発生した。スハルト治安秩序回復作戦司令部司令官率いる陸軍がこの共産党クーデターを阻止して、イスラーム勢力の手も借りながら、真相はいまだ不明だが、50万人とも100万人とも言われる共産党員及びそのシンパと見なされた人々を殺害し、さらに多くのものを投獄することで、共産党を解党に追い込んだ。66年にはスハルトが暫定大統領に就任し、98年5月まで続くスハルトによる権威主義体制とその下での開発の時代が始まった。バンテン州設立要求運動は、こうした時代の大きな変化の中で発生した。この1963年に始まる運動を見ていこう[8]。

　1963年にバンテン地方が州設立を要求し始めた直接の理由は、ランプン地方の州設立要求に刺激を受けてのことであった。ランプン地方は、南スマトラ州の一部であり、スンダ海峡をまたいでバンテンに隣接する地方である。16世紀、バンテンがイスラーム王国として栄華を誇っていた頃、ランプン地方はその支配下にあった。こうした歴史的背景から、バンテン地方のエリートにとっては、ランプン地方が州に昇格しながら、バンテンが西ジャワ州の一部のまま

---

7) 1953年には、ハエルル・サレなどの左翼系グループによりバンテン独立を求める動きがあった。しかし、この動きはバンテン社会からの要望というより、追い詰められた左翼系グループが窮余の策として起こした運動に過ぎず、バンテン社会で支持が広がったとは思えないし、また、資料が乏しいためにここでは触れない。

8) 特に脚注のない限り、この節及び次節は、バンテン州設立委員会が編集した『バンテン州設立の基本的思想』([KPPB 1999: 22-27])及びその中のウェス・コルニの「失敗に終わったバンテン州」([Uwes Qorny 1999])及び彼とのインタビュー、2000年5月13日に基づく。

であることは納得できなかった。また，オランダ植民地支配の時代，あるいは1945年から始まる独立闘争の時代，バンテンは積極的に反植民地闘争を行ってきており，その点では独立後に特別州の地位を与えられたアチェやジョグジャカルタと同じである。アチェやジョグジャカルタが特別州になったにもかかわらず，バンテンは州でさえない。そうした不満がバンテン地方のエリートには存在した[9]。加えて，インドネシアが独立しても西ジャワ州行政を握っていたのは，同州の多数派であるスンダ人であった。そのため，オランダは去ってもスンダ人支配が続いているという不満があった。また，一部のバンテン・エリートの中には，ダルル・イスラーム運動の失敗を受けて，共和国の枠内でバンテン地方のイスラーム化を目指していたものもいた。

第7節 バンテン州設立運動の始まり —— 1960年代前半

バンテン州設立構想が初めて表面化したのは，1963年の断食月開けであった。セラン県庁前のプンドポ（pendopo 上屋式建物で吹き抜けの客間）で，行政府代表や政党代表が集会を行い，バンテン州設立構想実現のための委員会発足を決めた。州設立に積極的に動いたのは，行政府からはセラン県知事（インドネシア・イスラーム同盟党（Partai Sarekat Islam Indonesia, PSII, 以下，イスラーム同盟党）系），政党ではイスラーム同盟党に加えて，イスラーム系政党のナフダトゥール・ウラマー（NU），民族主義政党のインドネシア国民党（Partai Nasional Indonesia, PNI, 以下，国民党）であった。州の領域としては，旧バンテン理事州の領域に加え，隣接するタンゲラン県，ボゴール県の西部にあるジャシンガ地方を含み，ジャシンガからの代表も委員会発足に関与した。

9月29日，バンテン州委員会が発足した。セラン県知事，イスラーム同盟党，

---

[9] いうまでもなく，こうしたバンテン地方のエリートの独立闘争への貢献意識は彼らの主観的判断に依拠するものであり，ジャカルタの共和国政府からすれば，バンテン社会における独立闘争はウラマーとジャワラが主導して社会革命状態に至ったという点で行きすぎたものであり，それほど積極的に評価していたとは思えない。バンテン人の歴史理解は本章の主たる関心ではないが，例えば，後にバンテン州総督とまで呼ばれるほどに政治経済権力を握ることになるハサン・ソヒブは，社会革命下でセラン県，パンデグラン県，ルバック県で県知事に就任したウラマーたちを独立闘争の闘士（pejuang）として高く称揚している [Khatib 2000: 90–91]。

NU，国民党の各党代表に加え，当初この州設立構想を支持していなかった共産党も代表を委員に送り込んだ。セラン県知事らは，ナサコム体制の重要な一翼を担う共産党を取り込むことでバンテンの全住民が新州設立を支持していることをスカルノにアピールすることを狙っていた。その後，バンテン住民の支持拡大を目論む共産党がバンテン州設立に一層積極的になっていく。1964年には同党書記長 D・N・アイディットがバンテン州共産党広域本部（CDB (Central Daerah Besar)―PKI Propinsi Banten）設置及び指導部構成に関する通達を出した。この広域本部は州本部のことであるから，バンテンが州となることを見越して，あるいは，バンテンを州に格上げするように圧力をかけるべく設置したことになる。バンテン州設立に対し，他党以上に共産党が積極的になったことが，バンテン州設立にとって後に命取りとなる。

バンテン州委員会は，セラン県庁前の公設広場アルン・アルン（Alun-alun）に5万人を動員してバンテン州設立を訴え，さらに内相に代表団を送った。代表団に対して内相はバンテン州設立に次のような肯定的な返事を与えた。1945年の（独立闘争の）時，そして，それ以前の反オランダ植民地主義闘争におけるバンテン住民の貢献に中央政府は恩義を感じている，したがって何かを提供しようと考えており，バンテン州設立は要求するまでもないと述べた。ただし，ジャカルタ首都特別地区もタンゲラン県を管轄内に含めようと考えており，その点について合意ができるまで待つことを内相は求めた。この内相発言からすれば，またランプンが64年3月に州に昇格していたことからすれば，バンテン州設立も可能性はあった。しかし，1965年に9・30事件が発生してバンテン州設立を取り巻く状況は大きく変わった。

バンテンでも共産党員狩りが始まり，50年代から陸軍との関係を築いていたジャワラたちも参加した。その事件から2年ほど続いた政治的混乱の間，バンテン州設立は棚上げとなった。西ジャワ州を管轄とする陸軍のシリワンギ師団は，反共産党の姿勢を9・30事件前から鮮明に打ち出しており，共産党が積極的に支持していたバンテン州設立にも当然反対していた。9・30事件後もバンテン州設立を隠れ蓑とした共産党の再台頭の可能性を危惧していた。1966年5月，シリワンギ師団長イブラヒム・アジはバンテン地方にマウラナ・ユスフ地方軍分区（Korem）064を新設した。そうすることでシリワンギ師団はバンテン地方への監督機能を強化すると同時に，社会奉仕を目的とする「シリワンギ師団奉仕作戦」（Operasi Bhakti Siliwangi）を開始し，インフラ整備に取り組ん

だ．具体的には，道路建設，漁港整備，灌漑水路建設，教育施設改築，バンテン大モスク改築などを行った．この作戦には，65年の9・30事件で共産党員として逮捕された政治犯が労働者として動員された［Djoko 2013］．シリワンギ師団によるこうした鞭と飴を使った対応にもかかわらず，1967年にバンテン州設立運動は復活する．次にその過程を見ていこう．

第8節　二度目のバンテン州設立運動 — 1960年代後半

　1967年の運動では共産党色が一掃され，9・30事件では反共の立場をとってスハルト体制擁立に動いた66年世代の活動家も支持に回った[10]．バンテン州委員会が67年に作成した『バンテンは州になる用意がある』によれば，当委員会は，セランを中心に，パンデグラン，ランカスビトゥン，タンゲラン，ジャシンガ，そして，ジャカルタ，バンドンでも活動しており，支部はバンテン域内のすべての郡，さらには村に設置された．そして，バンテン域内の全県議会も支持，さらに県政府も原則的に支持していた［Panitya Propinsi Banten 1967］．そのことからも，いかにバンテン州設立がバンテン地方で強い要求であったかが分かる．

　バンテン州委員会はゴトン・ロヨン西ジャワ州議会の現地視察団を招請することに成功し，現地視察団は政治家，地方の名望家，社会組織や青年組織のリーダーたちと話し合いを行った．しかしここでシリワンギ師団がバンテン州設立阻止に動いた．

　1967年，イスラーム同盟党員のモハマド・サヌシなど，バンテン州設立運動の活動家がシリワンギ師団により逮捕・取り調べを受けた．サヌシの場合，彼の息子と従兄とが共産党に関与していたことが逮捕の口実となった．そして，シリワンギ師団長H・R・ダルソノは，バンテン州設立運動は共産党のやり方

---

10) 66年世代とは，インドネシア共産党に傾斜したスカルノ体制から国軍が主導するスハルト体制に交代が行われた65年から67年にかけて，反スカルノの立場を鮮明にして，国軍の支援を受けつつ反スカルノ・デモなどを繰り広げた学生運動に参加した者たちを指す．有力な学生組織としては，インドネシア学生活動連盟（KAMI）やインドネシア青年学生活動連盟（KAPPI）などがあった．スハルト体制を支えた文民政治家，官僚を輩出した世代である．

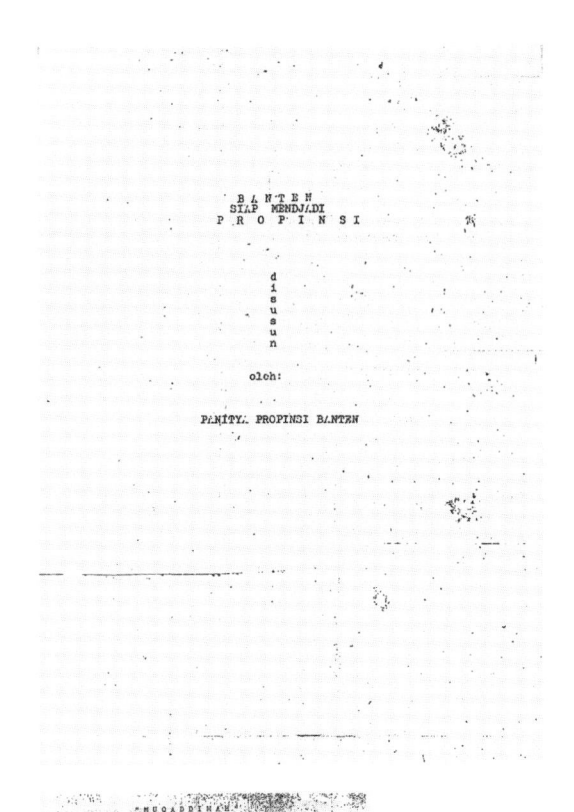

写真3-1 1966年代のバンテン州成立要求文書のコピー

スハルト体制誕生間もない1967年に再び盛り上がったバンテン州新設運動の中心となった「バンテン州委員会」が作成した文書『バンテンは州になる用意がある』。この文書では、スハルト新秩序の発足、9・30事件やスカルノ旧体制の生き残りも殲滅する必要性を踏まえて、バンテン州の設立が必要であると書かれており、新州設立が体制堅持にもつながるという筋書きが展開されている。それでも、バンテン州設立＝共産党のやり方というレッテル貼りをされて新州は実現しなかった。

(Pola PKI)であると述べた。共産党というスハルト体制下では致命的な烙印を押され，バンテン州設立運動は危機に直面する。

　さらに中央政府からは，スハルト大統領特別補佐官で政治工作を担当していたアリ・ムルトポが，バンテン州設立運動阻止に動き出した。アリ・ムルトポは，当時，スハルトの右腕的存在であり，スハルト体制の樹立と政策の方向付けに決定的役割を果たした人物であり，諜報活動・工作を専門とする特殊工作班（Operasi Khusus, Opsus）を率いていた。彼はインドネシア国家の開発を促進するには政治的安定を保つことが決定的に重要であると考えていた。そのために，共産主義を認めず，イスラーム国家を樹立する動き，さらには人民の積極的な政治参加さえも認めなかった[11]。1968年，スカルノ体制打倒とスハルト政権樹立を支持した青年たちからなるインドネシア青年学生活動連盟（KAPPI，以下，青年学生活動連盟）の西ジャワ地区指導部長ウェス・コルニに対して，アリ・ムルトポは青年学生活動連盟本部から3人を派遣した。そして，この3人を通じてウェス・コルニに対して，セランで近く行われる西ジャワ全域青年学生活動連盟指導者会議でバンテン州設立を議題としないように求めた。

　1970年には，西ジャワ州知事ソリヒン・GPが西ジャワ州特別局長アブドゥラー・プラウィラクスマ少佐を介してバンテン地方のさまざまな諸勢力をバンテン州設立反対に回らせる工作を開始し，ウェス・コルニも関与した。彼が関与したのは，バンテンの45年世代グループとつながりのある西ジャワ食糧局長M・サニ少佐の要請を受けてのことであった。彼が取り込まれた理由は，彼が青年学生活動連盟・西ジャワ地区指導部長としてバンテンの青年層に近く，また，バンテンのウラマーの息子であるためにウラマーを州設立反対工作に回らせる上で役立つと判断されたからだと思われる。

　彼以外にこの反対工作に関与したのは，西ジャワ州の青年層を体制派にするためにアリ・ムルトポが作り上げた「シリワンギ青年世代」（AMS）創設者の1人チェチェ・ヒダヤット・パドゥマディナタ，ルバック県出身の学生組織「クマラ」（Kumala）のバンドン支部のメンバー，パンデグラン県出身の学生組織「クマンダン」（Kumandang）のバンドン支部のメンバーなどである。さらに，

---

11) アリ・ムルトポの国家開発についての考えは，[Ali Moertopo 1973] によく現れており，このアイデアはスハルト体制の国家開発計画の青写真となった。アリ・ムルトポについては，彼がかつて率いていた戦略国際問題研究所が出版した書籍 [CSIS 2004] とアレフ・ラフマットの書籍 [Aref 2011] が参考になる。

アリ・ムルトポはダルル・イスラーム運動の地方司令官の1人であったムハマド・ダヌをバンテンに派遣し，バンテン州設立反対を説いて回らせた。ダヌは，1962年にカルトスウィルヨが銃殺された後，インドネシア国家への忠誠を誓ったダルル・イスラーム運動幹部の1人である。アリ・ムルトポ率いる特殊工作班は，ダヌにイスラーム主義運動の動向を探らせていた［Conboy 2004: 140］。反共産党であると同時に反イスラームでもあるムルトポにすれば，かつて共産党反乱が起き，しかもウラマーの影響が根強いバンテンが州に昇格して独自色を強め首都ジャカルタの政治的安定が脅かされることは避けたかったに違いない。さらに，1971年にはスハルト体制下で初めての第1回総選挙が予定されていた。アリ・ムルトポは，スハルト体制が作り上げたゴルカルの勝利を目指しており，NU，イスラーム同盟党といったイスラーム系政党がバンテン州設立を政治的イシューにして支持拡大を図ることを阻止したかった。

アリ・ムルトポを中心とする中央，西ジャワ州のバンテン州設立阻止運動は功を奏し，先にバンテン州設立を支持したバンテン地区の四つの県議会は次のような結論を下す。バンテン州設立要求は実質的に人民の権利であり熱望であるけれども，時期がまだ適切でない。

バンテン地区の県議会がすでに州設立をあきらめたにもかかわらず，70年8月，イスラーム同盟党の国会議員ブスタマン・SHが発議権を行使して，イスラーム同盟党，NUの議員などと共に，国会にバンテン州設立法案を提出した。しかし，西ジャワ州政府，中央政府の反対を受けて，審議にかけられることなく終わった。

1971年選挙でゴルカルはバンテン地区で圧倒的勝利を収めた。以後，バンテン地区ではゴルカルが勝利を続け，バンテンの州昇格が検討されることもなくなった。そして，バンテンでも政治運動の時代は終焉を迎え，スハルト権威主義体制下の開発と安定の時代に入っていく。

4章
ウラマーとジャワラを通じたスハルト体制の浸透
―― 1971〜1998年

パンチャシラ青年団

こからは、章の扉ごとに私が出会った暴力集団の人となりを見ていこう。スハルト時代の暴力集団といえば、やはり広域暴力団的にインドネシア各地で影響力を行使したパンチャシラ青年団を挙げねばなるまい。この青年団は、50年代後半に、台頭する共産党に対抗するために反共の軍高官たちが作り上げた組織である。スハルト体制が発足した後、いったんは衰退した。しかし、81年にヤプト・スルヨスマルノがパンチャシラ青年団の総裁に着任した頃から急拡大していった。その頃、スハルト大統領は、それまで彼の右腕的存在であったアリ・ムルトポが実力をつけすぎてスハルトを脅かすことを恐れ始めていた。諜報畑のトップであるアリ・ムルトポはアンダーグラウンドにもネットワークを持っており、スハルトには脅威であった。そこで、スハルトはヤプトに目をつけた。ヤプトは、スハルト夫人ティンとは縁戚関係にあり、ヤプトの父親はスハルト一族と親しい関係にあったことから信頼できると判断したスハルトは、ヤプトの率いるパンチャシラ青年団にアンダーグラウンドを統制させることにしたのである。

パンチャシラ青年団は、ナイトクラブや売春宿などの警備で稼いだり、店舗や露天商からショバ代を巻き上げたりするのみならず、開発のための立退きにも従事し、幹部などは土建業社を持っていたり、弁護士事務所を開いていたりしており、スハルト体制期の政治的安定と開発を十分に享受した。

総裁ヤプトは、軍人の父親とユダヤ系オランダ人の母親の間に生まれた。若い頃には、軍人子弟たちがメンバーとなり、パラシュートを趣味とする不良グループ234SCの頭をしており、喧嘩に明け暮れていたようである。とはいえ、大学を卒業しており、弁護士資格も持つことから、インテリ・ヤクザという側面も持っている。私は調査の関係上、パンチャシラ青年団構成員や元構成員とは会ってきたが、やはりそうした者たちとは違い総裁は知的に語ることもできる。民主化により、暴力集団もにわかに政治づいてきたことはこれまでの章で述べてきたが、パンチャシラ青年団も例外ではなかった。2004年総選挙にはパンチャシラ愛国者党、

スハルト時代の暴力集団、

2009年総選挙には愛国者党がパンチャシラ青年団の政党として政治参加している。ただし，得票率はそれぞれ1％，0.5％でしかない。フォーマルな政党では勝てないのである。

2008年8月20日，ヤプトは自らの名を冠したヤプト・センターを立ち上げた。その趣旨もわからず，彼に呼ばれて発足式に行ってみた。この式には，元陸軍参謀長リヤミザル・リャクドゥ（現国防大臣）だけでなく，検挙率100％を誇る汚職撲滅委員会のトップであるアンタサリ・アズハル（2010年，殺人容疑で逮捕），有名なダンドット歌手カメリア・マリクも出席していた（写真）。会場では，ヤプト・センター開会式典用に準備された冊子を手渡された。その中には，敬虔なムスリムとしてのヤプト，社会奉仕活動に参加するヤプト，多様な文化に寛容なヤプト，虎の子を愛でるヤプトというようにさまざまなアングルからとらえた写真が何枚も載っていた。

ヤプトは，観衆たちの前で，滔々と淀むことなく，愛国心やパンチャシラの重要性に触れ，民主化が社会不安を引き起こしていることに危機感を露わにする演説をぶった後，「大統領になれと言われれば，

その用意はいつでもある」と述べて，観衆の拍手喝采を浴びた。この発足式は，2009年の大統領選挙へのヤプトの出馬意向表明だったのである。さすがにこの表明には驚いた。しかし，あたかも裸の王様のようなもので，周りに彼の出馬意欲をたしなめるものがいないなかでの出馬でしかなく，実際には全く誰からも相手にされずにこのヤプト・センターも消滅した。

　このパンチャシラ青年団のように，民主化の時代に暴力集団はフォーマルな形で政治参加をし始めた。政党になってしまえば弱い。しかし，州知事選，県知事選，市長選，国会・地方議会選に目を向けてみれば，本書のバンテン州のように暴力集団の支援を受けて当選したものもいる。そういう意味で，現在の日本と比べれば，はるかに暴力集団と政治権力者，経済権力者との関係は密接であり，また表立っている。政治家も警察もこうしたプライベートな暴力集団を時に批判することはあっても，やはり，必要としているのである。

「人権？　それがどうした？　人権，人権と言ってどうなる」
（ハサン・ソヒブ）
「バンテンには85万人のジャワラがいる」
（バンテン地区警察本部長）

　スハルト権威主義体制を単純化して表すなら，一国の経済成長を最優先課題として，そのために個人や集団の政治的・思想的自由を制限して政治的安定をはかる政治体制であった。80年代半ばを過ぎると，規制緩和の影響もあってスハルト一族及びその取り巻きの民間企業が優先的に政府開発事業を獲得し始め，スハルトによる「国家の私物化」傾向が顕著になっていった。地方では，スハルト体制に忠誠を誓う社会アクターに政治経済的機会を付与することで，スハルト体制を浸透させていった。本章では，スハルト体制がバンテン地方にどのように浸透していったのか，その過程で，どのようにウラマーとジャワラが取り込まれていったのかを見ていくことにする。ウラマーにしてもジャワラにしても，スハルト体制に忠誠を誓うことでさまざまな利権を獲得していった。その過程で1人のジャワラ，ハサン・ソヒブが台頭していった。

第1節　国家の浸透 ── イデオロギー，制度，外部者支配

　国家の社会への浸透について，イデオロギー，制度，外部者支配という三点から見ていくことにしたい。スハルト体制は共産党の解体を通じて成立したことから分かるように，反共主義であり，共産主義思想の流布も禁止した。そして，スハルト体制はインドネシアの独立に際してスカルノが作り上げた国是であるパンチャシラを国家イデオロギーとして浸透させようとした。このパンチャシラは次の五つの原理からなる。すなわち，①唯一神への信仰，②公平で文化的な人道主義，③インドネシアの統一，④協議と代議制において英知によって導かれる民主主義，⑤インドネシア全人民に対する社会正義。

　第1原理に唯一神への信仰を掲げ，公認宗教をイスラーム，プロテスタント，カトリック，仏教，ヒンドゥー教の五つとした。人口の圧倒的多数がムスリムであり，イスラーム国家樹立を目論むイスラーム主義者もいるが，スハルト体

制はイスラームを公認宗教の一つにとどめ，イスラーム国家樹立の可能性を閉ざした。85 年には，イスラーム社会組織を含む，すべての社会組織・団体，政党がパンチャシラを組織原理とすることが強制されるようになり，国家の介入は組織原理にまで及んだ。

　制度的には，国軍，官僚，ゴルカルが国家，具体的にはスハルト体制を地方に浸透させる三本柱となった。国軍は行政区画にほぼ対応する形で軍隊を配置する領域管理システムを作り上げて住民監視を行った。このシステムは，軍管区 (Kodam) → 軍分区 (Korem) → 軍小分区 (Kodim) → 分軍支部 (Koramil) → 村落指導官 (Babinsa) という形で展開しており，村落部に展開する下士官のBabinsa は 98 年時点で約 33,000 人に達していた [本名 2003: 79–80]。州や県・市といった自治体において社会政治活動を監視する役割を担っていたのは社会政治局 (Dinas Sosial Politik) であり，陸軍の出向人事により，州の同局長には大佐，県・市の同局長には少佐が就いた。軍の諜報機関が政府に批判的なNGO を監視しているのは当たり前で，反政府活動をする学生に対しては，国軍兵士が事前に行動確認を行った後，誘拐監禁をするということもあった。

　バンテンの場合，タンゲラン地区がジャカルタを主たる管区とするジャヤ師団に入る以外はシリワンギ師団下のマウラナ・ユスフ軍分区にあった。1981年以降は，チジャントゥンから移動してきた陸軍特殊部隊 (Kopassus) の第 1 グループがセランに駐屯するようになった[1]。こうした地方駐屯部隊のトップはバンテン人であるかどうかは重要ではなく，また，彼らにしてみれば，バンテン地方の軍管区の要職はインドネシアを巡礼圏とする昇進ステップの一階梯に過ぎず，約 2 年の任期を無事に全うすることがなにより重要であった。そのため，スハルト時代の国軍は，ジャワラを排除するのではなく，積極的に取り込んで地域社会の治安維持に一役担わせて政治的安定を曲がりなりにも実現する途を選んだ。

　国軍同様，官僚機構もきわめて集権的に作り上げられた。内務面では内相，州知事，県知事・市長，郡長のラインが上意下達的に構築され，各行政分野では，省庁が州には州支所 (Kanwil)，県・市には県・市分所 (Kandep) といった出先機関を設けて重要な事務については直接監督するような形になっており，

---

1) Kopassus という名称になるのは 1986 年のことであり，71 年から 86 年までは Komando Pasukan Sandi Yudh (Kopassandha) という名称であった。日本語で訳せばどちらも特殊部隊となるので，ここでは Kopassus で統一した。

州や県・市といった自治体が設けた行政分野ごとの局や庁の権限，そして財源は乏しかった。まず，スハルト体制時代の地方行政の基本法となった1974年第5号法を見てみよう。

その序文では，「インドネシア共和国が統一国家であることから，どの地方自治体もできる限り同一の性質を持つべきであることに鑑み，……」とあり，インドネシア各地の地方自治体を同一の規格に当てはめようとする意図が窺える。民主主義，住民参加，地方の多様性といった言葉はまったく出てこない。中央と地方の権限配分については次のように書かれている。「中央政府は国防治安，司法，外交，金融，地方首長の義務的業務，中央政府が取り扱う方がより効果的な業務の6分野を除き，地方自治体にすべての事務を委譲できる」。このことが意味するのは，中央政府がすべての権限を有することが出発点となっていることである[2]。

こうした権限の中央への集中に対応して，財政的にも圧倒的に中央集権的な仕組みが作り上げられた。中央政府の歳入・歳出が地方自治体の歳入・歳出に比べて圧倒的に高く，それとも関連して地方自治体が自主財源拡大を独自に図ることが困難な制度設計となっていた[3]。あくまで概算だが，例えば96年度予算を見てみると，表4-1にあるように，歳入において90％以上，歳出において75％以上を中央が占めていた。また，州自治体歳入に占める自主財源比率は約34％，県・市自治体歳入に占める自主財源比率は約14％でしかなかった。こうした自治体の財源不足を補うために，中央政府からは自治体補助金と大統領令交付金とが政府決定により，毎年度地方自治体に付与された。自治体補助金は地方自治体公務員給与を中心とする地方自治体の経常支出に割り当てられるもので，地方自治体が自由に使途を決定することはできなかった。

一方，各自治体の開発支出に割り当てられる大統領令交付金は，自治体によるロビー次第では増額が可能であった。建前では，同交付金は地方の人口，地方自主財源，道路距離などのデータに基づき，大蔵省が国家開発企画庁（BAPPENAS）との調整を経て毎年度支給することになっていた。しかし実際には，各自治体への大統領令交付金の配分額の決定は中央政府の政治的判断に依るところが大きかった [深尾 1999b: 52]。しかし，首長ポストにつけるのは中

---

[2] 90年代に入ると，スハルト体制は地方分権化プロジェクトを開始するものの，まったく実体が伴わなかった [深尾 1999b]。

[3] スハルト体制期の地方財政については，例えばデーバスの本が参考になる [Devas 1989]。

表4-1　全政府歳入・歳出に占める各政府の歳入・歳出比（1996年度）

(10億ルピア)

中央政府純歳入	州政府純歳入	県・市政府純歳入	村政府純歳入	全政府純歳入合計
95,840	5,428	2,352	1,087	104,707
91.53%	5.18%	2.25%	1.04%	100.00%
中央政府純歳出	州政府純歳出	県・市政府純歳出	村政府純歳出	全政府純歳出合計
77,823	10,835	12,282	1,832	102,772
75.72%	10.54%	11.95%	1.78%	100.00%

(注1) 全政府歳入合計と歳出合計の差が約1935億ルピア生じているのは，各政府レベルにおいてかなりの額の次年度繰越金が発生しているためであると思われる。上記の計算はあくまで概算であると考えていただきたい。
(注2) ここでいう中央政府純歳出，州政府純歳入，州政府純歳出，県・市政府純歳入とは以下とした。
　　中央政府純歳出＝総歳出－地方政府への補助金－下部政府への開発補助金－土地税・土地建物税－後進地域への補助金
　　州政府純歳入＝前年度繰越金＋自主歳入＋借款
　　州政府純歳出＝総歳出－経常支出からの補助金－開発支出からの補助金
　　県・市政府純歳入＝前年度繰越金＋自主歳入＋借款
出所：インドネシア統計庁出版資料より筆者作成

央政府の意向を反映した人物であり，地方の利益を声高に主張して，中央政府から資金を分捕ってくるような人物ではなかった。

　そもそも制度的に，州知事，県知事・市長は地方自治体の長であると同時に中央政府の地方における代理でもあった。地方首長が責任を負うのは地方議会でも自治体住民でもなく，内相を通して大統領であった。さらに，中央政府は制度的に地方首長選出に介入できた。地方議会が複数の首長候補者を選出して内務省に候補者リストを提出するものの，内務省の細かな介入により選出段階で本命と当て馬が明白であった。最終的な任命権は州知事については内務大臣を通じて大統領に，県知事・市長については州知事を通じて内務大臣にあった。したがって，中央政府の恩情なり政治的判断という非制度的な要因に頼らない限り，地方の意向を反映した首長人事は制度的にほぼ不可能であった[4]。

　表4-2は，1968～2005年までにバンテン地方のセラン県，ルバック県，パンデグラン県，タンゲラン県で県知事に就任した人物のリストである。1970年からスハルト体制最末期の1997年までの28年間にこの4県に就任した県知事の数は20名おり，そのうち地元出身者は4名しかいない。年数にしてみると，112年間（28年×4（県分））のうち，地元出身者が県知事に就いていたのは

---

4) スハルト時代の地方首長選の動き，特に90年代に入っての若干の政治化の動きについては［深尾 1999a］を参照。

表 4-2　バンテン地方四県の県知事リスト（1968〜2005 年）

年	セラン県知事	ルバック県知事	パンデグラン県知事	タンゲラン県知事
1968				
1969				
1970	Tb・サパルディン（少佐） (Letkol Tb. Saparudin)	RA・ハルディウィナングン (RA Hardiwinangun)	カルナ・スワンダ (Drs. Karna Suwanda)	HE・ムフディ (HE. Muchdi)
1971				
1972				
1973				
1974				
1975	HS・ロンゴワルヨ (HS Ronggowaluyo)			
1976	カルティワ・スリアサプトラ (Drs. Kartiwa Suriasaputra)			
1977				
1978		H・ダナ・スダルナ (H. Dana Sudarna SH)		
1979				
1980	アトマウィジャヤ（少佐） (Letkol Atmawidjadja)			H・ムハンマド・シュクル (H. Muhammad Syukur)
1981				
1982				
1983				
1984				
1985	H・チャクラ・スマルナ (H. Cakra Sumarna)	H・オマン・サフロニ (Drs. H. Oman Sachroni)	H・スヤマン (Drs. H. Suyaman)	
1986				
1987				
1988				H・タジュス・ソビリン (H. Tadjus Sobirin)
1989				
1990	HMA・サンプルナ（大佐） (Kol. HMA. Sampurna)	H・エンダン・スワルナ (Drs. H. Endang Suwarna)		
1991				
1992			HM・ゼイン (HM. Zein)	
1993				
1994				
1995	H・スクロン・ロサディ（大佐） (Kol. H. Sukron Rosadi)	H・ディディン・ムヒディン (Drs. H. Didin Muchjidin)		H・シャイフラ・アブドゥルラフマン (H. Syaifullah Abdurrahman)
1996				
1997				
1998			イトゥノ (Drs. Yitno)	
1999	ソリヒン・ダフラン（大佐） (Kol Solichin Dachlan)			
2000	H・ロシャディ・ナタウィサストラ (Drs. H. Roshadi Natawisastra)	HM・ヤシャ・ムルヤディ (Drs. HM. Yas'a Mulyadi, MTP)		H・アグス・ジュナラ (H. Agus Djunara)
2001				
2002	H・ブンヤミン (H. Bunyamin, MBA)		ディミヤティ・ナタクスマ (Drs. Dimiyati Natakusumah)	
2003				
2004				
2005				

注：■は地元出身者，■は非地元出身者であることを示す．
出所：Radar Banten, Harian Banten などの新聞及び関係者とのインタビュー

およそ17年半でしかない[5]。このことは、スハルト体制というのは、かつてのオランダ植民地国家のように、外部者をバンテン地方の県知事に据えて監督する仕組みを作り上げていたことを示している[6]。さらに、例えばセラン県の場合であれば、県庁の公務員で地元出身の幹部クラスはごくわずかであり、中級レベルでも地元出身者はわずか10％しか占めていなかったと言われる[7]。

しかも、セラン県、ルバック県、パンデグラン県といったバンテン地方の中心地については、1970年から1997年の28年間に就任した県知事16名のうち12名がスンダ人であった。加えて、西ジャワ州政府から派遣されてくる州知事第1補佐についてもスンダ人が多かった。その結果、バンテン人にとって州知事補佐や県知事として具体的に立ち現れてくる国家とは、エスニック的に他者的性格の濃厚な存在であったと言える。

第2節　国家と地域社会との媒介者 —— 地方エリート，ゴルカル

国民の脱政治化という大きな目的のために作り出された国軍による領域管理，中央集権的な行政機構の管理と財政管理，外部者による地方首長ポスト支配という仕組みは，強制的に地域社会に上から重ねられるだけではうまく機能しない。半ば強制的であるにせよ地域社会に受け入れられるためには媒介が必要である。その媒介役となったのが地方エリートであり，彼らを取り込む役割を果たしたゴルカル（Golkar）である。ゴルカルは職能集団とでも訳すべきゴロンガン・カルヤ（Golongan Karya）の略称である。スハルト体制は政治的不安定を引き起こす政党政治に否定的でありながら，総選挙を実施する体制である。

---

[5]　各県知事の就任年と辞任年しか分からないことが多いため，各県知事の正確な任官年数は不明である。したがって，例えば，1970年就任，1975年辞任という場合，任官年数は5年としており，地元出身者の任官総合年数は概数でしか分からなかった。

[6]　エンスリンは，1988年から1993年までセラン県知事に就任したサンプルナ大佐が45年の社会革命時に殺害されたルバック県知事RA・ハルディウィナングンの甥であることを大きな理由として，スハルト体制側がバンテン地方における地元出身者採用の重要性を認識していると述べているが，スハルト体制期ではこうしたバンテン人採用人事は例外と考えた方がよい［Ensering1995: 160］。

[7]　ルスリ・リドワン（Rusli Ridwan）（2000年当時，セラン県議会官房長）とのインタビュー，2000年5月4日。

そのため，選挙に参加する政党ではない勢力を作り上げた。それがゴルカルである[8]。ゴルカルは，選挙のときには国軍や官僚機構から確実な支持を得ながら，地方のさまざまな社会勢力，集団を糾合して選挙に勝ち続けることができる優れた集票マシーンとなった。

スハルト体制下で最初の1971年総選挙では全国で62.6％の得票率で圧勝した後，1973年にはナショナリスト系・キリスト教系野党が民主党（PDI）に，イスラーム系政党が開発統一党（PPP）に強引に纏め上げられた。二つの野党内部では諸派間の権力争いが続き，政府の介入もあって弱体化し，ゴルカルは以後の総選挙でも着実に勝利を収めていった。スハルト体制下で最後の総選挙である97年総選挙までのゴルカル，開発統一党，民主党の全国得票率は表4-3のとおりである。バンテン地方においても1971年総選挙で66％の得票率で勝利を収めた後，表4-4にあるように開発統一党の台頭を抑えながら勝利し続けた。

ゴルカルが強勢を保持し得た理由の一つは，全インドネシア的に，公務員が公務員組合（KORPRI）に加入し，「一元的忠誠」をゴルカルに誓うことが義務づけられ，州知事から村長に至るまでゴルカルの選挙戦勝利に動員されたからである。加えて，地方エリートを国家コーポラティズム的に組織化して取り込みを図ったからである[9]。西ジャワの場合，まずは青年層を積極的に動員した。1971年総選挙でのゴルカル勝利を至上命題としていたシリワンギ師団司令官

---

8) ゴルカルはもともと，スカルノ体制末期の1964年に，国軍が反共産主義の300近くにのぼる職能集団，機能集団を調整する目的で創設したゴルカル共同事務局（Sekber Golkar）が原型である。1971年総選挙の時もゴルカル共同事務局として参加している。1971年総選挙で大勝を収めた後，この共同事務局は改組されてゴルカルとなった［大形 1995: 144-145］。スハルト政権下で最初の1971年総選挙においては，国防治安省と大統領補佐官アリ・ムルトポがゴルカルを統制して選挙戦を戦った。そして，アリ・ムルトポ率いる特殊工作班（OPSUS）と総選挙準備委員会（BAPILU）が諸政党及び関連組織に徹底介入して混乱させ，アミルマフムド内相は公務員のゴルカルへの支持工作を行った。さらに，パンガベアン率いる治安秩序回復作戦司令部（Kopkamtib）が選挙権・被選挙権候補者のスクリーニングを行って，共産党員や9・30事件に関与した者，パンチャシラや1945年憲法を支持しない者に被選挙権を認めずに排除した。加えて，1969年総選挙法で選挙運動にさまざまな制約が課されていたために，政策論争，政権批判は不可能であったし，軍による政党の選挙キャンペーン妨害工作が行われた［大形 1995: 148-149］。
9) 管見の限り，西ジャワ州の場合，ゴルカルの州支部公式文書において，「……名望家をゴルカルの強化を図る上で参与させる必要性がある」［DPD Golongan Karya Tingkat I Jawa Barat 1993: 25］といった表記が出てくるのは1973年8月のことであるが，恐らく1971年の総選挙のときにも名望家の活用の必要性については理解されていたと思われる。

表 4-3　スハルト体制期の選挙結果

(1977～1997 年)

	ゴルカル	開発統一党	民主党
1977	54%	29%	9%
1982	64%	28%	8%
1987	73%	16%	11%
1992	68%	17%	15%
1997	75%	22%	3%

出所：Evans 2003: 55

表 4-4　スハルト体制期のバンテン地方での選挙結果

(1977～1997 年)*

	ゴルカル	開発統一党	民主党
1982	54%	39%	7%
1987	62%	22%	16%
1997	69%	29%	2%

出所：Evans 2003: 77; LPU 1987; 1997
＊1977 年と 1992 年の選挙結果は入手できなかった

　A・J・ウィトノ，西ジャワ州知事ソリヒン・GP は，チェチェ・ヒダヤット・パドマディナタ率いる反共右翼スンダ青年組織「シリワンギ青年団」(AMS) などを積極的に選挙キャンペーンに動員していった。チェチェなどを動員したのは，彼らは反共の政治運動家としてスンダ社会を政治動員する術を軍人たちよりも知っていたからである[10]。しかし，AMS は，マウラナ・ユスフ軍分区が管轄するバンテン地方では選挙キャンペーンをさほどしなかった [Tjetje 2006: 248]。それは，AMS はきわめてスンダ人色の強い組織であり，バンテン地方ではゴルカルにマイナスと判断されたからである。むしろ，ウラマーとジャワラの取り込みを始めた。歴史的にみれば，名望家であり，政治秩序の攪乱要因になりうるウラマーやジャワラを取り込んで一元管理することは国家の視点からは重要であった。次節以降では，スハルト体制がウラマーとジャワラをどのように取り込んでいったのかを見ていこう。

---

10) 西ジャワ州における 1971 年総選挙の状況とチェチェや AMS がゴルカル勝利に果たした役割についてはチェチェの自伝が参考になる [Tjetje 2006: 234-256]。

第3節　媒介項 (1) —— ウラマー

　まず，ウラマーをどのように取り込んでいったのかを見ていこう。1971年総選挙を前に，ウィトノやソリヒンが懸念していたことの一つは，ウラマーたちが幹部であるインドネシア・ムスリム党 (Parmusi) の影響力であった。同党は，50年代に大政党の一つであったイスラーム政党，マシュミ党の後継政党であり，1957年地方選挙ではバンテン地方で34％の得票率を獲得しており，71年総選挙でもゴルカルを超える得票率を獲得する可能性があった。というのも，イスラーム系社会組織マトゥラウール・アンワル (Mathlaul Anwar) が1968年にゴルカル共同事務局を脱退してインドネシア・ムスリム党支持を明らかにしていたからである。1916年にバンテン南部のメネスで生まれたマトゥラウール・アンワルはバンテン南部を中心として1960年代にはNU，ムハマディヤに次ぐ勢力を誇っていた[11]。

　1970年3月，ソリヒンはインドネシア・ムスリム党を弱体化させ，ウラマーを取り込む目的でウラマー作業部隊 (Satuan Karya Ulama, Satkar Ulama) を作り上げた。初代部隊長には有力ウラマーのK・マフムドが就いた。20世紀初め，急速に勢力を拡大したイスラーム同盟 (Sarekat Islam) に積極的に参加した人物であり，それゆえ他のウラマーたちの支持も得られるとソリヒンたちは判断したために彼を部隊長に据えたのだと思われる[12]。そして，ジャワラのハサン・ソヒブが同作業部隊の幹部となった。ソヒブはマフムドと同村出身であり，マフムドを師とも仰いでいたことから，マフムドにとっては便利な右腕となったのであろう。これを契機にソヒブはバンテンで権勢を誇るジャワラとなっていった。そのことは後述する。

　マフムドは，1971年総選挙のときには，45年の社会革命のときに理事官に成り上がったアフマド・ホティーブの後継者を自称してゴルカル支持を訴え

---

11) マトゥラウール・アンワルについては，その規模の大きさにもかかわらず研究は少ない。もっとも研究しているのはロシディンである [2007]。
12) ラフェイ・アリ (元ウラマー作業部隊青年・ジャワラ部構成員，元パンデグラン県会議員 (ゴルカル会派)，インドネシア・ウラマー協議会・バンテン元支部長) とのインタビュー，2003年12月8日。

表 4-5　スハルト体制期のバンテン四県でのゴルカル得票率の推移

(1971～1997 年)*

	セラン県	パンデグラン県	ルバック県	タンゲラン県	タンゲラン市
1971	49.5%	71.7%	74.0%	73.3%	—
1977	42.5%	61.7%	62.3%	61.3%	—
1982	49.2%	62.6%	57.3%	51.4%	—
1987	60.2%	74.5%	72.6%	54.4%	—
1997	71.9%	83.1%	77.2%	59.4%	64.4%

出所：DPP Golkar Tingkat I Jawa Barat 1993: 415; LPU: 1997
＊1992 年の選挙結果は入手できなかった

た[13]。スハルト大統領の精神的助言者でもあり，82 年にはゴルカルから国会議員となったウラマーである[14]。

　1971 年総選挙の結果を見てみると，ゴルカルはバンテン地方で 66％の得票率を獲得することに成功した。その意味で，バンテン全体としては，ウラマー作業部隊は有効に機能したとみることもできる。しかし，表 4-5 のゴルカルの県別得票率を見ると，セラン県での得票率は過半数を割っていたことが分かる。ゴルカル・セラン県支部長スワンディは，ウラマー作業部隊だけではウラマーを取り込みきれていないと判断し，新たな試みを始めた。バンテン地方のゴルカルの県・市支部の顧問会議（Dewan Pembina）メンバーのうち，最低でも 3 割をウラマーとすること，郡レベルや村レベルのゴルカル事務局にもウラマーやウスタッド（Ustad）（若いウラマーや宗教教師）をメンバーとして採用することにした。さらに，1977 年に行われたスハルト体制下の第 2 回総選挙では，有力ウラマーをゴルカルの候補者リスト上位に配置して集票機能を担わせた。彼らの大半は議員にならないことを予め確約して選挙戦に臨んでおり，あくまでも票寄せパンダでしかなかった［Abdul Hamid 2010］。1977 年総選挙では，ゴルカルはセラン県，パンデグラン県，ルバック県，タンゲラン県のいずれでも票を落としたものの，1982 年総選挙以降，得票率を上げることに成功していった。

---

13) ラトゥ・ファトゥマ・コティーブ（KH・アフマド・コティーブの娘）とのインタビュー，2000 年 5 月 4 日。ウラマー作業部隊の設立年月は創設に関わった KH・グントゥール・ムクミン・ビラーの小著［Billah: 2002］による。
14) アチェ・ハリン（パンデグラン県出身のゴルカル党中央執行部幹部）とのインタビュー，2003 年 12 月 6 日。

半ば強引にゴルカルに取り込まれることでウラマーの性格にも変化が起きた。国家との一定の距離感を持つ自立的な社会リーダーという性格を失った。そもそも，プサントレンが普及し，神秘主義的イスラーム主義が普及していたころのウラマーというのは，地域社会における社会的，宗教的リーダーとして社会的尊敬を集め，植民地の圧政に反旗を翻したり，日本軍政終了時のように政治権力の空白期には政治権力を掌握したりするなど，政治的リーダーとしての役割も演じることがあった。そのときには，ウラマーのカリスマ性，ウラマー間の緩やかなネットワーク，そしてウラマーとウラマーを信奉する地域住民たちとのパトロン・クライエント・ネットワークが政治的動員のインフラとなっていた。しかし，20世紀に入り，近代的組織化の波がイスラームにも押し寄せると，上述したようなマトゥラウール・アンワルというイスラーム社会組織，さらには全国展開するムハマディヤ（Muhammadiyah, 1920年創設），バンテン北部を中心に勢力を拡大していったアル・ハエリヤ（Al Khaeriyah, 1925年創設）が生まれ，マドラサ（Madrasah）形式でイスラームの組織的普及が推進されるようになった[15]。加えて，東ジャワのプサントレンと違って，バンテンのプサントレンはその所有者のウラマーから子息や弟子のサントリに継承されるという決まりはなく，一代限りであることが多い。ウラマーの子息や弟子は自らのプサントレンを作る傾向が強かった。こうした組織化の時代の到来とバンテンのプサントレンの非継承性という特徴から，東ジャワのクディリやリルボヨにあるような歴史的地盤をもった自立性の高いウラマーとサントリからなるプサントレンは生まれにくかった。スハルト体制はこうしたプサントレンに資金提供をし，ウラマーをゴルカルに取り込んだ。その見返りに多くのウラマーは，宗教的権威を体制の正当化に捧げるようになった。

　また，組織化されたイスラームの取り込みも行った。例えば，マトゥラウール・アンワルもゴルカルの傘下に入った。1971年総選挙では，マトゥラウール・アンワルはインドネシア・ムスリム党を支持した後，同組織内部で権力争いが起き，同党支持を撤回しただけでなく，反体制化していった。1973年から1985年にはイスラーム国家樹立運動とつながりをもっていた2人の人物が総裁につき，パンチャシラを拒否するなど反スハルト体制への旗幟を明瞭にした。その結果，1980年にランプンで予定していた全国大会が州政府によって

---

[15]　マドラサとは，学年制が導入され，宗教テキストの授業以外の一般科目も導入したカリキュラムを採用しているイスラーム学校のことを言う［van Bruinessen 1995: 192］。

拒否されるなど，スハルト体制の締め付けが厳しくなり組織の弱体化が進んだ。1985 年に行われた全国大会では，国軍が介入して現総裁を出席させず，マトゥラウール・アンワル内のスハルト体制派である K・ブルハンが総裁，HM・イルシャッド・ジュワエリが事務局長になることに成功した。彼らのもとで，マトゥラウール・アンワルはパンチャシラを組織原理とすることに同意しただけでなく，ゴルカルにならって顧問会議を設置した。住民福祉調整大臣でスハルトの側近であったバンテン人，H・アラムシャ・ラトゥ・プラウィラヌガラがその議長になり，スハルト体制に忠誠を示した [Irsjad Djuwaeli 1997: 30–31]。スハルト体制に取り込まれた結果，マトゥラウール・アンワルは全国展開を遂げ，9 割以上の州に支部を設け，大学まで経営することができるようになった [Rosidin 2007]。

　一方，スハルト体制と距離を置き続けたウラマーもいた。その中でも，カリスマ性を持っていたのは，パンデグラン県北部のチャダサリ (Cadasari) 郡にプサントレンを持つアブヤ・ディミヤティである。中ジャワのさまざまなプサントレンで教育を受けた後，チャダサリのプサントレンでイスラーム神学やイスラーム神秘主義的倫理を教え続けた。ラジオや新聞もない伝統的なプサントレンで教え続けていた彼は，政府からの支援をまったく受け取らず，1977 年選挙期間中には不適切な説経を行った廉で拘留された [van Bruinessen 1995: 190–191]。ディミヤティは政治活動をするウラマーではなかったものの，政府の支援を受けないこと自体がスハルト体制下では反政府行為であって監視の対象になった。ディミヤティの拘留は政府に批判的な者への見せしめの意図もあったに違いない。

　20 世紀半ばの社会革命期には政治的リーダーとして台頭したウラマーたちの多くは，スハルト政治体制を批判的に捉えるのではなく，開発の恩恵の代わりに宗教的正統性をスハルト体制に付与するようになった。そうした流れに従わなければディミヤティのように拘留された。20 世紀に入って誕生したイスラーム系社会組織は，マトゥラウール・アンワルに典型的に見られるようにゴルカルの傘下で拡大を図るようになった。その結果，バンテンのウラマーたちは政治的権力に宗教的権威付けを与えるにとどまり，社会的正義を唱道する政治的リーダーとして台頭するようなウラマーはいなくなってしまった。50 年代，60 年代のバンテン州設立運動ではウラマーが積極的な役割を果たしていたが，スハルト権威主義体制が崩壊してバンテン州設立運動が起きたときには

最初は学生と共に立ち上がるものの，その後はジャワラや実業家たちが主導権を握り，ウラマーが州の政治に影響力を持つことはなかった。

第 4 節　媒介項 (2) —— ジャワラ

72 年になると，西ジャワ州知事ソリヒンはウラマーとならぶ社会的リーダーであるジャワラの取り込みも開始した。ジャワラという言葉がこれまでネガティブな印象を与えたことから，それに代わる Pendekar（拳術家）という言葉を使って，ジャワラをまとめあげる拳術家作業部隊（Satkar Pendekar）という組織を作り，ウラマー作業部隊の幹部でもあったハサン・ソヒブを部隊長に据えた[16]。ジャワラは一元的に統制下に置かれたことで，初めて国家によって公式に管理される対象になった。その後，この作業部隊はインドネシア・バンテン文化・芸術・拳術家連合（PPPSBBI）と名称を変えつつ拡大し，さまざまな流派の拳術道場を傘下に取り込んでいき，90 年代半ばには 17 万人の会員数を公称し［Wilson 2002: 258］，2002 年には 17 州に支部を置き 186 の流派を抱えるまでになった［*gatra.com* 2002.11.6］。PPPSBBI のユニフォームは写真 4-1 にあるようなものである。黒い上下で山刀を脇に差している（写真 4-2）。会員証は写真 4-3 にあるとおりである。裏面にある PPPSBBI 構成員の「拳術家七つの誓い」では，誓いとして，「神を信じること」の他に，「国民発展の先駆者であり闘士たること」「国家原則パンチャシラを守護防衛し，実践すること」「政府に仕え，忠実であること」といった誓いがあり，日本の右翼を彷彿とさせる。

PPPSBBI は各県レベルに地方調整支部を持ち，中核部隊として 800 人からなる特殊護衛部隊（GAPSUS）を作っていた。彼らは，拳術に長けているのは当然として，不死身の術（ilmu kebal）や水上歩行の術（napak sancang）などを修得しているとされ，群衆統制や小火器使用の訓練も受けている［Wilson 2001: 259, 284］。

ジャワラたちもウラマーと同様，国家に取り込まれるとその性格を変えていった。政治体制の変容期に見られたような，彼らなりの社会的正義を実現し

---

[16]　ただし，設立当時はジャワラ作業部隊（Satuan Karya Jawara）であり，途中で名称変更になったとも言われている。

ようとすることはなくなった。国家の定める正義の体系とは別の論理で生きる「無法者」でも「無頼漢」でもあり得なくなり，ましてや国家の作り上げる正義に対抗する社会正義を実現するような動機付けは消滅してしまった。その典型が PPPSBBI 会長に居座り続けたハサン・ソヒブであった (写真 4-4)。彼によると，PPPSBBI のイデオロギーは次のようなものである。「思うに，現在に至るまで Pendekar (PPPSBBI) は政府を敬愛しており，NGO の中でも「警察を護衛し」「国軍を護衛する」ことも含めて「自衛し，民族を守り，国家を守護する」NGO はこの Pendekar Banten (PPPSBBI) だけである。他の NGO は大したことはない。Pendekar Banten (PPPSBBI) だけが警察と国軍を守る用意がある」[Khatib 2000: 89]。ハサン個人は，真実，正義，安定，とりわけ安定が重要であって，その実現のためには，警察，国軍と組むことが大事だと力説する。そして，「人権？ それがどうした？ 人権，人権と言ってどうなる」と言い，人権を声高に主張するような NGO などの正義や真実を頭から信用していない[17]。こうした彼の発言は，スハルト体制崩壊後のものであるが，基本的にはスハルト体制時代から一貫したものだと言って良い。

彼は PPPSBBI を社会組織として位置づけた上で，その社会組織が国家の治安保持機構である警察と国軍を守る，つまり警察と国軍とともに治安保持に当たることを任務と心得ている。ここには国家対社会という対立関係は微塵もなく，国家が社会を飲み込むことを積極的に認める論理しかない。この国軍と警察を守るという PPPSBBI の主張は単に地方の治安保持を支援するというだけではない。1987 年からは PPPSBBI の構成員が陸軍特殊部隊にインドネシア拳術 (Pencak Silat) を教授し始めた。その逆に，陸軍特殊部隊が「拳術家の専門性を高めるために」軍事教練をジャワラたちに施しもした [Wilson 2002: 259]。さらに PPPSBBI メンバーが所有する企業などからの上がりを国軍・警察に支払うことで，安月給の軍人・警察官を養いまでした[18]。そうすることで末端の国家機構をジャワラたちが取り込むようにもなった。

スハルト体制からすれば，PPPSBBI がバンテン各地に散らばるジャワラの多くを一元的統制下に置き，体制派になったことの意味は大きかった。国軍を補佐する形で地域社会の治安を担うだけでなく，総選挙ともなればゴルカルを積極的に支持し，ジャカルタにも拳術家を送り込んでゴルカル幹部を護衛する

---

17) ハサン・ソヒブとのインタビュー，2000 年 5 月 3 日。
18) イワン (NGO 関係者) とのインタビュー，2003 年 12 月 6 日。

写真 4-1　ジャワラの服装

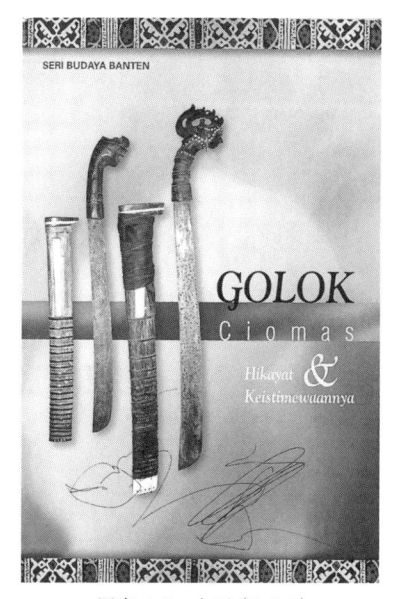

写真 4-2　山刀（Golok）

写真 4-3　PPPSBBI 会員証

ようになった。もちろん，ジャワラ，とりわけハサン・ソヒブにとって国家に取り込まれることのメリットは大きかった。彼はアクバル・タンジュン元総裁などゴルカルの中央幹部（写真 4-5），ウィラント元国軍司令官などの国軍幹部とも密接な関係を築くことができた。そして，PPPSBBI 総裁になり，ジャワラを広域暴力団的に支配下に治め，ゴルカル・国軍というフォーマルな政治機構・暴力機構と相互依存関係を持っているからこそ，後述するように，広範に政治的，経済的影響力を拡大することができた。さもなければ，その影響力の範囲は限られたものになり，バンテン州全域に広がるはずもなかった。ジャワラのなかには村長になるものも多く，1974 年 1 月時点でバンテン理事州に 800 人いる村長のうち 15％ほどがジャワラであったという［*Pikiran Rakyat* (PR) 1974.1.30］。例えば，セラン県南部のパブアラン村（人口 2223 人（1990 年当時））では，90 年の頃には，ジャワラと呼ばれるような人物が 8〜10 人いた。そして，不文律で村長になるのは，呪術を有するジャワラであるべきとの了解があった。90 年の頃の村長は H・イビ・シャティビという人物で，呪術力を獲得するためにあるウラマーのもとで修行をしている［Tihami 1992: 100–101］。

　また，ジャワラは，土建業などのビジネスでも優先的に公共事業を獲得できるようになった。開発の進展とともに，彼らの仕事も増えていき，開発の推進と政治的安定の実現の名のもとに，政府や企業による強引な土地収用と強制的な住民立ち退き，工場労働者のスト潰しなどを行った[19]。

　ただ，こうして国家の作り上げた制度に収まって飼い慣らされ始め，そのことで経済的利権を獲得できるようになると，ジャワラの持つ意味に変化が起き始める。そもそもどういった社会的性格を持つものがジャワラでありジャワラでないのかといったことについては漠然とした定義しかなく，地域社会の日々の生活の中から，ある人物はジャワラであると判断されていたのに対して，PPPSBBI の設立によって，PPPSBBI の構成員であるか否かがジャワラであるか否かのメルクマールとなっていったのである。ジャワラが社会的存在から制度的存在に変貌を遂げたとも言える。その結果，ジャワラの数が急増した。極言すると，実際に拳術を駆使できるかどうかにかかわらず，黒い服の上下を身にまとい，山刀を振り回すことができればジャワラになり仕事がもらえるようになったのである。少し先のことであるが，2004 年 1 月には，バンテン地区

---

19) イワン（NGO 関係者）とのインタビュー，2003 年 12 月 6 日。

写真 4-4　ハサン・ソヒブ　　写真 4-5　ハサン・ソヒブとアクバル・タンジュン

　警察本部長が「バンテンには 85 万人のジャワラがいる」と述べるほどにジャワラの数は増加した［*Sinar Harapan* (SH) 2004.1.7］。
　PPPSBBI に参加すればメリットがあったからこそ一般住民までもがジャワラとして構成員となり，本来はジャワラを取り込むための組織であった PPPSBBI も変貌を遂げた。PPPSBBI 傘下にあって道場を開いていた拳術家は土建業者になり，自治体公務員は PPPSBBI メンバーになるということが起きた。例えば，2000 年に PPPSBBI 事務局長を務めていたカスミリ・アサブドゥは土建業ブンダ社を所有し，2003 年に PPPSBBI セラン県の支部長となるウチ・サヌシは拳術場を所有する土建業者であり，事務局長となるマス・サントソはセラン県清掃局トップという具合であった。国家が社会の暴力集団を取り込むための組織であったはずの PPPSBBI が実は国家と社会の人的交錯を保障する場と化したのである。ハサン・ソヒブが「Pendekar とは一種の呼称のようなものでジャワラだけを指すのではない。経済であれ拳術であれ農業であれ，その分野で秀でているものが Pendekar である」と述べているのは，PPPSBBI が誰に対しても開放系であることを裏付けている[20]。
　では，こうしたジャワラの変容を支えた PPPSBBI 会長ハサン・ソヒブ（2011 年死去）とはどういった人物であったのか。バンテン州設立の暁には，彼がバンテン州政治のキーパーソンともなっていくので，彼の台頭の過程と彼の性格

20）ハサン・ソヒブとのインタビュー，2000 年 5 月 3 日。

第 4 章　ウラマーとジャワラを通じたスハルト体制の浸透　89

を見ていこう。以下の記述には，スハルト体制後の事実に依拠したものもある。というのも，彼を身近に知っている新聞記者たちの話を聞いても，スハルト体制期のハサン・ソヒブとその後の彼とでは大きく本質が変わっていないからである。

第5節　ハサン・ソヒブという男 —— スハルト体制の寵児

　彼は1930年にセラン県パブアラン郡で生まれた。彼の生まれた村は今ではパサングラハン村（90年当時，人口2223人）と呼ばれている[21]。父親は45年の社会革命でバンテン州理事官になったアフマド・ホティーブ（先述）と親戚関係にある。パブアラン郡は，セラン県南部の山あいに位置し，その住民の母語はスンダ語である。ただし，西ジャワの文化の中心であるプリアンガン地方のスンダ語ほどには敬語体系が発展しておらず，粗野なスンダ語と言われる。パブアラン郡はジャワラが多いことで知られており，90年に同村で人類学的調査を行ったティハミもまたジャワラの重要性を指摘している [Tihami 1992]。
　さて，ハサン・ソヒブの伝記によると，彼は複数のイスラーム寄宿塾（プサントレン）で教育を受けている。1945年に始まる独立戦争期にはチェ・ママット率いるゲリラ部隊に参加していたともいわれる[22]。その後，父親に習ってビジネスの世界に入り，ランプン地方からの米や丁子の買い付けや精米ビジネスを始めたという [Khatib 2000: 82]。その後の詳しい消息は不明であるが，1960年に不倫問題で警察官を殺害してジャカルタにあるヌサクンバンガン刑務所に収容され，出所後，その警察官の妻と結婚した[23]。スハルト体制誕生期，バンテン州設立運動に関係したことからシリワンギ師団に逮捕されそうになるが逃げ切り，それ以来，シリワンギ師団とビジネスを始めた。同師団の糧食用にランプンから米とトウモロコシを供給するコーディネーターを引き受けた。恐ら

---

[21] パサングラハン村は83年にカドゥブルム村から分離してできた村であるから，ハサン・ソヒブが生まれた頃にはまだなかった。

[22] ラトゥ・ファトゥマ・コティーブ（アフマド・ホティーブの娘）とのインタビュー，2000年5月4日。

[23] ルクマン・ハキム（ハサン・ソヒブと親しい新聞記者）とのインタビュー，2014年3月29日。

く、そのことが契機となって、また、彼の敬愛する同郷のウラマー、K・マフムドの推薦もあって拳術家作業部隊の隊長に就任し、さらには実業界にも進出して影響力を拡大していった。

　まず、69年に始まる開発五カ年計画に合わせて土建業に進出するために1970年頃にシナル・チオマス・ラヤ・コントラクターを設立した。PPPSBBIがバンテン地方に安定をもたらす見返りに彼の企業は拡大していき、1973年のクラカタウ製鉄所用土地収用、セランのラウ市場建設などを手がけた。さらに、バンテン地域内の事業にとどまらず、ブカシやカラワンなど西ジャワ州各地で主に道路建設を請け負っていった。とりわけ、1981年、ジャカルタ・メラック間の有料道路建設を請け負った韓国の建設会社との接触に成功して同建設事業に関わったことがビジネス拡大につながった。その後、会社は拡大を続け、シナル・チオマス・ラヤ株式会社に社名を変更して、バンテン地方ではインフラ建設の車両・重機を有する最有力企業に成長していった。

　個人的ビジネスを拡大する傍ら、彼はバンテンの公共事業に関わる実業家を頂上団体のもとにまとめようとも試みた。1977年、商工会議所と全インドネシア土建業者連合（以下、土建業者連合）のバンテン支部を設置して、自ら両組織の支部長に就いたのである。本来は州や県・市といった自治体に支部を作るべき商工会議所や土建業者連合の支部がバンテンという西ジャワ州の一部を対象として設置されたことは異常なことであった。企業が政府調達を獲得するためには商工会議所のメンバーであることが必要であり、また公共事業獲得に当たっては土建業者連合のメンバーであることが不可欠であったことから、こうしたバンテン支部の設置はハサン・ソヒブがバンテン地方での開発事業を掌握するためであった。しかし、他の実業家から強引な事業独占に反発する声があがったために5年ほどで二つの組織のバンテン支部はなくなった。その後、各県に商工会議所と土建業者連合の支部が設置されると、ハサン・ソヒブはセラン県などで彼の子飼いを幹部に据えた。

　90年代初頭には自らが商工会議所の西ジャワ州支部の幹部や土建業者連合本部の幹部に就いた。例えば公共事業の典型である道路建設の場合、スハルト体制期は大半が国家予算負担であったから、彼が商工会議所州支部、土建業者連合本部の幹部になったということは、それだけ彼の企業が多くの政府プロジェクトに参与できる、さらに彼自身がプロジェクト分配に影響力を行使できる可能性が増えたということであった。1978年には灌漑プロジェクトにも進

出している。1976 年から 1983 年にかけて西ジャワ州バンテン地方担当州知事補佐であったカルティワ・スプリアトナ（スンダ人）によると，ハサン・ソヒブがバンテンでの公共事業実施のコーディネーターだったという[24]。

こうして経済的にのし上がる過程では，暴力，脅迫そして呪力も手段として利用した。セラン県の公務員を集めて平手打ちにしたこともあった。公共工事で彼の企業が落札できなかったときには，猛り狂うハサン・ソヒブをなだめるべく，彼の部下が落札企業に赴いて社長に会い，その片耳を切り落とし，丁寧に包装してハサン・ソヒブに届けたといったうわさ話が流れた。あるいは，次のような事例もある。

ハサン・ソヒブの土建会社がパンデグラン県ラダ湾の灌漑プロジェクトを獲得した。建設計画に従えば灌漑施設の土台として小石を使う必要がありながら，同社は堆積岩を使用していた。そこで，プロジェクト監査官は，計画に沿って小石の使用を同社に求めた。部下からこの件について報告を受けたハサン・ソヒブはプロジェクト監査官のもとを訪れて怒鳴りつけた。彼は監査官に対して堆積岩が堅いかどうか尋ねた。監査官が堆積岩は堅いと答えると，ハサン・ソヒブは堆積岩を手に持って自分の頭に打ちつけてその岩を砕いた。これを目撃した監査官は恐れをなしてバンテンからの異動を求めた［Abdul Hamid 2004: 48］。

この事例から言えることは，仮に自分に非があっても，それをあからさまに咎められると，認めるどころかプライドが傷つけられたということで，その非難した人物を糾弾したということである。しかも，その糾弾は尋常ならざる呪術＝呪力を身に帯びていることを相手に知らしめるような仕方で行われたのである[25]。彼の元第 1 妻によれば，ソヒブは，「自分は 1 人のジャワラである」とよくこぼしていたという［*Tempo* 2007.12.2-9: 34］。それは，男らしさ，暴力，脅迫，呪力などジャワラにつきまとう人間性を再認識し，自らの思想と行動の

---

24) カルティワ・スプリアトナ（元・西ジャワ州バンテン地方担当州知事補佐）とのインタビュー，2003 年 12 月 8 日。

25) ハサン・ソヒブ自身は，自らが呪力を有していると述べたことある。ティハミによれば，1987 年に数名の芸能人たちが早く有名人になろうとして，「あるもの」をもらうべく，ハサン・ソヒブのもとを訪れたことがあった。ハサン・ソヒブは，指導者，あるいは金満家への呪力を有していることを認めつつ，芸能人たちに対しては，自分はキヤイ（イスラームの指導者のことで，ウラマーとほぼ同義）ではないと言って「あるもの」を与えなかったという［Tihami 1992: 97］。この「あるもの」とは，恐らく，彼が呪文を唱えることか，クルアーンの文章が収められた袋入りのおまじないを与えることであろう。

規範としていたということなのかもしれない。

　それでは，どうして彼は強引な手段を講じてまでのし上がろうとしたのか。一つには彼の思想の根底にある自己愛なのであろう。彼は言う，「どんな人間だって自分のことを愛しているだろう。そして，どんな人間もきっと自分に誇りを持っているであろう。そして，ある人間が自分に誇りを持っていれば，おのおのの勤めを徹底的に成し遂げようとするであろう。……信仰や祈りばかりを口にしたところで，その人物が自分を愛していなければ，そんな言葉は意味がないと思う」［Khatib 2000: 84–85］。敬虔なムスリムであることを別のところで強調する一方で，信仰や祈りよりも自己愛が重要だと言っている。それほどまでに自己愛を重要だと感じるがゆえに，その自己愛を貫徹しようとすれば，自分が従事している作業や仕事において秀でていなければならず，そのためにあらゆる手を尽くしても構わないという発想が生まれたのであろう[26]。

　それゆえ，男らしさと表裏一体をなす虚勢も平気で張る。彼は，記者たちに向かって，「3000人のジャワラがいつでも自分のもとにはせ参じてくる」と自慢げに述べる［Mimbar Daerah 2003 (2)］。また，次のエピソードも虚勢ぶりをよく示している。スハルト体制崩壊後の2001年5月下旬，彼は名誉博士号を取得する。写真4-6は地元紙「ハリアン・バンテン」に掲載された名誉博士号取得を祝福した広告である。ハサン・ソヒブはハーバード大学から名誉博士号をもらう51人の1人であるという［*Harian Banten* (HB) 2001.5.23］。さらに，同紙8月23日の記事によれば，ハサン・ソヒブはハーバード大学に加えて，アメリカン・ワールド大学からも名誉博士号をもらったとある。ハーバード大学から名誉博士号を取得したことは到底あり得ないし，アメリカン・ワールド大学は1000〜1600ドルで学士号から博士号まで取得できるいかがわしい大学である[27]。にもかかわらず，地方新聞に堂々と載せるのは，バンテン社会では誰も文句を言うまいという愚民思想をもって，虚勢を張ったとしかいいようがない。

　もちろん，暴力，脅迫，呪力，虚勢だけでは人はついてこない。配下の者に

---

26) 同じ語りの中で，「自分を愛せば，他人も，そして周りの環境も愛せるようになる」［Khatib 2000: 85］とも言っている。しかし，それもまず自己愛が先に来る以上，他者や環境への配慮は二の次でしかない。

27) アメリカン・ワールド大学からはマネージメントの名誉博士号をもらっている。受賞公演のタイトルは「開発の失敗：マクロ経済開発政策への一定見」であった［HB 2001.8.26］。大いなる皮肉である。

写真 4-6　ハーバード大学名誉博士号受賞を祝う新聞広告

写真 4-7　政敵との握手

対する明瞭な上下関係を伴う指導力，対立関係にある者への泰然とした振る舞いなども身につけている。筆者とのインタビューのさなか，彼を取り囲む配下の者たちが思い思いに話し始めると，右手を突き出して「静まれ！」という仕草をすると一斉に静まりかえり，彼がとうとうと語り始めたことがあった。圧倒的な上下関係があってこそ，可能なことであった。写真 4-7 は，タウフィック・ヌリマンがハサン・ソヒブに挨拶をしているところである。当時はヌリマ

ンがセラン県副知事としてハサン・ソヒブに反旗を翻しているさなかであったにもかかわらず，PPPSBBI 構成員が一堂に会する場においては，ハサン・ソヒブが泰然と優位に立った形で挨拶が行われていることが分かる。

　さらに，イスラームの六信五行の一つ，喜捨（zakat）の実践は不可欠であるという宗教観もあって，助けを求めてくるものには現金を与え，モスクには改築用の資金提供を行い，新聞記者などのジャーナリストが訪れてくれば心付けを渡すといった具合に，親分として気前よく振る舞うことは忘れなかった。また，彼が世話になった人物に対してはその親族も含めて義理堅く世話し続けている[28]。パサングラハン村では，村のモスクを建設したのは彼であるし，村道を整備してやマドラサを作ったのも彼である。したがって，村民の間では彼は指導者であり，村長からは，金持ちでウラマーとも身近な関係にある名望家だと理解されている［Tihami 1992: 86］。

　また，男らしさを顕示・誇示する上で女性との幅広い性愛関係も重要である。イスラームの教えに従えば，4人まで妻をめとることができるという解釈が主流である。ハサン・ソヒブは離婚を繰り返しながら，恒常的に新しい4人の女性を妻としていた。法的な夫婦関係に至らないケースも数多くあったようで，正確な子供の数は分からない。50人を超えるとも言われている。2005年に75歳の誕生日を祝うパーティーを開催したときには，ハサン・ソヒブの右手にイスラーム式に口づけをしようと次々にやってくる子供たちに向かって，「おまえは私の子か？」と尋ねていたと言う。そして，2008年にはバンカ・ビリトゥン島嶼部州から1人の若者がハサン・ソヒブに子供としての認知を求めてやってきたという。幅広い女性と性的関係を持つことはジャワラの世界では否定的には語られない。むしろ，男らしさと精力をアピールすることにもなっている。こうした男らしさは，ハサン・ソヒブの部下であり2003年当時，PPPSBBI セラン支部事務局長を勤めていたマス・サントソの次のようなエピソードからも窺える。

　2003年8月17日，PPPSBBI 主催の交流会に筆者は出席した。サントソに勧められるまま，筆者は一番前の席に座った。しばらくするとインドネシア固有のムード歌謡であるダントゥット音楽が始まり，4名の若い女性歌手がセクシーな踊りを交えて歌い始めた。それから，筆者も舞台に上げられて踊ること

---

[28] ハサン・ソヒブから何らかの恩恵を受けた人物による彼へ好意的評価については，彼の伝記［Khatib 2000］にある地方有力者のコメントが参考になる。

になる。ひとしきり踊った後，再び一番前の席に戻ると，上機嫌になったサントソが右手で右方向の空き地を指しながら提案してきた。「あそこに車がある。空いている。踊り子の中から1人選んで良いから，あの車で楽しめ。」こちらもおよそ想定していない提案であったから，当然のことながら断ると，少し不機嫌な顔をしてさらなる提案をしてきた。「彼女たちが気に入らないのか。見てみろ。このお祭りにはたくさんの村の女の子たちが来ている。この子たちか

写真4-8
PPPSBBIセラン県支部の「パブアラン郡における顔役及び青年とルトゥン・カサルン道場との交流会」に参加した筆者。日本からジャワラ文化を学びに訪れた研究者として舞台に立たされた筆者は，記念品交換会で，たまたま持ち合わせた「新撰組」と書かれた鉢巻きをウチ・サヌシに贈呈し，PPPSBBIの黒い制服とバッジを受け取った（第6章参照）。

（右）PPPSBBIの制服をもらう筆者

「新撰組」について説明する筆者

「新撰組」鉢巻きを
PPPSBBI幹部の頭に巻く

PPPSBBI幹部との記念撮影

PPPSBBI幹部により舞台で踊らされる筆者

第4章　ウラマーとジャワラを通じたスハルト体制の浸透

ら選んでくれ。」当然のことながら丁寧に断ると，サントソの顔がみるみる不機嫌になり，およそ理解できないという様子で，「おまえは男か？ 今日は体調が悪いのか？」と聞いてきて，筆者が頭痛がすると答えると，「そうか，それではこれをやる。」と言って精力剤のヘマヴィトン（顆粒タイプ）を手渡された。ダンドゥット歌手であれ村の女性であれ，男性側が一方的にある女性を指名しても，まずその女性が断ることはあり得ないという想定で会話は進んでおり，また，サントソから見ればこうした提案を断る男性というのは想定外のことであった。恐らく，こうした場合にはサントソの提案を引き受けるのが常套であり，ジャワラの世界では男を上げることにつながっている。

ジャワラの世界にあって殺人はそれほど否定的には語られない。むしろ，その人物に対して部下や一般人が畏怖心を抱く上で好都合でさえある。あるインドネシア人研究者が，ハサン・ソヒブにインタビューを行ったときのエピソードを紹介しよう。インタビューの途中，ハサン・ソヒブの部下がハサン・ソフビの元にやってきて，彼らが支配しているラウ市場に無頼漢たちが現れて，商人や客に迷惑をかけていると報告をした。ハサンはその場で，「殺せ」と命じたという。実際に殺害するかどうかともかく，殺害を命じることができるのは，ジャワラの世界では権力を維持し，権力を顕示する上で重要なのである。

したがって，彼が警察官を殺害したという噂も彼にとってマイナスではない。暴力と脅迫といった恐怖心を与える行為や呪力を備えている可能性をほのめかす行為の一方で金銭やプロジェクトの供与を行うというのは，人間が優劣関係の明確な間柄で他者とつきあう場合に有効な恐怖付与と物欲充足の二側面を彼が理解していることを意味する。そして，彼の世話になった人物に仁義を尽くすのは彼自身の本心であると同時に，彼の配下のものにも同様の態度を彼にとらせて裏切らせない関係構築の上で有効なのである。

彼の影響力は実業界以外にも広がっていった。上述のようにウラマー作業部隊幹部だけでなく，セラン県「45年独立闘争世代グループ」総裁，全バンテン「45年独立闘争世代グループ」コーディネーター，全インドネシア漁師連合総裁などにも就任した。セランにある私立ティルタヤサ大学の創設者の1人に名を連ね，当大学に採用された教員は彼のところに赴いて，ムスリムが敬意を表すときに行う所作，つまり右手に口づけをする必要があるとまで言われた[29]。

---

29) ハサン・ソヒノとのインタビュー，2000年5月3日。また，彼の伝記によれば，2000年4月末の時点で彼は20の組織で要職を占めている［Khatib 2000: 93-96］。

さらに，90年代にはゴルカルの西ジャワ州支部の幹部にもなった。

　ハサン・ソヒブは自らの実業界やその他の分野での影響力拡大とともに，彼の知己あるいはその子弟を土建業などの実業界に進出させるなどして積極的に取り立てていった。バンテン州設立後にはハサン・ソヒブに一時的に敵対する先述したタウフィック・ヌリマン（現セラン県知事）や実業家エンバイ・ムルヤ・シャリフらにしても元々はハサン・ソヒブが世話した者たちであり[30]，エンバイは80年代には土建業者連合のセラン県支部の幹部，商工会議所のセラン県支部会頭を勤め上げている。魚売り，村長からチレゴン市長に上り詰めたTb・アアート・シャアファート，ジャカルタに本社を置くまでに自らの土建業社を成長させた後にルバック県知事に就任したムルヤディ・ジャヤバヤもハサン・ソヒブには世話になっている。

　2000年に土建業者連合のセラン県支部会長となるダヌ・アフマドの場合を見てみよう。彼は20歳の時，ハサン・ソヒブから「計算ができて，文章を書けるか」というきわめて簡単な面接を受けた後，シナル・チオマス社に入った。ハサン・ソヒブの体ふき役となり，その後，靴磨き役となった。2年後には側近となり，数ヶ月後には慰労金として1500万ルピアの小切手を手渡されて起業するように命じられ，土建業社ダヌ・ATSS・プルカサを設立している [Khatib 2000: 168-170]。ハサン・ソヒブによってこうした土建中心の即席起業家が多く育っていったのであろう。

　スハルト体制下，バンテン社会と国家との媒介者として，あるいは国家をバンテン社会に浸透させるアクターとして，ジャワラであるハサン・ソヒブはバンテン地方で政治経済的影響力を発揮することに成功した。しかし，1997年7月，タイに始まる経済危機がインドネシアに及び，経済危機から社会政治危機へと発展して98年5月にスハルトが大統領を辞任する。32年間続いた権威主義体制が崩壊することで，スハルト体制の寵児であるハサン・ソヒブも危機を迎える。次章以降では，彼がどのようにしてこの危機を克服して，バンテン地方の政治の中心的アクターに上り詰めていき，彼に対抗する勢力や中央政府がどのようなポリティクスを展開していったのかを見ていこう。

---

[30] アンピ・タヌジワ（元マウラナ・ユスフ軍分区司令官（95〜97年））とのインタビュー，2003年12月4日。

5章
細分化の地域主義
―― バンテン州設立運動

1997年のアジア通貨危機，そして，翌年のスハルト体制の崩壊はこの章で述べるような自治体新設の動きだけでなく，社会全体が浮足立っておりさまざまな動きが起きた。貧しい農民たちがプランテーションやゴルフ場を不法占拠・開墾するようなことも起きたし，違法な鉱山採掘も目立った。ここでは，西ジャワ州ボゴール県の金鉱山とやくざ者の話をしよう。

ボゴール県のポンコル山にはジャワ最大の金鉱山があり，国営アネカ・タンバン社が採掘権を持っている。アジア経済危機が始まると仕事にあぶれた者たちが一気に増えた。彼らの中には違法採掘で一旗上げようとするものがいて，このポンコル山に押し寄せた。その結果，違法採掘者の数は，数百人程度から6000人ほどに一気に増えた。当然のことながら，アネカ・タンバン社は彼らの追い出しを図ろうとした。採掘者にとっては死活問題であり，企業との間で緊張感が高まった。98年12月には違法採掘者たちによる大規模な暴動が発生し，企業は10日間の事業停止に追い込まれ，数十億ルピアの損害を被った。大暴動は一時的なものだったが，違法鉱山開発の現場では，金鉱を見つけた時点でその金鉱をめぐる抗争が起きるので，日常的に暴力による統制が不可欠であったらしい。そこでジャワラが登場する。

2007年4月にポンコルで私がインタビューをしたバンテン生まれのジャワラのB氏は，もともとジャカルタのスニン市場でのショバ代の上がりで生きてきた。しかし，国家諜報庁（BIN）の依頼を受けて，治安回復のためにポンコルに来たのだと，ラミネートを施したBIN幹部の名刺を見せながら語ってくれた。民主化したからといって，スハルト時代には顕著であった国家とやくざ者との関係が弱まっていない証拠である。BINからすれば，警察や軍隊といった正規の治安機構よりも安上がりで治安回復を手伝ってくれるので，便利だったのであろう。こうしたやくざ者の実際の治安回復力はどの程度のものであったのかは分からないが，ポンコル鉱山の治安は次第に回復していった。

取り締まり

B氏の道場の垂れ幕

不法鉱山の

　　　がB氏に会った本来の目的は，彼を介して，バンテンのジャワ
私　ラの中でも血も涙もないとされ，人殺しもしてきたアピ・ジュリ
　　　氏に会うことであった。アピ・ジュリ氏の家の周りには屈強な部
下たちが見張っていて，知り合いを通じなければ面談することは不可能だか
らである。いったんはためらったものの，B氏は一文をしたためてくれて，
その手紙を持った手下がアピ・ジュリ氏のもとに行ってくれた。

　　　て，このB氏であるが，スニン市場での抗争を語り始め，服を脱
さ　いで上半身を見せながら，あちこちにある喧嘩の証である刀傷の跡
　　　を見せてくれた。治安の落ち着いた後もポンコルを離れず，拳術場
を開いたとのことである。やはり呪術が重要らしく，黒い袋に入った邪気払
いのまじないを作ってくれた。2時間ほどのインタビューの終わり頃，記念
写真を取らせてくれとお願いすると，本来は自分にシャッターを向けても姿
は写らないが，今回は特別に写真に姿を写そうと言ってくれた。最後に，B
氏は，各地のジャワラに会いたければいつでも連絡しろ，一緒に行ってやる
と，ジャワラ案内まで買って出てくれた。

今回は何事もなく友好的に話を終えてホッとしてジャカルタに戻った。数日後，道案内役を買ってくれていた知人からSMSが届いた。B氏からはさまざまな要求が来たが無視していると，B氏が「遠距離攻撃」(Serangan Jauh) を仕掛けてきて体調不良になり入院しているという連絡が来た。アニメや映画ではなく，現実に遠距離攻撃を受けたと真剣に考えている知人に驚きながら事情を聞いてみると，インタビューにも応じたのだから金を払えとB氏は要求しているらしい。遠距離攻撃の真偽はともかく，知人の入院は一大事なので，その知人の知人を介して謝礼を支払うことにした。

その後，B氏は私の携帯電話にも電話やSMSをしてくるようになった。さすがに怖くなったので携帯電話番号を変えた。人間の心理というのは不思議なもので，B氏からもらったまじない袋も不安に思えてきた。そこで，バンテンにいる友人に処分の仕方を尋ねた。まじないの効能をなくすには，トイレに置いておくか，扉の上に置いておくと良いとのことだった。このころ，東南アジア研究所ジャカルタ連絡事務所に駐在していたので，その扉の上にこっそりと置かせてもらった。後から考えれば滑稽極まりないが，その時はまじない袋も危険だと思っていたのである。それでほっとしていたのだが，帰国してみると，B氏が国際電話で研究室に連絡してきており，さらに，私宛に，「山間部の西ジャワにいるジャワラであるB氏から」ということで，ジャワラ，ジャワラ，ジャワラとやたらと書かれた妙な英文の（！）ファックスが届いていた。ポイントは，自動車修理工場を始めたということらしい。それだけかと思っていると，2枚目にはしっかりと銀行口座番号が書かれていた。振込をよろしくということらしい。インドネシアのやくざの場合，金づると思うと相当粘り強くコンタクトをし続けてくることがあるが，B氏もその例にもれなかった。

本章では，スハルト体制崩壊後のバンテンにおいて，バンテン州設立運動が地方エリートのみならず地域住民をも巻き込んで大衆運動化していくなかで，バンテン内の亀裂よりもバンテン地方と西ジャワ州の中心部との格差が大きな政治争点となっていった様子を描く。そして，そのことが政治的安定に持った意味とその運動内で台頭したエリートの特徴を見ていくことにする。

第1節　バンテン人アイデンティティの再政治化

　アジア経済危機以後，第1章で述べたような社会的亀裂に基づく垂直的・水平的対立がバンテンでも政治化した。バンテン南部を中心として，村長や村役人への批判が巻き起こり，バンテン北部の工業地帯では労働争議が頻発した。学生たちは反スハルト・デモに加えて，スハルト体制を支えてきた県知事や市長，ゴルカルに対する批判を公然と始めた。ただし，他地域のような首長更迭といった事態には至っておらず，独立闘争期の社会革命が繰り返されることはなかった。バンテン州設立運動が再燃したことで，バンテン社会に内在する格差よりも，バンテン社会の内と外という二項対立が顕著に政治化していったためである。

　それでは，なぜ西ジャワ州から分離してバンテン州を作る動きが起きたのであろうか。第1章で細分化の地域主義が地域間格差に依拠するという一般的理由，また，第3章では1960年代に起きたバンテン州設立運動の背景を触れているが，ここで改めてそれらも含めて98年以後に起きた同州新設運動の背景をまとめておこう。

① 　歴史・文化的理由：16世紀，バンテンにはスルタンの王国が存在したことに見られるように独自の歴史がある。その歴史と文化は，西ジャワの中心でスンダ人が多数派であるプリアンガン地方とは異なっている。また，オランダ植民地期，独立闘争期を通じて常に反オランダの姿勢を貫いてきた。その点ではアチェ特別州と同じでありながらバンテンは特別州になるどころか，州にさえなっていない。

② 　外部者の支配：県知事など要職はスンダ人が独占していた。バンテン州

を設立することでこうした状況を打破することができる。加えて，政治経済的利権を地元出身者がこれまで以上に独占できるようになる。
③　他の州設立要求との比較：バンテンと同じく州設立要求をしてきたランプン，ベンクルーは1967年に州になりながら，バンテンは州設立が認められていない。スハルト政権が崩壊して民主化が始まると，マルクでは，州設立要求がないのに北マルク州が誕生した。
④　行政的利便：西ジャワ州都バンドンはバンテン地方から遠く，首都ジャカルタの方が遙かに近い。行政事務手続きのためにわざわざバンドンまで行くのは効率が悪い。
⑤　経済的遅れ：西ジャワ州の他の地域と比べて経済開発が遅れている。「後進村向け大統領布告」の対象になって財政支援を受ける村落数が西ジャワで一番多い。この開発の遅れは，西ジャワ州がバンテンを無視してきたからである。

　こうした背景の上に，スハルト退陣から約半年後の1999年2月5日，パンデグラン県を表敬訪問したハビビ大統領に対して，バンテン地方の州昇格要求が出された。その要求を提示したのは，ウラマーであり，インドネシア・イスラーム知識人協会 (ICMI) セラン支部長のKH・マンスル・ムヒディンであった[1]。ハビビ自身は，この要求に対して，それは私の権限ではない，決定（権）は人民の手，つまり国民協議会にあると述べるにとどめている [*Kompas* 1999.2.6][2]。しかし，解釈次第では，設立の可能性があるとも判断できることから，バンテンのエリートたちは，新州設立運動を本格化させていった。
　運動が本格化すると，その主導権はウラマーの手を離れていった。66年世代の実業家ウェス・コルニ（ブルダヤ・ムスリム共同体生活協同組合西ジャワ支部長）や元ジャーナリストの実業家ウウ・マンクサスミタらがバンテン州設立要

---

[1] インドネシア・イスラーム知識人協会 (ICMI) は1990年12月にスハルト大統領（当時）の肝いりで設立された組織である。反イスラーム色が主調であったスハルト政権がイスラーム勢力への接近を始めたことを象徴する動きであった。ICMIの長に就任したのは，当時のスハルトのお気に入りであったハビビ研究技術担当国務大臣（当時）であった。政権につながるチャネルを得て，内から変える可能性ができたためにイスラーム勢力からは歓迎され，アブドゥルラフマン・ワヒドを除く有力なイスラーム指導者，アミン・ライス，ヌルホリス・マジッド，ダワム・ラハルジョなどが参加した。
[2] シャイル・アシマン（バンテン・エクスプレス紙記者）とのインタビュー，2000年5月3日。

求に積極的になっていった。さらに，5月4日には，バンテンの青年たちを主体とするインドネシア改革青年運動（GPRI）・セラン支部が発足し，バンテン州設立支持を訴えた［GPRI Serang-Banten 2000］。また，バンドン在住のバンテン出身の学生が西ジャワ州庁舎前に座り込み，州知事ヌリアナにバンテン州設立を要求した［*Swara Banten* 2000.1.12-15］。

　ハビビ大統領の公約である総選挙の実施が6月7日と決まり，5月15日暫定候補者名簿が発表され，同月20日に選挙キャンペーンが始まると，バンテン州設立問題はバンテンにおいて格好の政治的イシューとなっていく。最初にバンテン州設立を支持した政党は，ゴルカルから分離した相互扶助家族協議党（MKGR）のパンデグラン県支部であった。ジャカルタにある同党本部も好意的な反応を示した。MKGRは小政党であり，同党の支持表明だけでは政治的意味は弱いが，呼び水にはなった。バンテン地方での得票数を伸ばすことを目論んで，インドネシア第2の規模を誇るイスラーム社会組織ムハマディヤを基盤とする国民信託党の党首アミン・ライスがバンテン州設立に支持を表明し，イスラームを党原則とする月星党の党首ユスリル・イフザ・マヘンドラも支持を表明した［*Banten Bangkit* 2000.2］。その後，イスラームを党原則とする正義党を除くすべての政党が基本的にバンテン州設立支持に回った[3]。1999年の選挙では政治的自由が大幅に拡大した結果，各政党は選挙で勝つ必要上，地方の声を聞かざるを得なかった。それがバンテン州設立要求にプラスに作用したと言える。

第2節　バンテン州設立運動の組織化

　7月に入ると州設立要求の本格的な組織化が始まった。まず7月18日，30人のバンテンの名望家たちが集って「99年バンテン人民宣言」を発表し，ウェスを委員長，ウウを事務局長とするバンテン州設立委員会（以下，設立委員会）

---

[3]　正義党西ジャワ支部がバンテン州設立支持の声明を出したのは2000年3月2日のことであった。その声明では，ウラマーやジャワラがバンテン州設立を構想し，最も強く支持していることも支持理由としていた［*detik.com* 2000.3.2］。5月には，正義党西ジャワ支部は，バンテン州においてはイスラーム法が適用されるべきだとまで述べていた。

を発足させた。

8月1日にはGPRIセラン支部が『バンテン州設立の可能性の明確化』と題する国民セミナーをセランのホテルで開催した。パネリストは，エキ・シャフルディン（セラン県選出ゴルカル党国会議員），ユスリル，ティハミ（セラン国立イスラーム宗教大学学長・ICMIセラン支部幹部）などである［*Swara Banten* 2000.1.12-15］。

そのセミナーで，国会議員としてバンテン州設立に最も積極的なエキは，シャルワン・ハミド内相，リヤス・ラシッド一般行政・地方自治総局長がバンテン州設立に好意的反応を示しているとした。そして，「あとはバンテンを州にさせたくないバンドン（西ジャワ州政府―筆者注）へのロビー次第だ」と述べた［*Pikiran Rakyat* 1999.8.2］。

このセミナーが契機となってバンテン州作業チーム（以下，作業チーム）が誕生する。この作業チームはセランのICMI系の人物が中心メンバーであり，トップには66年世代のイルシャッド・ジュワエリ（イスラーム社会組織マトゥラウール・アンワル事務局長），事務局長にはルスリ・リドゥワン（セラン県議会官房長）が就任した。つまり，バンテン州設立について，設立委員会と作業チームという二つの組織が生まれたことになる。

作業チームがエキやユスリルなど中央政界の人物とのネットワークを利用して州設立にこぎつけようとしているのに対して，設立委員会は中央政界とのリンクが弱く，作業チームが州設立の主導権を握り始めていることに危機感を覚えていた。そして，この2グループはバンテン州設立運動の主導権をめぐって対立関係に入る。設立委員会は9月以降，作業チームに負けじと，バンテン州に入るべき各県・市，さらにはジャカルタやバンドンにも小委員会を設置していった[4]。11月24日，チレゴンで作業チームと設立委員会代表が主導権争いをやめるべく話し合いを行ったが折り合いがつかず喧嘩別れに終わる。12月2日，バンテン大モスク前の広場で作業チームが先駆けて大集会を行うと，3日後の12月5日，それに対抗して設立委員会は同じ場所でバンテン州設立国民宣言を発表し，設立委員会国民協議会を開いた［*Swara Banten* 2000.1.12-15; *Pikiran Rakyat* 1999.12.6］。この地方エリート間の主導権争いがバンテン州設立を困難にすることを恐れたバンテンの学生は，「バンテン学生作業ネット

---

4) ウェス・コルニとのインタビュー，2000年5月1日。

ワーク」を翌2000年の1月3日に設立してバンテン州設立勢力の総結集に動いた[5]。2グループ間でも関係修復の試みが続けられ，1月18日，ジャカルタのアルヤドゥタ・ホテルで，設立委員会の長ウェスと作業チームの長イルシャドとが話し合いの末，握手を交わしてとりあえず和解した[*Banten Ekspres* 2000.1.24-30; *Swara Banten* 2000.1.25-29]。2月には両組織の調整機関として，ウェス，イルシャドらをメンバーとする「バンテン州設立調整委員会」（以下，調整委員会）が設立され，州設立要求運動は一応の結束を見た。この委員会は個人会員制をとることで組織間の対立を表面化させないようにした。総合顧問としてハサン・ソヒブが座り，委員長としてH・Tb・トリヤナ・シャムンが座った[6]。ハサン・ソヒブは前述したように，バンテンの地元に強い影響力を有する実業家兼ジャワラであり，バンテン州設立運動の地元での基盤固めとゴルカルへの影響力行使で重要な役割を担えた。一方，トリヤナはジャカルタで銀行部門を中心としてビジネスを展開する実業家であり，ジャカルタの政財官界とのネットワーク構築で重要であっただけでなく，この運動を財政的に支えることになった。

第3節　公的機関からの支持調達 ── 州設立運動のポリティクス

　本節では，バンテン州設立要求運動参加者がどのようにバンテン地方内の行政府・議会の支持を集め，中央政府・議会，そして西ジャワ州政府・議会に設立要求を認めさせたのかを見ていく。州設立が認められるためには少なくとも，新州に入る県・市議会の承認，そして母体州の同意が必要である。これまでバンテン州設立に絶えず反対してきた陸軍のシリワンギ師団は，新州設立後も引き続き同師団が管轄することになっていたこともあり，早い時期から州設立に強い反対はしていなかった。

①バンテン地方の支持調達
　バンテン州には4県（セラン県，ルバック県，パンデグラン県，タンゲラン県）

---

[5]　イルム・ロヒマ（バンテン学生作業ネットワーク会員）とのインタビュー，2000年5月3日。
[6]　トリヤナ・シャムンとのインタビュー，2000年5月1日。

と 2 市 (チレゴン市, タンゲラン市) が入る予定であった。そこで, この 6 県・市の地方議会の支持が必要となる。地方議会議員は 1999 年 6 月の総選挙で選ばれており, その所属政党の大半がバンテン州設立を支持していたため, 地方議会の支持調達は容易なはずであった。しかし, 作業チームや設立委員会は, 地方議会の支持を確実なものとするため, 構成員からの寄付金で各議会に 3500 万ルピアを提供したと言われる [*Banten Ekspres* 2000.3.20-26 (2)]。

1999 年 12 月 2 日, パンデグラン県議会が最初にバンテン州への参加を決定すると, 同月 7 日にルバック県議会, 13 日にセラン県議会, 14 日にチレゴン市議会が参加決定を行った [*Media Indonesia* 2000.3.7; Bappeda Propinsi Jawa Barat 2000]。一方, ジャカルタ首都圏にあるタンゲラン県・市の議会は参加決定をすぐには出さなかった。タンゲラン県議会は 2000 年 2 月 4 日にようやく参加決定を行った。タンゲラン市では, バンテン州設立を支持する議員の中でも州都をタンゲラン市とすることを条件とする声が強かった。タンゲラン市にはスカルノ・ハッタ国際空港があり, ジャカルタに隣接する工業地帯であることから, バンテン州内で経済成長の中心となるという自負があったからである。一方, セラン生まれのハサン・ソヒブなどは絶対に州都はセランにあるべきだと熱弁を振るっていた。州都をめぐる問題がこじれて州設立が実現しなくなることを恐れた調整委員会は, 州都決定については先送りにし, バンテン州設立法案に最終的に盛り込む段階で決定することとした。そしてようやく 3 月 6 日にタンゲラン市議会も参加決定を出した。その前に, タンゲラン市議会とバンテン州に入るその他の県・市議会との間で, バンテン州議会議員と公務員の約 50% をタンゲラン県・市から選ぶことが口頭合意されていたようである [*Media Indonesia* 2000.3.7]。この合意が契機となってタンゲラン市がバンテン州に入ることを決定したと言える。

②中央政府の対応

次に中央政府の態度を見てみたい。自治体新設の可否についての詳細な規定は, 2000 年第 129 号政令であり, その公布は 2000 年 12 月のことであった。したがって, バンテン州設立運動が盛り上がり始めた頃にはまだ自治体新設についての詳細な規定はなかった。しかし, 99 年総選挙を経て大統領に就任したアブドゥルラフマン・ワヒドの内閣で地方自治担当国務大臣に就任したリヤス・ラシッド (元内務省一般行政・地方自治総局長) は, インドネシアは今後 50

州ぐらいになると述べており，州の増設には反対していなかった［*Satunet.com* 1999.11.23］。ワヒド政権下で自治体新設に決定的影響力を持つ内務大臣に就いていたのはバンテン出身のスルヤディ・スディルジャであった。彼は，「バンテンが州になることが認められないとしたら，それは不合理である」と述べて，明らかにバンテン州設立を支持していた［*Banten Ekspres* 2000.2.7-13］。

ワヒド大統領も反対はしていなかった。1999年12月上旬に始まる断食月のとき，作業チームの長イルシャッドが大統領と面会した際に，バンテン地区住民の州新設要求を伝えたところ，大統領は内相にその準備をするよう命じていた［*Banten Ekspres* 2000.1.24-30］。

国会では，1月24日，エキやアリ・ヤフヤなどゴルカル会派の議員34名を中心とする国会議員52名が発議権を行使してバンテン州設立法案を提出した［*Gatra* 2000.4.1: 83］。翌25日，国会議員に圧力をかけるために調整委員会総合顧問ハサン・ソヒブや設立委員会の長ウェスが200人以上の代表団を率いて国会を訪れた。国会議長，副議長と面会してバンテン住民の希望を伝えた［*Gema Banten* 2000.2］。2月10日には，今度は200名ばかりを連れた作業チームの長イルシャッドが国会を訪れて具体的成果を出すように圧力をかけた［*detik.com* 2000.2.10］。2月21日には，国会の10会派が議員提出法案としてバンテン州設立法案を正式に提案することに合意した［*Kompas* 2000.2.22］。その結果，当法案は国会の協議委員会（Badan Musyawarah）にかけられ，特別委員会か第2委員会で法案を審議するかどうかを決めることとなった。それから1ヶ月を経た3月13日，内相も法案を審議することに同意した。そこでバンテン州設立特別委員会が国会に設置され，3月25日までさまざまな関係者から聞き取りを行い，30日に当法案を法律にするか否かを決めることになった［*Berpolitik.com* 2000.3.20; *detik.com* 2000.3.20］。州設立運動リーダーたちは寄付金4億ルピアを国会議員に渡して国会通過を目指したと言われる［*Banten Ekspres* 2000.3.20-26 (2)］。

③ **西ジャワ州の反発**

国会が金と動員によりバンテン州設立法案を通過させかねない状況に対して，西ジャワ州政府が反発した。2月15日，西ジャワ州議会A委員会（行政・治安担当）公聴会で，行政担当の副州知事は，バンテン住民が望むのであれば西ジャワ州からバンテンが分離することには反対しないとしながらも，法律に

第5章 細分化の地域主義 | 109

則って国会は母体州の見解を質すべきだと述べた。また州政府は，西ジャワ州地域開発企画庁がバンテンの州としての可能性を検討しており，その調査結果が出るまで，州設立についての立場決定を留保するとした [Pikiran Rakyat 2000.2.16]。留保理由は少なくとも二つある。①そもそもバンテンの分離を望まない。②ある地方が分離したとき，母体州が3年間財政支援をするという規定が新地方自治法（1999年第22号法）にある。仮にバンテンが分離するにしても，西ジャワ州としてはそうした財政負担を負いたくない。

西ジャワ州知事ヌリアナは，「彼ら（バンテン地方の県・市—筆者注）とこれまで同胞であった他の県・市の見解をも我々は聞く必要がある。それから，西ジャワの年長者からも意見を聞く必要がある。西ジャワ州議会は，バンテンからだけでなく彼らからも意見を聞くであろう」と述べた [Pikiran Rakyat 2000.2.18]。多数派工作をするまでもなく，他の県・市や年長者の見解はバンテン州設立に反対であることを見越しての発言であろう。ヌリアナはバンテン北部のボジョヌガラ地区の開発で利権を獲得した噂があり，さらにタンゲラン市のチポンド地区リゾート開発計画の入札では不正な関与をした疑惑があった[7]。こうした地区がバンテン州に帰属すれば，ヌリアナの統制は及ばなくなり汚職が明るみに出る恐れが高い。何らかの合意がバンテン州設立支持者とできていない限り，個人的にもヌリアナはバンテン州設立に支持することはできなかったと思われる。

西ジャワの中心であるプリアンガン地方の有力者たちからはバンテン分離反対の声があがった。州議会でも反対の声があがっていた [Pikiran Rakyat 2000.2.16]。シリワンギ師団の参謀長を務めた後に西ジャワ州知事を務めたマスフディ元少将は次のように述べて，バンテン州設立に反対した。

> 西ジャワ（州）なくしてシリワンギ（師団）なし，シリワンギ（師団）なくして西ジャワ（州）なしというドクトリンに従えば，また歴史的，地理的，あるいは民族的にみて，西ジャワ（州）がその領域を保ち続けるのは当然である。バンテンの抜けた西ジャワはもう西ジャワではないし，西ジャワから抜けたバンテンは何の意味もない。さらには，西ジャワ住民の分裂を促進するだけでなく，インドネシア国民，インドネシア共和国の分裂さえ促進するだろう。[Mashudi 1999]

---

7) ヌリアナの汚職・癒着疑惑を厳しく追及していたイスラーム青年運動・西ジャワ支部は，ヌリアナの汚職・癒着疑惑をめぐるレポートを作成して，ヌリアナ批判を展開した [GPI Jawa Barat 1999]。ヌリアナ落としを図る州政府高官から資金援助を受けているとも言われた。

この元少将発言のうち，前半に掲げられたバンテン分離の反対理由は説得力が弱いものの，後半で触れられている西ジャワの分裂という可能性はあり得た。西ジャワ州内では，バンテンに続いてチレボン地方が州への昇格を求め始めていた［Banten Ekspres 2000.3.29-4.4］。かつてスルタン王国が存在したことなどの点ではチレボンはバンテンと同様であり，バンテンが州に昇格したとき，チレボンが州に昇格できない理由はなく，西ジャワの分裂に拍車がかかり得る。さらにジャカルタ周辺のボゴール，ブカシ地方からも州設立要求が挙がってきていた。

　しかし，バンテンの州昇格が西ジャワの分裂，ひいてはインドネシアの分裂にもつながるとの主張は，州の増設が国家分裂を引き起こすとの認識がある場合に成り立つ。少なくともワヒド政権はそうした認識をもっておらず，地方分権改革の一環として州の増加を支持し，バンテンのみならずチレボンの州昇格すら認めようとしていた。したがって分裂の危機を理由に西ジャワ州がバンテンの州昇格に反対しても中央政府を納得させるのは難しかった。

④西ジャワ州の遅延作戦

　法案審議に合意した翌日の3月14日，内相は西ジャワ州知事に対してバンテン州設立問題に関する文書提出を求めた。それに答えて，州知事側は3月20日にバンテン州設立に関する暫定調査結果を提出した［Banten Merdeka 2000.3.22-28］。調査結果はバンテン州設立に不利なものであった。西ジャワ州地域開発企画庁作成の『バンテン地方開発の歩みと展望についての暫定報告』（［Bappeda Propinsi Jawa Barat 2000］以下，『報告』）をもとに，バンテン州設立にポジティブな面は三つ（天然資源，地理的位置，投資の潜在的可能性）しかなく，ネガティブな面が六つ（自主財源の低さ，複数の文化，地方の経済成長の遅さ，テクノロジーへのアクセス，水源の乏しさ，地方政府の負債）におよぶとした。『報告』の序文には，「（この報告は―筆者注）科学的立場に基づいて編纂され，政治的要素は考慮に入れられていない」という一文が含まれている［Bappeda Propinsi Jawa Barat 2000: i］。しかし，バンテン州設立に反対するために作られたことは明らかであり，『報告』でバンテンの歴史を担当したヘルリナ・ルビス（パジャジャラン大学教授）は，自分の記述が改ざんされたことに失望し，バンテンの歴史が「歪曲されている」と非難した［Pikiran Rakyat 2000.3.23］。

　同20日，国会のバンテン州設立特別委員会は派遣団を西ジャワ州政府及び

州議会に派遣し，バンテン州設立への賛否を問いただした。ヌリアナは，現行法では州知事が自州内での新州設立について立場を表明する規則はない，すべてを中央政府に委ねると述べて，州設立について明言を避けた。一方，州議会は3年に及ぶ財政支援には反対しつつ，すべてを中央に委ねるとした [*Pikiran Rakyat* 2000.3.21; detik.com 2000.3.20]。

　同月22日，国会のバンテン州設立特別委員会とバンテン州設立に関する問題点を話し合った内相は，必要な条件が満たされていないので，バンテン州設立に関してまだ検討の余地があると述べた [*Media Indonesia* 2000.3.24]。必要な条件とは二つある。一つ目は，母体州である西ジャワ州の同意である。二つ目は，新たな地方自治諮問委員会 (DPOD) の設置と同委員会による同意である。1999年第22号法に基づけば，地方自治諮問委員会が人口・地理的位置・経済的可能性などの面で自治体新設が技術的に可能かどうかを決めることになっていた。しかし，その委員会がまだ設置されていなかった。

　西ジャワ州政府がバンテン州設立につき中央政府に判断を委ねるとして，同意も否定もしない理由の一つは，州知事によれば，州政府が先に同意すれば，1999年第22号法に基づいて西ジャワ州がバンテン州に3年間財政支援をすることになってしまうというものであった [*Pikiran Rakyat* 2000.3.24]。セラン選出国会議員アリ・ヤフヤによれば，3月24日の時点で中央政府は西ジャワ州の財政支援は1年間に限ることに同意しており，この時点で財政支援はバンテン州設立延期理由にならなくなろうとしていた [*Media Indonesia* 2000.3.24]。

　結局，関連法制定の遅れにより地方自治諮問委員会が設置されていないこともあり，3月30日に国会本会議で予定されていたバンテン州設立法案への投票は延期された。その後，西ジャワ州議会はバンテン州への財政負担を中央政府が負うことを条件にバンテン州設立にようやく同意した [*Pikiran Rakyat* 2000.4.7]。

　4月3日，リヤス・ラシッド地方自治担当国務大臣は，「中央政府と地方自治体としての州政府の権限に関する政令」制定と同時に地方自治諮問委員会を設置すると述べ [*Pikiran Rakyat* 2000.4.5]，ヌリアナ州知事は，バンテン州設立を否定はしない，「政令が制定され，地方自治諮問委員会が設置されれば，バンテン州設立は現行法と矛盾せず，確固とした基盤を持つだろう」と述べていた [*Pikiran Rakyat* 2000.4.8]。リヤスにすれば，バンテン州設立は住民も動員したボトムアップの自治体新設要求を初めて認めることであり，各地で噴出

している同様の要求への対応も考えて，自治体新設の公的手続きを明確化しておきたいという気持ちがあったであろう。一方，ヌリアナにとっては，西ジャワ州による3年間の財政負担をうまく拒否したことに続いて，地方自治諮問委員会未設置をバンテン州設立先送り・阻止の口実として持ち出すことができた。

　国会では，バンテン州設立の可否については，5月22日の本会議で審議される予定となっていた。その頃には地方自治諮問委員会が設置され，バンテン州新設に対する判断を下しているという想定があったからである。そうした中央政界の動向を受けて，バンテンのエリートたちが圧力をかけ始めた。5月22日の本会議で確実に法案が通過するように，ハサン・ソヒブが諮問委員会委員長を務めるバンテン青年前線が4月10日から「バンテン州支持住民100万人署名運動」を始めた［*Swara Banten* 2000.4.29-5.3］。さらに，5月22日に法案が通過しなければ，スカルノ・ハッタ国際空港をジャワラが占拠し，ジャカルタ＝バンテンを結ぶ有料道路を閉鎖するとの噂も流れた。しかし，5月22日にバンテン州新設の法案は審議されず，再び延期となった。というのも，4月7日に地方自治諮問委員会の設置は大統領決定で決まったものの，5月22日段階ではその委員選出方法がまだ決まっていなかったからである。

⑤バンテン州法制化

　7月21日，地方自治諮問委員会の委員がようやく決まった[8]。そして，同委員会は，新設した独立調査チームにバンテン地方の州昇格の是非について調査を行わせた。調査結果は，バンテン地方は州になるのが望ましいというものであった［*Pikiran Rakyat* 2000.9.6］。それを受けて，7月18日，ワヒド大統領は，大統領府を訪れたバンテン住民代表に対して，地方自治諮問委員会に早急にバンテン州設立法案に署名するよう指示したと述べた［*detik.com* 2000.7.18］。

　バンテン州設立最終確認のためにバンテン各地を訪れていた内務・地方自治大臣であり地方自治諮問委員会会長のスルヤディは，9月5日，「もう（バンテン州設立に関して―筆者注）問題はない。今は決定を待つだけだ。10月4日に決

---

8) 地方自治諮問委員会の委員16名は以下からなる（新谷直之氏（ガジャマダ大学大学院）のご教示による）。中央政府代表：7名（内務大臣，財務大臣，地方自治担当国務大臣，国防大臣，国家機構監督担当国務大臣，国家官房長，国家経済企画院長官），地方政府代表：9名（州政府連合会会長，県政府連合会会長，市政府連合会会長，州代表2名，県代表2名，市代表2名）

定がなされることを願う」と述べた。ヌリアナ州知事の遅延作戦は奏功せず，この時点でバンテン州設立は確実になったと言って良い［*Pikiran Rakyat* 2000.9.6］。10月4日，数千人のバンテン出身者が見守る国会議事堂において，全10会派がバンテン州設立法案を支持し，当法案は可決された［*Pikiran Rakyat* 2000.10.5］。

2000年11月18日，スルヤディ内務・地方自治大臣は，同省の専門スタッフでスラウェシ出身のH・ハカムディン・ジャマルを暫定バンテン州知事に任命した[9]。彼の任務は，1年以内に州政府機構を整備し，新しい州議会にバンテン州知事を選ばせることであった。

第4節　政治アクターの特徴

それでは，どういった政治アクターがこの運動の主役に躍り出たかを見直してみよう。民主化・分権化時代の政治はきわめてコストがかかるようになった結果，実業家の政治的台頭が著しくなった。調整委員会の総合顧問と委員長にハサン・ソヒブとトリヤナという実業家が就任したのはその潮流を明瞭に反映している。その一方で，ウラマーの政治的影響力は弱体化した。50年代や60年代にバンテン州設立要求を推進し，また，スハルト体制崩壊後に初めてバンテン州設立要求を提示したのはウラマーであった。しかし，その後，バンテン州設立というある種の社会変革にありながら，ウラマーの影響力はハサン・ソヒブ，トリヤナ，ウェスといった実業家の陰に隠れてしまった。

政治アクターに関するもう一つ重要な特徴は，トリヤナとハサン・ソヒブの違いである。ともに実業家でありながら，トリヤナはジャカルタにおいて金融部門で活躍する実業家であり，その意味でバンテンの地元に政治経済的基盤を持たない。首都のエリート実業家である。一方のハサン・ソヒブはバンテン内の建設業で活躍する実業家であり，PPPSBBIに所属するジャワラの動員力も含めて，バンテンの地元に強い政治経済的基盤を持っている。この地元でのネッ

---

[9] ハカムディン・ジャマルはスハルト時代末期（1995-1998年）に南スラウェシ州政府で州政府官房長官まで務めた官僚である。現職州知事と関係が悪く，州政府内での昇進は見込めなかったものの，内務省専門スタッフ，暫定バンテン州知事として返り咲いた。

トワークの違いは新しいバンテン州における2人の影響力の違いとなって現れていくことになる。トリヤナはバンテン州設立に財政的に多大に貢献し，青年層の支持を得ながらもバンテン州設立の暁には政治経済的影響力を持つことはなかった。バンテン州を牛耳ることになったのは，ハサン・ソヒブであった。

　トリヤナはバンテン州設立運動が起きた当初は笑って相手にしていなかった。パンデグランに広大な別荘を持ち，ウラマーの託宣を聞くことはあっても，およそバンテン州設立の可能性など信じていなかった。生活の拠点がバンテンにないだけに，そもそもそれほど関心さえなかったのかもしれない。トリヤナは，46年に，パンデグラン県で敬意を集めていたウラマーのKH・アブドゥル・ハリムを父親として，母方にジャワラの血筋をもってパンデグラン県で生まれ，中学生まで過ごした。その後，ジャカルタに移って働きながら高校を出て，銀行で下積みをした。その後，金融セクターで大成功を収めた人物であり，基本的にはスハルト体制下のジャカルタでビジネスを展開してきた実業家であった。その意味で，スハルト体制の申し子であったと言える。プリブミでは最も成功した実業家でゴルカル党の総裁となるアブリザル・バクリーのビジネス・グループ，バクリー・グループの一翼を担って数々の銀行などで社長や監査役を務めた経験があり中央の政財官界にネットワークがあり，財力もある。そこで，ウェスなどが目をつけて取り込むことに成功したのである。バンテン州設立後，同州設立に当たって財政的に最も高い貢献をしたという事実，豪放磊落に話す態度などから，バンテンの若手を中心として人気を博していた。そして，2001年のバンテン州知事選，2004年の地方代表議会（DPD）選挙に出馬を要請されるが悩んだ末に断っている。2006年の州知事選ではついに州知事候補として出馬するものの敗北に終わってしまった。

　一方のハサン・ソヒブも，スハルト体制の申し子であった。彼はスハルト辞任直前まで熱心なスハルト信奉者であった。スハルト辞任を求める学生たちに向かって「おい，スハルトさん（Pak Harto）はまだ我々の大統領なんだ，尊敬しなくちゃいかん。スハルトさんが（我々に）してきてくれたことをまったく見ようともしないのか。考えて評価するんだったら，客観的，そして現実的でないといかん」と訴えた。スハルトが辞任すると，ハサン・ソヒブが孫扱いしてきたバンテンの学生たちが，ハサン・ソヒブに対してスハルトを支持してきたことへの責任追求をした。これに対して，彼は，セラン県議会前に集まった学生たちの前で「改革万歳！」と叫んで応じた。彼によれば，この素早い言説

の転換理由はこうである。「確かにスハルトさんは辞任した。その後初めて，わしも態度を決めた。スハルトさんも深く考えた末に辞任したんだ。わしもようやく改革をはっきり支持することができるんだ」[*Banten Ekspres* 2000.3.20-26 (1)]。スハルトが熟慮して辞任したとすれば，同じく熟慮したハサンはうまく「改革」派に転じようとしたのである。

ハサン・ソヒブは，スハルト体制崩壊後もゴルカル党の幹部であったから，ゴルカル党が支持するハビビ体制に対しても支持を表明した。98年11月の臨時国民協議会の時には，アディ・サソノ協同組合大臣の要請を受けて，同協議会開催拒否・ハビビ大統領打倒を求める学生運動と対峙するために，保安挺身隊 (Pam Swakarsa) として，PPPSBBIの精鋭なジャワラからなる特殊護衛部隊 Gapsus を国会前に送り込んだ。ジャワラたちは，国会の外でデモをしている学生たちの前に立ちはだかり，彼らを押し戻して彼らの体に損傷を与えるために「内なる力」を使う技を見せたという[10]。また，99年6月の総選挙の時には，ゴルカル党総裁アクバル・タンジュンと近い彼は，現状維持派として厳しい批判に晒されたゴルカル党護衛のために，山刀を振り回す黒ずくめのジャワラを首都圏に送り込んだ [Wilson 2002: 260-265]。

ただ，興味深いことに，トリヤナ同様，ハサン・ソヒブも当初はバンテン州設立運動をまったく支持していなかった。彼の企業が西ジャワ州政府からタシックマラヤ県で道路建設プロジェクトを受注しており，バンテン州設立を支持することで事業主体から外されることを恐れたことも反対理由の一つであった[11]。しかし，州設立運動が大衆的盛り上がりを見せ始め，スルヤディなどジャカルタ在住のバンテン人の説得を受けると，積極的な支持派となり，最終的には半ば強引に，州設立を支持する名望家からなる組織，調整委員会の総合顧問に就任した [*Mimbar Daerah* 2003 (1)]。

総選挙が終わり，初代大統領スカルノの娘メガワティ・スカルノプトゥリが率いる闘争民主党が得票率37.4％を獲得して第1党になり，ゴルカル党は22.4％の得票率しか獲得できず，第2位に転落した。97年選挙では74.2％を獲

---

10) 「内なる力」は結局，学生デモ隊を押し戻すような効力を発揮することはなかった。この点に関する拳術家の理解は，特殊護衛部隊が実際はそうした力を持っていないからということではなく，学生たちのデモの抗議行動が純粋な目的であったのに対して，特殊護衛部隊はその力を純粋な目的ではなく自己利益のために行使しようとしたためであるということである [Wilson 2002: 260, 284]。

11) 調整委員会関係者とのインタビュー，2003年8月26日。

写真 5-1　2000 年 1 月，国会議長らがバンテン州設立要望を聞いている風景。

写真 5-2　スルヤディ内務大臣がバンテン州設立法の国会通過後，バンテン州の州都セランで州設立の碑文にサインをしている風景。

表 5-1　バンテン地方における主要 7 政党の 99 年選挙の得票率

	闘争民主党	ゴルカル党	開発統一党	民族覚醒党	国民信託党	月星党	正義党	その他
セラン県	26.9%	19.0%	21.0%	5.6%	5.8%	2.8%	2.8%	16.1%
ルバック県	40.3%	19.9%	16.5%	4.3%	2.1%	2.6%	1.5%	12.8%
パンデグラン県	28.8%	22.0%	24.7%	3.4%	2.6%	3.1%	0.9%	14.5%
チレゴン市	24.0%	16.3%	22.7%	5.6%	14.9%	3.3%	3.1%	10.1%
タンゲラン県	39.5%	16.6%	15.2%	4.5%	10.0%	2.3%	2.8%	9.1%
タンゲラン市	36.3%	15.8%	14.9%	5.6%	13.3%	3.5%	3.8%	6.8%

出所：西ジャワ州選挙管理委員会の集票結果より筆者作成

得していたわけであるから今回の選挙は完敗である。バンテン州でも同様である。表 5-1 はバンテン州内の県・市における主要 7 政党の 99 年総選挙の得票率である。ゴルカル党は，バンテン地方の全県・市において 15.8％から 22.0％の得票率しか取ることができず，全県・市で第 1 党になれなかった。しかし，ハサン・ソヒブにとってこのゴルカル党の敗北はそれほど痛手とはならなかった。「改革」の一環として主張される地方分権化要求の波に乗って，バンテン州設立要求を声高に訴えることができたからである。少なくともこの要求については彼と学生の利害は一致しており，彼がスハルトを最後まで支持し続けたことに対する学生の批判をかわすことができた。彼は調整委員会の総合顧問となり，一躍，バンテンの地方利益の代弁者になりおおせたのである。

第 5 節　州設立運動の政治的意味

この州設立運動の政治過程をみると，いくつか重要なことが分かる。まず何よりも，バンテン州が誕生したことで，バンテン人の間では，プリアンガン地方のスンダ人支配から抜け出して「バンテン人の，バンテン人による，バンテン人のための政治」を実現できるとの期待が高まった。その意味で，エスニック・グループ間（の政治的）格差及び地域間（の経済的）格差に依拠した水平的対立を解消することに一役買い，バンテン地方内の既得権益層と学生などの活動家からなる市民社会勢力という対立構図が弱まった。その一方で，バンテン

地方の中心地帯（セラン県，チレゴン市，ルバック県，パンデグラン県）が速やかにバンテン州設立を支持する一方で，タンゲラン地方（タンゲラン県・市）が新州設立を最初は渋ったことに現れているように，バンテン州内の地域間対立軸が明瞭になった。その解決策として，暗黙の了解として平等な政治的代表性を確保することが約束された。細分化の地域主義と均衡の政治のロジックが働いたことになる。

　次に重要なことは，このエスニシティに基づくアイデンティティ・ポリティクスはあくまでも細分化の地域主義であって，インドネシアという国家を否定するどころか，積極的に承認するようなものであったということである。むしろ，中央との強力な政治的ネットワークがあってこそバンテン州は実現し得たのであり，こうした細分化の地域主義は根本的に統一国家を脅かすものではなかったのである。

　三つ目に重要なことは，ハサン・ソヒブ台頭の政治的意味である。バンテン州設立の立役者になった後，彼とそのグループが新州の政治経済に強い影響力を持つようになっていった。彼への対抗勢力も結局は彼との政治的交渉と妥協を経て，バンテン地方での政治参加を果たしていくことになっていった。次章では彼の政治経済権力掌握の過程を見ていくことにする。

6章 州「総督」と呼ばれる男
——権力闘争とジャワラによる地方支配——2000-2006年

この章では，ハサン・ソヒブとその部下がバンテン州政において台頭する過程を描いている。そして，彼らの前ではローカル・メディアは無力であったと述べている。民主化の時代であるとはいえ，言論が封殺されている状況について，地元メディアとて盲従しているわけではない。何とか批判しようとしていることも多い。一つの手段は他力本願である。実際に私も経験したので，そのことを述べてみよう。

2003年，PPPSBBIの本部を訪れてセラン県支部長にインタビューをした。支部長が本部に来るのを待つ間，時間があったので本部で屯している黒服の構成員2人と雑談をしていた。取り留めもなく，ハサン・ソヒブやPPPSBBIの組織について話をしたり，日本の武道について話したりしていた。彼らと会っていて心が休まることはあまりないのだが，それでも，他愛ない会話だったのでリラックスしていた。会話の途中で，私の滞在先を聞かれたので，セラン県の中心にある安ホテルの名前を伝えた。そうすると，何かあるといけないから，山刀を持った構成員2名をホテルの前に立たせて警護してやろうと提案してきた。冗談かと思っていたら，かなり本気だったので断りにくかったが，さすがに彼らに「警護」されるのも逆に怖いので丁寧に断った。これが結果的に良かった。

さて，その翌日，過去の新聞を読むために地方紙のオフィスを訪れた。すると，バンテン州の現状について座談会をするというので出席を求められた。新聞記者が集まるというので面白いと思って参加することにした。インフォーマルな集まりだし，ジャワラもいないので，自由に話をしよう，話の内容はオフレコにするということだった。私は調査をしているうちに，ハサン・ソヒブやその関係者が州政を牛耳っていることに憤りを感じ始めていたこともあり，その集まりではかなり放埓に，バンテン州庁舎建設をめぐる汚職などバンテン州政治を批判して溜飲を下げた（写真：建設中のバンテン州庁舎）。記者たちも現状に憤りを覚えているものの，不正を暴けばジャワラが新聞社にやってくるのは目に見えているので思うようにかけないことに不満はあったので，私の発言にも賛成してくれた。

ジャワラと

座談会の後，過去の新聞に目を通してから，いつものように安ホテルに帰っていった。翌朝，これまたいつものように道端で売っている地方紙を買いに行った。昨日訪れた新聞社が発行している日刊紙を見て驚愕した。得意気に語る私の顔写真入りで，バンテン州の開発は混乱しているという見出しの記事が一面に掲載されていたのである。血の気が引いた。オフレコと思って話したことが，そのまま記事になっていた。ハサン・ソヒブ関係者たちも当然，この地元紙には目を通すし，私はPPPSBBI関係者に顔が割れているだけでなく，滞在ホテルまで話してしまっている。さすがに恐ろしくなって，急遽，ホテルをチェックアウトして，車を借りてジャカルタに舞い戻った。

地元の記者には自明のことでも怖くて記事にできないことから，外国人である私を使ってハサン・ソヒブの牛耳る州政批判をしたのである。記事にしたのは知人であったのでショックではあったし，また，メディア倫理もあったものではないが，当時の状況では大いに考えられることであった。しかし，当時はそこまで頭が回らなかった。おかげでその後の調査に支障が出てしまった。ジャワラたちに会いにくくなったのである。しかし，それでは調査が進まないので，一度，アポ無しで不意打ち的に会いに行くという戦略をとったことがあった。不意打ちで会いに行ったのはパンチャシラ青年団のバンテン州支部長である。彼の宅に事前にアポ無しに会いに行ってみた。すると驚いたことに警察の公安関係者がいて非常に厄介なことになってしまった。公安が私を疑い始めて，危うく牢獄に入るところであった。州支部長はハサン・ソヒブ・グループの幹部であり，私が地方紙でバンテン州政を批判したことを覚えていた。「お前は新聞に載っていたやつだろ」といって，まったく助けようとしてくれなかった。一応，バンテン州の調査が終わるまでは現地メディアのインタビューには答えないぐらいの用心はしていたのだが，オフレコの座談会という言葉に飛びついたのが悪かった。一つの不注意が尾を引き，調査も遅れてしまった。

> 「(山刀で切られるとしたら) 左足か右足かどっちがいい？」
> 州知事選前に反ハサン派に向けられた脅迫SMS

第1節　暴力の脅威による社会・経済・文化の支配

　バンテン州設立の政治的含意は，「バンテン人の，バンテン人による，バンテン人のための政治」を行うということであった。スンダ人が圧倒的優位にある西ジャワ州政府の管轄から離れ，バンテン人がバンテン州及び州内の県・市の政治・行政的トップ・ポストを独占できるようになった。加えて，州公務員，州議会議員といった政治・行政ポストが生まれ，さまざまな同業者連合の州支部が誕生し，その獲得合戦が始まった。経済的後進地域の多いバンテン地方の場合，こうした時代に政治的・経済的権力を握ったのは，暴力を重要なリソースとするジャワラであった。具体的にはハサン・ソヒブと彼の率いる集団であった。

　経済界では，ハサンは商工会議所・バンテン州支部長（2000年12月），スハルト体制崩壊後に誕生した複数の建設業連合の関係を調整する目的で生まれた建設業発展委員会（LPJK）のバンテン州支部長（2001年1月），スハルト体制時代から続く土建業者連合のバンテン州支部長（2002年4月），インドネシア全国コンサルタント連合・バンテン州名誉幹事（2003年1月）などバンテン州の同業者連合のトップに次々と就任していった。2002年4月30日に行われた土建業者連合・バンテン州支部長選出会議においては参加者全員がハサン支持に回っている。このことからも，彼の地元実業界での影響力の大きさが窺えた［HB 2002.5.1］。

　彼は自分だけでなく，息子や配下のものたちをこうした同業者連合や他のビジネス連合の要職に据えていった。他のビジネス連合としては，インドネシア・ネイティブ実業家連合・バンテン州支部，インドネシア青年実業家連合・バンテン州支部，全インドネシア建設業連合・バンテン州支部，インドネシア物資調達・配給業者連合・バンテン州支部などをあげることができる[1]。一例

---

[1]　NGO関係者とのインタビュー，2003年8月26日。

として，商工会議所・バンテン州支部の執行部（2001年現在）を見てみれば，ハサン・ソヒブの影響力がすぐに分かる。同支部の副会頭にイユス・Y・スプタンダール，諸部門の執行部長にアチェン・イスハック，ハサン・ソヒブの娘で後の州知事ラトゥ・アトゥット・ホシャ，パンチャシラ青年団バンテン州支部長Tb・ルル・カキン，アエンク・ハエルディン，ダヌ・アフマッド，イルジャ・カリスが就任している［KADIN 2001: 303-305］。彼らは明らかにハサンの支持者たちであり，ハサンの人事であったから，彼にとって商工会議所・州支部の支配はたやすいことであった[2]。

社会的には，PPPSBBI総裁の地位を握り続け，3000人のジャワラを直接配下に置くことで，ジャワラの世界に君臨しつづけた［*Mimbar Daerah* 2003 (2)］。2002年4月21日には，驚くべきことにウラマー作業部隊長にも就任している。本来，ウラマー作業部隊のトップにはウラマーがつくことになっている。しかし，ハサンが強引に部隊長になったのである。その過程を見てみよう。

部隊長選出選挙3日前の4月18日時点では，ハサンは候補にすら挙がっていなかった［HB 2002.4.19］。しかし，21日の投票の時点で彼は候補者に名乗りを上げた。選挙の仕組みは，11名の候補者から3名に絞り込む第1回投票を行い，第2回投票で3名から1名を選出するというものであった。一回目の投票結果は，投票総数139票のうち，ウラマーのサルモン・アル・ファリシェ65票，ハサン27票，ウラマーのアダン・ファラク24票，イサック・エフェンディ11票，他3名計12票であった。第2回投票は，得票数の多かったサルモン，ハサン，アダンの3名に対して行われた。その結果は，ハサン67票，サルモン65票，アダン27票であり，ハサンが勝利を収めた。奇妙なことに第2回投票では投票総数が139票から20票増えて159票となっている。これは，ハサンが選挙委員会を買収してジャワラに投票させたからだと言われている。

---

2) スプタンダールに至っては，ハサン・ソヒブを最も尊敬する人物として挙げている［HB 2001.4.22］。アチェン・イスハックはハサン・ソヒブのスポークスパーソンの役割を担っている。ハサン・ソヒブはルル・カキンの父親Tb・カキン（Tb. Kaking）の元で働いていた経験があり，恩義を感じていた。後にルル・カキン自身は，ハサン・ソヒブが後に娘アトゥットを州知事にするために作り上げた選挙マシーン，「統一バンテン挺身隊」（Relawan Banten Bersatu, RBB）の幹部に就く。イルジャ・カリスの父親はバンテン南部で有名なジャワラ兼村長のジェロ・カリス（Jero Charis）であり，ハサン・ソヒブも尊敬する人物である。アエンクやダヌはハサン・ソヒブが育てた実業家である。

同年，ウラマー作業部隊のバンテン州支部長にはウラマーのK・シャフリル・アブロルが選ばれた。彼は熱烈なハサン・ソヒブ支持派である［Abdul Hamid 2010］。つまり，ウラマー作業部隊長はハサンというジャワラの手に完全に落ちたことになる。この事実は，バンテン州設立過程でもすでに起きていたウラマーの影響力の弱体化をさらにはっきりと示すものであった。

　ハサンは，文化的に認知されている暴力装置であるジャワラ集団を自己流に解釈・利用して常時動員体制を作り上げ，その暴力行使の脅威を武器に，有力な同業者連合を支配することで主に州政府の調達プロジェクトを彼の影響下に置き得る仕組みを作り上げた。こうした経済的影響力の拡大に加えて，彼はウラマー作業部隊を乗っ取ることでイスラーム的権威まで獲得しようとしたのである。

　ただし，バンテン州誕生に伴って拡大したリソースを確実に分捕るためには，州政府そのものを支配下に置くことが絶対条件であった。次節では，ハサンが州政府を支配していった過程を見ていくことにする。

第2節　地方政治・行政の支配

　バンテン州設立後の重要な政治・行政的アジェンダとしては，①暫定州知事任命と州行政・政治機構整備，②正副州知事選，③州開発計画・予算作成・実施があった。①のアジェンダで彼はそれほど露骨な影響力行使はしていない。暫定州知事任命権を持つのは内務大臣であり，当時の内相はバンテン地方エリート間の対立を防ぐために南スラウェシ出身の内務官僚ハカムディン・ジャマルを暫定州知事に任命したことは前述した。この任命にあたってハサンは露骨な圧力行使はしていない。ただし，2000年11月18日の暫定州知事就任式の際には暫定州知事の横に並んで存在感を見せつけている。そして，ハカムディン州知事の時代にハサン及びその配下のものが州の公共事業の多くを引き受けていった[3]。

　州新設後の州議会議員を決定する仕組みは，名望家5名からなる地方議会議

---

[3]　ヘルマン・ハエルマン（国家開発企画庁元副長官）とのインタビュー，2003年8月11日。

員確定委員会が政党別議席配分及び各政党からの議員候補の確定を行い，その一連の過程を監査委員会委員5名が監督するというものであった。監査委員会は西ジャワ州高等裁判所裁判官を委員長，セラン県地方裁判所代表，大学代表，住民代表2名を委員とする。ハサンは住民代表の1人としてこの委員会に座った[*Fajar Banten* (FB) 2001.4.5; HB 2001.4.10][4]。彼がどこまで州議会議員選定に影響力を行使したか定かではないが，その後の州議会議長選出では，ハサンの意向もあって中ジャワ州出身のダルモノ・K・ラウィが選出されたといわれている[5]。バンテン地方出身者でないために政治的基盤が弱いラウィには影響力が行使しやすいとハサンが判断した可能性が高い。

暫定州知事任命や州議会議員決定においては実はそれほどハサンの影響力は感じられない。彼の州行政・政治への影響力行使が濃厚になってくるのは，次のアジェンダである正副州知事選とその後の開発予算をめぐるものであった。以下ではこれらを少し詳細に見ていくことにする。

①正副州知事選[6]

地方分権の時代，自治体予算が拡大した上に裁量の余地も拡大したことから，地方首長の政治的リソースは拡大した。そこで地方首長ポストは俄然，政治的重要性を帯び始めた。1999年第22号法に従えば，地方首長は地方議会が選出する。ハサンは地方議員の支持を取り付けて，土建業ビジネスで活躍しているが政治家経験のない長女を副知事に据えることに成功した。長女選出に至る過程は次のようなものであった。

バンテン州設立前後から，ハサンは自分の長女アトゥット・ホシャ（当時37歳）を副知事に据えたい意向を周囲に漏らしていた。バンテン州設立直後に行われた調整委員会メンバーの会議で彼は，「アトゥットを副知事にするのであれば，誰がバンテン州知事になってもかまわない」と述べて他のメンバーの失笑を買い，その後もすべての政党に対して，同様の強気の発言を行っていた[7]。

---

[4] もう1人の住民代表は，サガフ・ウスマンというタンゲラン地区のジャワラであり，タンゲラン県の有力なインフォーマル・リーダーである。

[5] アンピ・タヌジワ（マウラナ・ユスフ軍分区元司令官）とのインタビュー，2003年12月4日。

[6] この正副州知事選のプロセスについては，アブドゥル・ハミッドの卒業論文[Abdul Hamid 2004]に詳しい。

[7] アンピ・タヌジワ（2003年12月4日），アチェン・イスハック（2004年4月1日）とのインタビュー。

表 6-1　バンテン州議会会派別議員数

闘争民主党会派（Fraksi PDIP）	19
ゴルカル会派（Fraksi Golkar）	12
開発統一党会派（Fraksi PPP）	11
アル・バンタニ会派（Fraksi Al-Bantani）	10
ABK 会派（Fraksi ABK）	9
国軍・警察会派（Fraksi TNI/Polri）	8

(注）会派（Fraksi）は、議席総数 1/10 以上の議席を獲得した政党は単独で結成できるが、それ以下の議席しか獲得していない政党からの議員は或る会派に属すか、別の議員と連合して会派を作る必要がある。アル・バンタニ会派は、民族覚醒党議員 3 名、正義統一党議員 1 名、統一党議員 1 名、インドネシア・サレカット・イスラーム党議員 1 名、マシュミ党議員 1 名、人民主権党議員 1 名、ナフダトゥール・ウマット党議員 1 名、インドネシア民主主義党議員 1 名である。ABK 会派は、国民信託党議員 6 名、正義党議員 2 名、月星党議員 1 名である。

当然，調整委員の誰もが 37 歳の女性が新州の副知事になるなどまったく思ってもいなかった。

　州知事選前のバンテン州議会議員の構成は表 6-1 の通りであり，彼が確実に影響力を行使できるのは，第 2 党で 12 議席を占めるゴルカル会派だけであった。当初，ハサンは，州知事選に出馬表明していたバンテン地方出身の大学教授ヘルマン・ハエルマン（元国家開発企画庁副長官）に対して，アトゥットと組むよう求めたが，ハエルマンは断っている。ハエルマンが断った理由は，勝敗の問題ではなく，ハサンと組むことでバンテン住民の彼への印象が悪化することを恐れたためである[8]。続いて，暫定州知事ハカムディンやマウラナ・ユスフ軍分区元司令官アンピ・タヌジワといった非バンテン出身者を州知事に据えることも考えたようである。彼らは非バンテン人ということで，州知事になってもハサンが影響力を持ち続ける上では好都合だからである。しかし，政党に基盤がないので州知事選で負ける可能性が高かった。ハサンにとって脅威なのはバンテン州議会で 19 議席を持つ第 1 党の闘争民主党であった。ハサンは，ルル・カキンなど彼の配下のものを同党州支部の幹部として送り込むことには成功していたものの，同党州支部長は，ハサンとの同盟を拒否していた。州支部長は自ら副知事に立候補し，タンゲラン地区でもビジネスを展開している大企業グループ，リッポー・グループが推す人物を州知事候補に据えていた。そのため，同党は潤沢な選挙資金があり，州知事選で勝つ可能性が高まっていた。

[8]　ヘルマン・ハエルマンとのインタビュー，2003 年 8 月 11 日。

この闘争民主党の動きを警戒したハサンは，議会内多数派工作をする必要に迫られた。そして，第3党の開発統一党に近づいた。同党の州支部長でチレゴン副市長のジョコ・ムナンダールに州知事候補となるよう呼びかけたのである。野心的なジョコは勝利を確信してハサン・ソヒブの誘いに乗った[9]。ジョコは，そのことを「(ハサン・ソヒブという) 船に乗った (naik perahu)」と自ら述べている。ジョコは先述したラウィ同様，非バンテン人のジャワ出身者であったから，ハサンからすれば御しやすいということも選考基準になったであろう。

　2001年12月3日の州知事選を前に，ハサンは州議会議員を脅迫することも忘れなかった。州議会で州知事選をめぐる審議が行われている間，PPPSBBIのジャワラが会議場に入り込んで議員の意見をチェックし，議会の外では黒の上下服に山刀を携えたジャワラが「警備」に当たっていた。この時期，ジョコを支持しそうにない州議員たちは日常的に携帯電話のショート・メッセージで脅迫文を受け取っていた。そして，12月3日，ジョコ，アトゥットのペアを含めた3組の正副州知事候補への投票がバンテン州議会で行われた。その日は，山刀を携え黒服に身を固めたPPPSBBIのジャワラが州議会を「警備」し，各議員の車には2～3名のジャワラの「護衛」がついた [Abdul 2004: 95]。仮にハサンが望む候補が州知事・副知事に選ばれなかった場合には車を破壊するという明白な意思表示であった。州知事選のプロセスが不当であることを理由に1会派が投票への不参加を表明すると，「左足か右足かどっちがいい？」という脅迫が噂で広がっていった。投票しなければ左足か右足のどちらかを山刀で切り落とすぞという脅しである。

　では，こうした脅迫が飛び交うなかでの選挙結果はどうなったであろうか。各組の得票数，それぞれの候補の推薦会派や職業については表6-2にあるとおりである。ジョコ＝アトゥット組が69票中過半数を超える37票を獲得して勝利を収めた [HB 2001.12.4]。ゴルカル会派・開発統一党会派の合計23票に加えて，国軍・警察会派8票，ABK会派9票中数票，アル・バンタニ会派10票中数票がジョコ＝アトゥット組に流れたためである。闘争民主党は結束を保ったが勝てなかった[10]。議会で要職を握る議員には約5億ルピア，一般の議員に対しては約2～3億ルピアが手渡されたようである。審議中，カネに物を言わせるべく，ハサンは闘争民主党の議員たちに向かって本物のルピア札をばらま

---

　9) ヘルマン・ハエルマンとのインタビュー，2003年8月11日。
　10) ママス・ハエルディン (闘争民主党・バンテン州支部長) とのインタビュー，2004年4月1日。

表 6-2 バンテン州知事選の結果

No	州知事候補（下段：職業）	副知事候補（下段：職業）	推薦会派	得票数
1	ジョコ・ムナンダール（チレゴン市副市長）	アトゥット・ホシャ（土建業社社長）	開発統一会派＋ゴルカル会派	37
2	アチェ・スハエディ・マドゥスピ（リッポー・グループ企業社長）	Tb・ママス・ハエルディン（闘争民主党バンテン州支部長）	闘争民主党会派	23
3	ヘルマン・ハエルマン（ボゴール農科大学教授）	アデ・スディルマン（外務省幹部）	アル・バンタニ会派	5
	棄権			4
	合計			69

出所：*HB* より筆者作成

いたという。資金力を見せつけると同時にアトゥットを支持すれば金が手に入ることを示すためであった［Abdul 2004: 93-96］。ジョコ＝アトゥット組が勝利することができた要因は，買票，ジャワラの脅迫に加え，国軍・警察会派，ABK 会派，アル・バンタニ会派にもハサンが世話した人物や PPPSBBI 関係者がいて影響力を行使できたことであろう。ただ，こうした工作にもかかわらず，また，彼の配下が潜り込んでいたにもかかわらず，闘争民主党が結束を保ったことからも分かるように，ハサンの政治権力は盤石ではなく，反対派勢力も侮れなかった。

② 州開発行政・人事

　州副知事に娘を据え，州知事には御しやすいジャワ生まれのジョコを押し込んだ後，ハサンにとって重要になってくるのは，いかにして自治体リソースを恒常的・安定的に分捕り続けるかであった。地方分権化が始まり，ドナーなどの支援もあって地方レベルでのグッド・ガバナンスの実現が声高に要求されるようになると，自治体行政側はできるだけ地域住民のニーズに応じた，そして地域特性に適した開発計画を作成するために，地域住民を巻き込んだ形で，つまり住民参加型の開発計画を策定することが要求されるようになった。そして，それに基づいて予算を執行することが求められるようになった。開発計画文書としては，自治体の長期的方向性を提示する基本構想，構想をより具体化して自治体の運営方針を提示した地域開発プログラム（5 カ年），自治体行政が

実施すべき開発計画を文書化した戦略計画（5 カ年），年間地域開発計画などがある。とりわけ基本構想や地域開発プログラムは，自治体政府のみならず地域住民，企業なども参加して実現すべき目標を含んでいることから，開発計画作成に当たって地域住民や企業の代表が参加する機会が与えられることになる。住民代表といえばバンテンの名望家であるハサンははずせない。グッド・ガバナンスの文脈で語られる住民参加型開発計画策定というのは，皮肉にも，ハサンにとって存在感を見せつける格好の機会となったのである。

基本構想作成に当たり，州議会の基本構想策定特別委員会は公聴会を開いた。企業からはクラカタウ製鉄所社長，チレゴン地区港湾会社社長，地域住民代表としてはバンテン開発戦略研究所代表（LPSB）（NGO 代表），そして商工会議所・州支部長のハサンなどが招待された。公聴会の開始予定時刻は午前9時であった。ジャワラを連れたハサンが現れたのは1時間後の10時であり，彼が会議室に入ると全委員は総立ちで彼の着席を待った。着席後，発言の機会が与えられると，ハサンは80分間，誰からも止められることなく，道路や州庁舎建設の必要性を訴え，州警察署の設置を要求すべきだと強く主張した。後知恵的に考えればこの発言は，彼の企業がバンテン州の道路整備を行い，用地買収を行った上で州議会・州庁舎を建設し，州警察署を建設するという意思表明であったと言える[11]。

その後，州政府の重要な政策決定過程は彼の影響力抜きには進まなくなっていった。正義党出身の州議会 A 委員会副委員長は，外部勢力，つまりハサンを恐れるあまり，「州議会の本議会で合意に達していても，州政府はいつも政策決定するのを怯えているように見える」と述べている [*Mimbar Daerah 2003 (3)*]。また，州政府が何らかの政策を決定する場合，「ラウが合意するのを待つだけだ」という言葉が州政府の高官によって頻繁に語られるようになった [*Sinar Harapan*（以下，SH) 2002.12.27]。「ラウ」とはセラン県最大の市場名であり，ハサンが率いる一連の同業者連合，企業が集まるコンプレクスがその市場に隣接しているために，「ラウ」がハサン・ソヒブ・グループの換喩となっているのである。この発言からも，ハサン・ソヒブがどれほど州政府に影響力を行使できているかを窺い知ることができる。彼のような「圧倒的な社会勢力」（州開発企画庁長官）の存在を非難する声に対してハサン・ソヒブは次のように

---

11) イワン・ハムダン（NGO・バンテン開発戦略研究所代表）とのインタビュー，2003 年 8 月 19 日。

反論している。「民主主義国家にあって社会勢力があっても問題はない，共産国家ではないのだから。……現在の新しいパラダイムのもとでは市民は力を持たねばならない」[HB 2002.7.2]。ハサンは一市民であり，軍人ではないから影響力を持っていても何ら問題はないという主張である。しかし，軍が政治権力を握る権威主義体制が問題なのは，軍の持つ武力であり，それゆえに政治的自由を封殺しうるからである。その論理からすれば，社会勢力といえどもラウ・グループのように暴力と脅迫を武器に他者の政治的自由を奪って権力を掌握する勢力は認めがたいはずである。しかし，彼の主張にはそうした発想は皆無である。彼にとって，ラウ・グループは確固たる市民集団であり，エンパワーされるべき社会勢力なのである。

ハサンがこれほど影響力を行使できるのは経済・社会・文化的に彼の影響力が濃厚であること，娘が副知事であることだけでなく，配下の者が州の正規職員，非常勤職員として勤務しており，州の政策についての情報が非公式なネットワークを通じて即座に彼に集まるからである [SH 2002.12.27]。そして，彼が気に入らなければ，州の官僚とて首をすげ替えられた。その典型は，州行政トップの官房長官アイップ・ムフリフの更迭であった。アイップは，2001 年 3 月に内務省から派遣されて州官房長官に着任した。彼は，「ラウ」詣でを拒んだため，翌年にはアトゥットにより更迭された [HB 2002.5.23; 2002.7.9; FB 2002.7.9]。州人事にも彼の影響力は及んだのである。

③ 州開発予算

彼の政策決定への影響力の強さは予算配分に濃厚に現れており，ある州議会議員によれば州開発予算の 60％以上，5 億ルピア以上のプロジェクトについては彼の支配下にある状況であり，入札はまともに行われていなかった[12]。ハサン自身，悪びれることなく，彼のシナル・チオマス社自体は 100 億ルピア以上のみの案件を引き受け，それ以下の案件については彼の配下の業者に請け負わせると述べている [*Mimbar Daerah* 2003 (2)]。一般にはインフラ関連の案件で

---

12) 州議会 ABK 会派会議員とのインタビュー，2003 年 12 月 27 日。また，ゴルカル会派の国会議員イルシャド・ジュワエリが，公開入札が行われていない案件があることを非難したとき，ハサン・ソヒブは「州政府の開発プロジェクトを公開入札にしてしまえば，地元の実業家が何の分け前ももらえなくなってしまう」と述べて，公開入札が必ずしも行われていないことを，地元の業者の利益を守るためとして正当化している [HB 2002.6.19]。彼にとって地元の業者とは彼の配下にある者たちの業者に他ならないであろう。

あれば,建設業発展委員会 (LPJK)・州支部,商工会議所・州支部,土建業者連合・州支部がそれぞれ案件額の2%をもらい受けることになった。また,例えばハサンのシナル・チオマス社が案件発注を受けた場合,同社が案件額の10%を抜いて下請け業者に流し,その下請け業者が10%を抜いて孫請け業者に出し,さらには孫請け業者が10%を抜いて曾孫請け業者に流し,その業者が10%を取得した上で案件を実施するというピンハネの構図さえ生まれていた[13]。

さらに,彼や一族の企業が直接引き受けた案件では不適正さが目立った。例えば,2002年度予算で,彼の率いる不動産会社バハトゥラ・バンテン・ジャヤ社がバンテン州庁舎建設用地買収を引き受け,その後もバンテン州高等裁判所建設用地,バンテン州警察署建設用地の買収を引き受けた。いずれも通常地価よりも高い価格で州政府は同社から土地を買い上げた。バンテン州庁舎建設用地買収については,約60ヘクタールの予定地のうち57ヘクタールを州政府がハサンから買い受けた。さらに,2006年に残りの2.8ヘクタールをハサンから買い受けることになった。そのときの買い上げ価格は前年度の地価である1平方メートルあたり約150,000ルピアから473,000ルピアに跳ね上がった [SH 2006.6.12]。

州警察署建設用地買収についてもマークアップの可能性が会計監査院によって指摘された。約11ヘクタールの建設用地のうち約6.14ヘクタールをハサンが所有しており,州警察署建設は彼の所有するシナル・チオマス社が請け負うことが決まっていた。建設用地のある郡の郡長によると,市場価格は1平方メートルあたり約200,000ルピアであるところ,今回の用地買収価格は231,500ルピアであった。その結果,州政府が約34.5億ルピアを余分に負担していることになり,癒着の可能性があると会計監査院は指摘している [BPK 2006: 23-24]。しかし,その後,警察も検察も何らの対応をしていない。

2003年7月,ハサンの所有するシナル・チオマス社がバンテン州議会建設案件を落札した。州政府との契約では625億ルピアで翌年9月に建設終了することになっていた。しかしながら,シナル・チオマス社は予定工期内に建設を終了できず,工期延長を繰り返して総額1,000億ルピアを超える事業費で2007年にようやく建設を終えた。それでも,州議会建物は手抜き工事の可能性が指摘されている。

---

13) アンビ・タスジワ (2003年12月4日),ヤヤ・スハルトノ (福祉正義党党員) (同年12月27日) とのインタビュー。

彼の妻が所有する企業が2002年度の州水産・漁業局による漁船2隻・視察船1隻購入案件を獲得した。予算上は新造船購入であったが実際に購入されたのは3隻とも中古船であることが判明した。いずれの案件についても，NGO，州議会の正義党員や政敵が取り上げたり，州警察署が捜査を行ったりしたものの，すべてうやむやのまま終わっている[14]。

④おごれるハサン，PPPSBBI
　こうしたラウ・グループの一人勝ちのような状況のなかで，ハサン自身，自らがバンテン州において圧倒的影響力があることを認めている。あるタブロイドの記者が，ハサンに対して「バンテンでは州総督と呼ばれているそうですが」と尋ねると，彼は「そう思われても構わない。実際，私は総督である。バンテン住民のための総督である。それなら，任務を全うしない州知事よりも良いであろう」と返答した。総督とはオランダ植民地時代に東インドを統治したオランダ人最高責任者のことであり，彼はためらいもなく自らを総督になぞらえたのである。また，「バンテンでジョコ州知事が誤った指導をしたら，私が正す。私のおかげで州知事になったから，私がジョコの面倒をみる」とも述べて，州知事を監督する意図を明確にし，「1968年から私はバンテンのために闘ってきた。バンテン住民の中で私が特別な地位にあっても当然であろう」と述べて，彼がバンテン州において圧倒的影響力があることを正当化しており［*Mimbar Daerah* 2003 (2)］，権力の絶頂にある驕慢が透けて見える。PPPSBBI幹部の間にもそうした驕慢の態度は窺えた。ジャワラたちには驕慢さが常に見て取れるが，改革以後，さらにその性格が強まったのかもしれない。先にも少し触れた筆者の経験を紹介しよう。独立記念日に当たる2003年8月17日夜7時，筆者はPPPSBBIセラン県支部が主催する催事「パブアラン郡における顔役及び青年とルトゥン・カサルン道場との交流会」に参加した。PPPSBBIの構成団体である拳術道場がその道場のあるパブアラン郡の顔役と青年を招待する形で開

---

14) バンテン州政府に関わる汚職については，タンゲランを除くバンテン州に販路を持たないシナル・ハラパン紙の記事が優れており，これらの事例についても主に同紙に依拠した。バンテン州担当は，イマン・ヌル・ロシャディと言い，父親が有力ジャワラであるために，ある程度自由に記事が書けている。また，バンテン州の汚職を追求する目的で誕生した「バンテン汚職ウォッチ」（Banten Corruption Watch）がブログ（http://bcwbanten.blogspot.com/）を持っており，そこにもバンテン州の汚職に関する記事が載せられていた。インターネット上でのラウ・グループの汚職疑惑への批判については比較的自由であった。

第6章　州「総督」と呼ばれる男　133

催した独立記念日の催し物である。まずは道場主であり PPPSBBI セラン県支部長のウチ・サヌシが開会の挨拶を行った。挨拶において，ウチ・サヌシは，郡長や村長などの自治体関係者や警察関係者が出席していないことを公然と非難し，後日，直接，彼らをなじってやると発言した。

続いて地元顔役の挨拶が続き，それから，PPPSBBI の支援で昼間に行われた少年らによるサッカー大会の勝利チームにトロフィーと賞品が送られた。続いて，筆者が日本からジャワラ文化を学びに訪れた研究者として舞台に立たされ，記念品交換会が行われた（写真4-8参照）。筆者がたまたま持ち合わせた「新撰組」と書かれた鉢巻きをウチ・サヌシに贈呈し，筆者が PPPSBBI の黒い制服とバッジを受け取った。そのあと，ウチ・サヌシは次のように語った。「今，ここでこの日本の客人は，今度，我が PPPSBBI のメンバーを日本に招請するといってくれた！」それを聞いた聴衆は大いに盛り上がった。しかし，筆者自身はまったくそのような発言はしていない。その後，同道場の生徒や先生によって拳術の型や，先述の山刀を体に強く押し当てても平気であることをみせるデブスと呼ばれる技の披露が行われた。最後に，ダンドゥット歌手による歌と踊りがあった。ダンドゥットというのは，インドネシア独自の音楽スタイルでムード歌謡のような音感があり，舞台によっては女性歌手がエロティックな踊りを披露することがある。今回もそうしたエロティックな踊りが子供も含めた聴衆の前で披露されていた。

筆者が舞台の最前列の特等席でこの歌と踊りを鑑賞していたところ，ウチ・サヌシやその部下のサントソが筆者に対し舞台に上がって踊るように要請してきた。最初は丁寧に断ったが，要請を拒否していると，彼らの表情が次第に険しくなり，拒否することができなくなったため，ダンドゥット歌手とともに腰をくねらせて踊るはめになった。この一連の催事が行われている間，PPPSBBI 自身が借り上げた大型のビデオカメラが回っており，一部始終を録画していた。そのカメラについてウチ・サヌシの部下の1人は，「誰も分からないから，SCTI［インドネシアの有力民放の一つ］が取材に来ているといっておけ」と言い放っていた。

この事例からいくつかのことが分かる。まず，自治体関係者や警察関係者が出席していないことをウチ・サヌシが非難したとき，そこで重要なことは，実際に彼らが出席していないことではない。むしろ，PPPSBBI は国家機構の構成員を表だって非難できる（だけの力をもつ）ことを聴衆に示すことであった。

次に，PPPSBBIメンバーは日本に招請されると勝手に言ってみたり，SCTIが取材に来ていると言ってみたりする点を見てみれば，自分たちのイメージ向上につながる限りはその場限りの嘘をつくことに何の躊躇もない。また一般住民を愚民視しているとも言える。

三つ目に，筆者を無理に踊らせたことから分かるように，平然と好意の押しつけを行い，それを相手が拒否すれば不愉快な対応をとる。かといって，安易に好意を引き受ければ，後でそのつけを払わされることになる。あるNGOメンバーが（PPPSBBIメンバーから）「寄付を受け取るのが怖い」（"Takut disumbang"）と述べたことがあるが，それは，好意と思って受け取ってみたものの，その後，そのことを理由として彼らが恩を着せてくることが怖いからである。

第3節　国家的正義，そして中央政界との関係 ── 不安定な同盟

ラウ・グループが社会政治的にバンテン州において圧倒的に影響力を持ち続ける上で重要であったのは，ジャワラの持つ暴力と暴力による威圧だけではない。国家的正義を体現する国軍，警察，司法装置との関係構築，そして，中央政界とネットワークをどのように作り上げて維持していくのかもきわめて重要であった。PPPSBBIとて，国家権力と徹底的に対峙すれば，国家の暴力装置に弱体化させられてしまう。それゆえ，国軍，警察，そして司法装置といった国家的正義を体現する組織と友好関係を維持する立場はスハルト体制時代から大きく変わっていない。国軍との関係では，第4章で述べたように，1981年からセラン県に駐屯している陸軍特殊部隊第1グループとの関係は継続しており，ハサンの警護役に現役の特殊部隊の隊員がいたし，第1グループ司令官に貢ぐことも忘れなかった[15]。

特殊部隊との関係では非常に興味深いエピソードがある。アトゥットが2006年に州知事に就任する直前，着任したばかりの第1グループ長が，武装車でラウ・グループの本拠地を訪れて，ハサンを指さしながら「今後はおまえ

---

15) 若手政治家とのインタビュー，2009年3月22日。

の思ったとおりにはさせない」と怒鳴りつけるという事件があった。このグループ長は 2001 年にメガワティ大統領がセランを訪れたときの式典の責任者であった。そのとき，彼はハサンの席をメガワティと同列に配置しなかった。そのことがハサンの逆鱗に触れ，ハサンは当時の第 1 グループ長に対して，この対応について抗議をした。彼はこの事件により恥をかき，ハサンに個人的に遺恨を抱いていた。それゆえ，2006 年にハサンを怒鳴りつけたのである。当然，ハサンは黙っておらず，即座に特殊部隊司令官に連絡を取り，着任後 1 週間で第 1 グループ長を人事異動させた。ハサンが特殊部隊と深い関係を持っていたからこそ，可能なことであった[16]。

　また，民主化以後，国軍から分離して国内治安の主体に躍り出ることで急速に台頭を始めた警察との関係も強い。例えば，2001 年 8 月には，ハサンは「警察は人民の敵ではなくて，人民の子供である」と述べて，PPPSBBI がバンテン地区警察の警察官 60 名への「内なる力」の指導を行っている［HB 2001.8.3］。まだバンテン州が西ジャワ州警察の管轄下にあった 2002 年 12 月には，「西ジャワ州警察長官，ウラマー，役人，そして拳術家による交流会」を催してハサンが州警察長官ダダン・ガルニダを PPPSBBI メンバーに迎え入れた［HB 2002.11.21］[17]。検察との関係構築も忘れてはいない。2003 年 3 月にバンテン州新設を受けてバンテン州検察庁の庁舎が建設されたときには，最高検察庁長官 MA・ラフマンも落成式に駆けつけた。その式において，ハサンは，ラフマンを PPPSBBI の名誉理事に就けて，PPPSBBI の黒い制服を着せて PPPSBBI の記章を贈呈した［PR 2003.3.19］。検察庁長官もまた PPPSBBI の仲間であり，ハサンの同志であることを象徴的に示そうとする演出であった。国家警察長官ダイ・バフティアルも同様に名誉理事に就いている［Lili Romli 2007: 237-238］。

　中央政界との関係では，ハサンがスハルト体制時代に構築したゴルカルとのネットワークが最も強い。ハサンと強いつながりのあったアクバル・タンジュンが 2004 年の党総裁選に破れて副大統領ユスフ・カラが党総裁に就任すると，今度は副州知事から知事代行に昇格していたハサンの娘アトゥットが党本部財務副部長に就任することでユスフ・カラとの関係強化に成功した。ただし，複数の政党が割拠している状況にあって，一党だけに支持を集中することは危険

---

16) 若手政治家とのインタビュー，2009 年 3 月 22 日。
17) バンテン州警察が西ジャワ州警察から正式に分離して誕生するのは，2004 年 1 月 16 日。

であることはハサンも承知している。とりわけ，2001年からメガワティ党首が大統領であり，同年の州知事選ではアトゥットを支持しなかった闘争民主党との関係構築は不可欠であった。2000年にはアチェン・イスハックやルル・カキンといったハサンの腹心たちは同党員として送り込まれていた[18]。さらに，メガワティ大統領によるバンテン北部のボジョヌゴロ港視察に際しては，PPPSBBI構成員を動員してメガワティの警備に当たったし，メガワティの夫であり，闘争民主党内できわめて強い影響力を持つタウフィック・キーマスにも象徴的にPPPSBBIの黒い制服を着せて名誉理事とした。さらには，メガワティの弟グル・スカルノプトゥラも名誉理事に据えた［Gatra 2004.2.21］。PPPSBBIは文化団体，あるいは社会団体であり，党派を超えてバンテン文化を代表する組織として振る舞うことが可能であり，ハサンにとって関係構築の重要なツールであった。

　地方首長選でも，ハサンの超党派性は現れている。地方首長公選制の導入される前の2003年，ルバック県議会が行った県知事選では，闘争民主党の推薦を受けたムルヤディ・ジャジャバヤが1票差で当時の現職を破り，ルバック県知事に当選した。当選に当たっては，父親が懇意にしていたハサンから35億ルピアともいわれる資金援助を受けていた[19]。

　こうしたネットワークを持っていても，ハサンの覇権には不確定要素があった。そもそも国軍幹部にしても警察幹部にしても，ハサンとて所詮はジャワラに過ぎず，失墜を図ることはたやすいと考えていた。アンピ・タヌジワ（マウラナ・ユスフ軍分区元司令官）やバンテン州警の公安幹部と話したとき，彼らの話しぶりは，ハサンの政治経済的影響力は認めつつ，その骨抜きは容易であるという雰囲気を濃厚に漂わすものであった。公権力，とりわけ暴力装置を握る人間からすれば，ジャワラという私的暴力の所有者たちは格下であるという組織文化由来の意識があるのは当然であろう。実際，ラウ・グループの利権独占が目に余り，国軍や警察にも反感をもつ者が現れた。2004年には，PPPSBBI構成員がラウ市場で陸軍特殊部隊員によって真っ裸にされる事件が起きたが，それは，特殊部隊の中にもハサンの支配に反感を持つものがいることを示す象徴的な事件であった[20]。

---

18) アチェン・イスハックとのインタビュー，2004年4月1日。
19) 資金援助については，関係者とのインタビュー，2004年3月9日。
20) アチェ・ハサン・シャツィリ（バンテン州出身ゴルカル党若手幹部）とのインタビュー，2003

こうした一時的な反発だけでなく，もう少し組織的にハサンに対抗する動きも起きた。先頭に立ったのは，かつてハサンに世話になった元陸軍特殊部隊員タウフィック・ヌリマンであった。彼は，セラン県副知事に就任すると，ハサンがバンテン州政やセラン県政に強い影響力を及ぼしていることを痛感し，次第に反感を募らせた。そして，2002年6月にラウ・グループを批判する名望家250名あまりが発足させた「バンテン社会協議会」(M3B) では，そのリーダー格の1人となって「(州政府の) 背後にいる勢力」(kekuatan tersembunyi) を批判した [FB 2002.6.20 (1)(2)(3); HB 2002.6.20]。この「背後にいる勢力」とは明らかにハサン・ソヒブ，そして彼の率いるラウ・グループを指していた。

　バンテン社会協議会の発足式に当たっては，ラウ・グループと対立している拳術家組織のTTKKDH[21]構成員200名が警備に当たった [FB 2002.6.20 (1)]。ヌリマンがTTKKDHを動員できたのは，彼が同組織の後援者だったからである。ヌリマンは，このバンテン社会協議会の発足式で間接的とはいえ誰でも分かるようにラウ・グループを批判した。それを聞いたハサンが「受けて立とう」("Saya siap menghadapi mereka") [FB 2002.6.20 (1)] と息巻いたことから，バンテン社会協議会メンバーとラウ・グループの関係は急速に悪化していった。2002年9月頃，アンピ・タヌジワ退役少将が仲裁に乗り出し，彼の立ち会いで両者間の話し合いが持たれた。その際，ラウ・グループが黒服を身にまとったジャワラを引き連れてきたのは当然としても，バンテン社会協議会もまた黒服を身にまとった拳術家組織TTKKDHの構成員を連れてその会談に望むという緊張感のある話し合いであった [FB 2002.9.20][22]。ハサンは，ヌリマンがTTKKDHを動員したことに憤り，TTKKDH別働隊を作り上げた。結局，この対立は曖昧なままに終わり，ラウ・グループの優位は崩れなかった。しかし，ハサンにすれば，より多くのバンテンの地方エリートに利益分配の機会を与える必要性を痛感させる事件であった。

　　年12月6日。関係者とのインタビュー，2004年3月9日。
21) TTKKDHとは，チマンデ流の拳術を教える道場である。2002年5月頃，ママン・リザル（ゴルカル党セラン県議会議員）が総裁職をはずされた後もその地位を譲ろうとせず，二派の組織内対立が起きていた。そして，ママン・リザル系のTTKKDHが，ハサンによるバンテン州官房長官アイプ更迭の試みを批判するなどハサンと対立していた [HB 2002.5.20; 2002.5.23]。
22) イワン・ハムダンとのインタビュー，2003年8月19日。

第 4 節　バンテン社会の他のアクターたち

　この節では，ハサンとバンテン社会の有力な政治アクターである県・市の首長や広い意味での市民社会勢力との関係を見ていくことにする。ハサンは，バンテン州での政治経済的優位を保つために，こうしたアクターを取り込むか，統制していった。

①県知事，市長

　地方行政の基本的枠組みを定めた 1999 年第 22 号法では，スハルト時代に存在した州と県・市の間のヒエラルキー的関係をなくし，州と県・市に地方自治体として同等の位置づけを与えた。そして，地方自治体としての州は，県や市の境界事項に関する行政権限及びその他特定の行政分野での権限及び県や市が遂行できない，あるいは，まだ遂行していない権限のみを有することになったことはすでに述べた。この規定によって，県知事や市長のなかには州知事の意向を無視して県政，市政を展開するものが全国各地で現れた。そして，バンテン州のような新州の場合，州の行政機構ができたばかりで県行政や市行政と比べて整備が進んでおらず，州知事の権威は弱かったからなおさら州知事の方針に従う傾向が弱くなりやすかった。

　こうした制度設計もあって，ハサンが支持するジョコ州知事，アトゥット副州知事体制に対して州内の県知事や市長にはあからさまに不満を持つ者もいた。その典型がタンゲラン県知事イスメット・イスカンダール（2003 年～2013 年）（写真 6-1），タンゲラン市長ワヒディン・ハリム（2003 年～2013 年）（写真 6-2）であった。イスメットはハサンのお墨付きもあって県知事当選を果たした人物であり，県知事選ではハサンのジャワラたちがイスメットの警備に当たっていた［FB 2003.1.6］[23]。しかし，徐々に反ハサンの姿勢を明瞭にしていった。バンテン州の人口の約半数を有し，工場地帯としてバンテン州の経済成長を支えているタンゲラン地方を治めるイスメットにしてもワヒディンにしても，バンテン州を財政的に支えているのはタンゲラン地区であるという自負がある。そも

23）アチェ・ハサン・シャヅィリとのインタビュー，2003 年 12 月 6 日。

そもタンゲラン県・市は、首都ジャカルタのベッドタウンであり、多様なエスニック集団が居住していて、2000年の国勢調査でバンテン人であると自己認識しているのはそれぞれ約15％、約10％にすぎない。それもあって、先述したようにタンゲランのエリートの間ではバンテン州に組み入れられることに反対の声すらあった。タンゲラン県・市はバンテン州に入るにあたり、議会議員及び州公務員の半数を選出する権利を得ていたものの、バンテン州に組み入れられると、ラウ・グループが州予算も人事も牛耳ったことから不満は募っていった。その結果、イスメットは、西ジャワ州のブカシ県やデポック市を巻き込んで新州を作ろうとする動きの旗振り役にさえなった[24]。タンゲラン県や市の有権者にはハサン・ソヒブの覇権に不満を抱く者もいたが、多様なエスニック集団、社会階層集団からなるためにまとまりに欠け、新州設立運動はまったく盛り上がらなかった。ブカシ県やデポック市からも新州に合流する動きはまったく盛り上がらなかった。

　バンテン州をさらに細分化するという地域主義そのものは失敗に終わったものの、イスメットもワヒディンもタンゲラン県・市においてはラウ・グループの影響を排除して自らの政治経済的基盤作りに努めた。官僚出身のイスメットは息子アフメド・ザキ・イスカンダールを商工会議所・県支部長、ゴルカル県支部長に据えて県政の家産化を強めた。一方、キャリア外交官から外相に上り詰めたハサン・ウィラユダを兄に持つワヒディン・ハリムは、インドネシア大学を卒業して24歳で村長に選ばれた後、タンゲラン県官僚として郡長、官房長を経て市長に上り詰めた人物である。イスラーム説経ができるほど敬虔なムスリムであり、インドネシア拳術の知識もある。

　市長就任後は同市に多く住む華人との共存を強調しつつ、イスラーム的観点に基づく行政や教育の推進を図った[25]。また、土・日は自宅をオープン・ハウスとして地域住民との対話を促進し、携帯電話メッセージ（SMS）による住民

---

24) イスメット・イスカンダール（タンゲラン県知事）とのインタビュー、2008年1月29日。
25) ワヒディンの行政改革は次のように広範である。局長、プロジェクト・リーダーとの「責任契約」、毎月曜日、局長やプロジェクト・リーダーの成果報告、市長、副市長によるプロジェクトの直接視察、歳出監視、プロジェクトのパフォーマンス評価、業績の高い公務員：タンゲラン市誕生記念日などに表彰、「責任契約違反者」：降格などの制裁、教育重視：自治体予算の39％充当、214校建設プロジェクト（2005年3月〜）、社会保障政策：貧困者の医療無料化、公衆衛生政策：デング熱対策（40億ルピア）→デング熱防止運動（登校時と夕方に防蚊薬を噴霧・設置）、ワン・ストップ・サービス導入。

写真 6-1　イスメット・イスカンダール

写真 6-2　ワヒディン・ハリム

第 6 章　州「総督」と呼ばれる男

からの直接的意見聞き取りを行うなどポピュリスト的政策も推進したことから，地域住民の広範な支持を得ていた。2005年にはイスラーム法のニュアンスがある反売春条例を公布して，敬虔なムスリムとして統治をするスタンスを打ち出していた[26]。彼からすれば，ジャワラが支配するバンテン州政というのは到底受け入れがたいことであった。

　パンデグラン県知事ディミヤティ・ナタクスマ（2000～2008年）（写真6-3）は，バンテンの有力なウラマーを父親に持つ。父親はスハルト体制時代から野党，開発統一党の幹部であり，ディミヤティ自身も開発統一党から推薦を受けて県知事当選を果たした。2000年に当選したときのディミヤティの年齢はわずか34歳であった。その後，県議会を抑え込み，県行政を完全に統制下に置いて権勢を誇った[27]。県の官僚はディミヤティ施政を批判すればポストを外されることを恐れて黙従した。県政での地盤を武器にして，彼はラウ・グループとも張り合う姿勢を見せた。きっかけは，パンデグラン県ラブアン郡カラン・サリ村にある約2.2万ヘクタールの土地売買問題であった。2001年6月，その土地の所有者オモ・スダルマに対し，ハサン・ソヒブが12億ルピアで買い上げを提案したところ，オモが同意したことから，同年8月に公証人を介して両者間で売買契約が成立した。それにパンデグラン県が抗議をした。パンデグラン県は，すでにその大部分の土地をオモから買い上げる約束を取り付けており，オモが第3者のハサン・ソヒブに勝手に売り渡すことは認められないとした。

26) この条例は次のような内容になっている。「誰であれ，その振る舞いや行動が疑わしく，彼・彼女／彼らは売春夫・婦であるという判断をもたせるような者は，次の場所にいてはならない：一般道，広場，宿泊所・ロスメン・ホテル・下宿・住居・賃貸家屋・喫茶店・遊び場・映画館，道の隅，あるいは，細い道その他。」「誰であれ，一般的な場所や公衆の前でセックスにつながるようないちゃつき，抱擁，キスをしてはいけない。」誰がどのようにして監視するのか，具体的にどのように制裁を科すのか，明確な基準は設定できるのかなど問題は多く，象徴的な意味しか持っていない。

27) 2004月11月頃，妻と2人の子供を持つディミヤティが16歳の女子高生チアリーダーのシンタと付き合っているという話が人口に膾炙した。シンタによれば，2003年8月頃，バスケットボールに興じる彼女をディミヤティが見初めてから付き合いが始まった。ディミヤティは結婚すると甘言を弄して西ジャカルタのチトラランド・ホテルで手籠めにしたという。手籠めにされながら結婚話は流れてディミヤティに捨てられたことに憤ったシンタは，地元NGOに相談しにいった。その相談の様子を録画した隠しビデオが2004年6月頃にVCDとして広まり，全国メディアでも取り上げられた。ディミヤティはシンタとの関係を否定して，VCDを上映したNGO活動家チェチェップ，そしてシンタを名誉毀損で訴えた。パンデグラン県裁判所は，ディミヤティの訴えを聞き入れてチェチェップに禁固1年半の求刑を下した。およそ県裁判所であれば，ディミヤティに逆らうはずもないことからすれば勝訴は当然であった。

写真6-3　ディミヤティ・ナタクスマ

写真6-4　アアート・シャファート

第6章　州「総督」と呼ばれる男 | 143

しかし，オモからパンデグラン県に土地証書が移転しているかどうかが曖昧であり，オモは土地税を支払い続けていた。それぞれの主張が食い違ったことから，パンデグラン県知事ディミヤティ，オモ，ハサンの間で訴訟が起きた。そして，ディミヤティとハサン・ソヒブの間で緊張関係が高まった。

　ディミヤティはこの土地問題が裁判だけで決着がつくとは思っておらず，実効支配に乗り出した。ディミヤティも支持して 98 年 7 月 8 日に発足したジャワラ組織「全バンテン人潜在能力領導会」(BPPKB，以下，領導会) (後述) 構成員を係争地に送り込んで警備をさせた。当然，ハサン・ソヒブも黙っていなかった。2002 年 1 月，ハサンはディミヤティが領導会構成員を配置したことに対して次のように強い批判の言葉を浴びせた。「こちらにも兵隊 (pasukan) はいる。私自身はともかく，現場にいる連中はどうするか分からない。親分が辱めを受ければ，子分たちがどうするか，そんなことぐらい分かっているだろう」[HB 2002.1.5]。

　ジャワラの動員がかけられて緊張感がさらに高まった後，この対立は奇妙な形で帰結を迎えた。突如，セランとパンデグランを結ぶ州道整備計画が 51.4 億ルピアの州公共事業局プロジェクトとなり，その州道の予定地に位置しないにもかかわらずカラン・サリの係争地は 35 億ルピアで接収されることになった。そのために州からパンデグラン県の口座に 35 億ルピアが振り込まれた。そして，パンデグラン県側はハサンに対してその 35 億ルピアを接収費用として支払った。その後，バンテン州官房長官は数度にわたって県知事にこの 35 億ルピアの返還要求を出していることから，県予算が州道整備の土地接収に当てられた形となっている。県にすぐに使える予算がなかったことから，県知事は，とりあえず州予算から接収費を捻出してもらい，後で県予算を組んで州に返却するつもりだったと思われる。実際，県知事はカラン・サリの土地買収を予算化しようとしているものの，結局，実現せずに終わっている。

　そして，この州道整備計画は架空プロジェクトであったことが分かっている。結局，この係争で得をしたのはハサン・ソヒブであった。彼は 12 億ルピアで買い取った土地を 1 年後に 35 億ルピアで売り払って大儲けをしたのである。架空プロジェクト絡みであることから，一連の取引は汚職の可能性が高く，この取引に関与した州知事，県知事，ハサンに対して NGO などから強い非難の声が上がったが，問題解決には至らなかった。この係争を契機にディミヤティはハサンと関係を強めていった。

チレゴン市長アアート・シャファート（2000～2010年）（写真6-4）は先述のように魚売り，村長から市長に上り詰めた人物であり，彼もまたハサン・ソヒブに育てられたジャワラである。チレゴン有数の実業家サム・ラフマットが彼を資金的に支えた。サムは，90年代から鉱山開発を始めて，クラカタウ製鉄所が位置するチレゴン市の経済開発とともに自らのビジネス・グループ，「黒真珠グループ」を発展させることに成功した。2000年代半ばには同グループは13社の企業を傘下に抱えるまでに成長している。2005年にはサムが商工会議所・チレゴン支部長となって実業界を統制下に置いた。サムと連合を組みながら，アアートは息子のイマン・アリヤディをゴルカル党からバンテン州議会議員とすることに成功した。
　彼もまたハサンが州の政治経済を牛耳っている状態に対して不満を抱いており，バンテン州における「別の勢力の影」（Bayang-bayang kekuatan pihak lain）を問題視して，その影響力から逃れるためにバンテン州からランプン州にチレゴン市の管轄を移すような提案までした［FB 2003.1.9］。また，「バンテン州の政策のほぼすべてはハサン・ソヒブの影響下にある。……できることなら，兄貴分（kakak）（ハサン・ソヒブ―筆者注）は休みを取った方が良い。プロジェクトの実施は各々の自治体に任せればいい」とも述べている［HB 2003.1.18］。ハサンが自らとその取り巻きに州のプロジェクトを分配していることへの不満を明らかに述べてはいるが，「兄貴分」という言葉を使っていることからも分かるように，一種の敬愛の態度は保っている。
　セラン県知事エディ・ムルヤディ（2000～2005年）は，2000年の県知事選にゴルカル党から立候補したときには，必ずしもハサンが望んだ人物ではなかった［Gatra 2000.3.25: 45］。しかし，地元出身であることも手伝って，結局，ゴルカル党からの擁立が決まり警察・国軍会派の支持も受けて当選を果たした。しかし，彼自身は強い地盤をセラン県に有するわけではなく，県知事にはなったものの，ハサンの政治経済的影響下で身動きが取れなくなった。ムルヤディと組んで副県知事となったヌリマンは，ムルヤディの弱腰な姿勢に不満を抱いて，上述のようにバンテン社会協議会で主導的立場に立つものの，ハサンの優位を崩すには至らなかった。
　こうしてハサン・ソヒブと彼の取り巻きがバンテン州を支配する状況に対して不満を抱きつつも，バンテン州内の県知事，市長は有効な対抗策を打ち出せずに終わっていた。とはいえ，一度，彼らが結束してハサン・ソヒブに反旗を

翻そうとしたこともあった。それは，バンテン州が州予算を使って県や市で実施するプロジェクトをめぐるものであった。バンテン州ができてからというもの，上述のアアートの発言にもあるように州の開発プロジェクトはほぼハサンとその取り巻きが独占していた。それに反発した県知事，市長たちは，2003年度予算作成の頃から州予算の分捕りを目論み始めたのである。それが成功すれば，結果としてラウ・グループは利権を失い，その優位が弱まっていく可能性があった。州政府が各県・市で実施する開発事業の大半が県・市政府の開発計画と十分な調整を経ないまま行われていることに県・市政府は反発して，州内の県知事・市長が連合したのである。

2003年度州予算作成中の2002年12月頃，チレゴン市長アアートが第一声を上げた。彼は，次年度の州の建設プロジェクト予算の4割を県・市に完全に委ねるよう求め，それを支持する声がタンゲラン市やパンデグラン県から上がった [FB 2002.12.17; HB 2002.12.17a; b]。翌年1月9日には，アアートはチレゴン市で行われる事業でありながら州がプロジェクト・リーダーとして施工責任者まで決めてしまう州プロジェクトをすべて拒否するとした。それには，サム・ラフマット率いる商工会議所・市支部や土建業者連合・市支部など同市の実業界も全面支持に回った。1月15日になると，バンテン州内県知事・市長連絡協議会が発足した。そして，州予算の3割をフレッシュ・マネーとして県・市に配分するよう求めた。フレッシュ・マネーとは紐なし補助金のことである。紐なしであれば，州が県・市に配分する予算については，県・市が使途を自由に決定することができる。言い換えると，県知事や市長が自分の取り巻きに州のプロジェクトを実施させることができるようになる。この動きに対し，反ハサン・ソヒブ勢力であるバンテン全NGOフォーラムやバンテン州内の県・市議会代表からなるバンテン全県・市議会協議会も支持に回った。

商工会議所・バンテン州支部長アチェン・イスハックや建設業発展委員会（LPJK）・バンテン州支部長ルル・カキンなどハサン・ソヒブの取り巻きたちは当然，こうした動きに反発した。しかし，2003年2月，バンテン州知事ジョコは，2003年度予算において各県・市に一律150億ルピアをフレッシュ・マネーで配分する州知事決定を出した。さらに10月頃には，ジョコは2004年度にはフレッシュ・マネー増額の可能性を示唆さえした。この時点までは，県知事・市長たちの州政府からの予算分捕りは成功したと言える。

しかし，2004年度の州予算が決まってみるとフレッシュ・マネーはなくな

り，県・市への配分は特定用途に絞ったプロジェクトに逆戻りした。そして，州政府は，県・市が紐付きプロジェクトを嫌がるなら，その県・市にはプロジェクトを割り当てないという強気の対応に出た [*tempointeraktif* 2004.4.1]。紐付きプロジェクトであれば，2002年度予算同様，ラウ・グループがプロジェクトを請負うことができる。こうした州側の反撃に対し，県知事・市長連合は結束を保てず，その一角が崩れてしまった。ハサンのおかげでルバック県知事になったジャヤバヤは，州政府からはフレッシュ・マネーではなく，プロジェクトをもらいたいと述べたのである [SH 2004/1/20]。ジャヤバヤは明らかにハサンの立場を支持している。タンゲラン県知事イスメットやチレゴン市長アアートを中心にフレッシュ・マネー廃止に対する強い批判の声が上がったが，州政府は聞く耳を持たず，県知事・市長の反ハサン連合は失敗に終わった[28]。

②市民社会勢力

　32年間にわたるスハルト体制が崩壊して民主的・分権的な政治体制が生まれたということは，統治をめぐる大きなパラダイム転換が起きたことを意味する。というのも，そのことは，中央集権的な国家，国家の意向を社会に貫徹させる強い国家であることを放棄して，地域社会に自立的な開発のあり方を模索させる国家を志向し始めたことを意味するからである。スハルト体制崩壊前後にあっては，長期にわたる権威主義体制への反動として民主的な政治体制への希求が強かったし，東カリマンタン，リアウ，パプア（イリアン・ジャヤ）などで独立要求が沸き起こり，その他の天然資源の賦存度が高い地方からは大幅な自治権を要求する声が高まっていた。したがって，権威主義体制から振り子を180度揺らして民主的・分権的な政治体制を樹立することは理にかなった選択であったと言える。また，世界的な潮流から見ても民主化の波は押し寄せてきていたし，統治スタイルとして地方分権というのも「市民社会」の樹立による民主化の実現という視点，中央政府の財政負担軽減という視点から積極的に国際援助機関によって推進されていた。言ってみれば，民主的・分権的な政治体制は，国内的にも国際的にも最も受け入れられやすい選択肢だったと言える。そして，ジャワラにとっては非の打ち所のない政治体制であった。

　民主的・分権的な政治体制で重要な役割を果たすことを期待されているの

---

28) このフレッシュ・マネーをめぐる政治については，[Abdul Malik and Delfion Saputra eds. 2006: 46-60] が比較的よくまとまっている。ただし，ハサン・ソヒブについてはほぼ触れていない。

は，日本の例を考えてみれば分かるように，非政府団体（NGO）や非利益団体（NPO）である。NGO や NPO は政府が担い得なくなった社会サービスの提供を行うだけなく，自治体や中央政府の行政を監視し，さらには社会開発に積極的に関わっていくことが期待されている。現在のインドネシアも同様である。また，スハルト期の開発が国家による一方的な押しつけの要素が強く，住民の要望と政府が実際に実施する開発との間に大きな乖離があったことが批判され，政府はファシリテーターであり，住民こそが開発の主体であるという発想が地域開発を実施する上で有効であるとされるようになった。そのために，住民代表が開発の過程に積極的に参加することが重視されるようになってきている。さて，こうした新しい潮流をバンテン州に当てはめて考えてみるとどうなるであろうか。

　PPPSBBI というのは，政治組織ではなく社会組織である。そして，前述のように，ジャワラには地方レベルのインフォーマル・リーダー的側面がある。となると，彼らは時代の潮流に乗って，きわめて合法的に政治・行政過程に参与することが認められるようになったのである。また，ハサン・ソヒブについていえば，商工会議所・バンテン州支部長，土建業者連合・バンテン州支部長でもあり経済界の重鎮であるからほぼ間違いなく州政府の開発事業に影響力を行使することができる立場にいる。

　上述したようにバンテン社会協議会がラウ・グループの台頭に露骨に反発し始めたことに対して，ハサン・ソヒブは次のような形で反駁している。少し長くなるが，彼の新しいパラダイム理解が如実に表れており興味深いのでここに引用してみる。

> バンテン社会協議会が行おうとしていることに対して，我々は立ち向かう。民主主義国家であればどこでも，権力を握るのは市民勢力だからである。政府は住民にサービスを提供するだけである。タウフィック・ヌリマンはとち狂っている。この点について疑問がある住民がいるなら法律の専門家に尋ねてみればよい。……バンテンにおける市民勢力はすでに十分強い。そのことは，800 万人のバンテン州の人口のうち，文民でないのはわずかに 18％でしかないことからも分かる。さらに，バンテンの市民勢力は商工会議所や土建業者連合のような経済組織も作っている。……また，バンテンを発展させるために，市民勢力は国軍・警察と歩調をそろえている。もしそのことを信じないというなら，バンテン州警察本部長に聞いてみるがいい [*Radar* 2002.6.22]。

原文では「シピル」(sipil)というインドネシア語が市民の意味でも文民の意味でも使われていることもあり，発話のコンテクストが分からないと一読しただけでは理解しにくいが，ここでハサン・ソヒブが主張しているのはおよそ次のようなことである。民主主義国家では市民が権力を握るのが当たり前であり，バンテンにおける市民勢力の筆頭に挙げることができるのは，商工会議所や土建業者連合の州支部を握り，国軍・警察とも協調関係にあるラウ・グループである。

　彼の語りにおいては，ジャワラによるインフォーマルな暴力の占有が市民社会の実現と真っ向から対立することが一向に触れられることなく，単に公職に就いていないことをもって市民勢力と位置づけてラウ・グループがバンテン州行政・政治に影響力を有することを正当化している。バンテン人の特質として一般に「ありのままを語る」(blak-blakan)というものがあるが，ここでも言語は自らの権力を露骨に正当化するために使用されている。さらに，自ら「バンテン敬愛会」(MPB)というNGOを作り上げて，子飼いのマフドゥム・アギルを会長に据えて「市民社会」の立場からハサン・ソヒブを擁護させた[29]。

　当然のことながら，民主化・分権化とともに，こうした倒錯した市民社会論とは明確に一線を画して，政府に批判的で政策提言に努めるNGOもバンテン州で生まれた。例えば，タンゲラン地区には，「市民社会のためのインドネシア研究所」(INCIS)がアチェ・ハサン・シャヅィリらによって作られ，ルバック県には「バンテン開発戦略研究所」(先述)がイワン・ハムダンやアグス・スティスナによって作られ，USAIDやUNDPのインドネシア・ガバナンス改革・プログラムの支援を受けて，積極的に調査と政策提言を一時は行った[30]。INCISなどがジャカルタ首都圏を中心として活動しがちであったのに対して，バンテン開発戦略研究所はルバック県都ランカスビトゥンに拠点を置いて，バンテン社会協議会などとも協力しながら，州政府批判などを展開した。バンテン開発戦略研究所の場合，アグスの義父がルバック県の有力なジャワラであり，ハサ

---

29) 例えば，ジョコ州知事がハサン・ソヒブによってコントロールされているとタウフィック・ヌリマンが述べたことをマフドゥム・アギルは厳しく批判して，ヌリマンは政治ではなくセラン県の開発を考えて発言すべきだと述べた [HB 2002.7.16]。

30) バンテン開発戦略研究所は，「追尾」(Lacak)という雑誌を発行し，バンテン州設立後の政治経済を振り返る書物をUNDPの支援を受けて2冊出版した [Agus Sutisna 2001; Iwan Kusuma Hamdan and Agus Sutisna 2003]。INCISも広報誌 (Buletin INCIS) を発行したり，市民社会関連調査報告書を出版した [Ace Hasan Syadzily and Burhanuddin 2002]。

ン・ソヒブも敬意を払っていることから，比較的自由に批判できた。しかし，インドネシア各地に爆発的に生まれたNGO同様，INCISやバンテン開発戦略研究所も，大学や大学院を卒業して間もない若者たちが就職先を見つけるのも難しい中で改革の熱気にうながされて作った側面が強い。したがって，NGOの組織としての財政的自律性などおよそ考慮することなく作り上げ，結局は海外のドナーの要望にあうような市民社会論，ガバナンス論などを振りかざしたプロポーザル作りに奔走し，ドナーが興味を持つ間は活動可能だが，ドナーが関心を失えば活動が終わるか，批判対象である自治体から資金をもらって御用的活動をするしかなかった。さらに，バンテンのNGOの悲劇は，ジャカルタに近いために，NGO活動家たちはバンテンの各県や市での地道な活動ではなく，ジャカルタでの「より高度な」中央政界に近い活動に関心を移してしまうことであった。例えば，INCIS発起人の1人であるアチェは，2004年頃からゴルカル党幹部でギナンジャル・カルタサスミタの息子アグス・グミワン・カルタサスミタのスタッフとなり，2006年にはわずか30歳で宗教担当のゴルカル党中央執行部メンバーとなり，西ジャワ・バンテン担当調整役（Kordinator Wilayah）にも就いた。そしてINCISから関心を失い，INCIS自身の活動は目立たなくなった[31]。

バンテン開発戦略研究所の場合，まずアグスがジャヤバヤの選挙参謀，ジャヤバヤの県知事就任後は個人的スタッフとして活躍し，さらにルバック県選挙監視委員会委員に就任した。さらに，バンテン州政府からコミュニティ関連のプロジェクトを獲得した。アフリカ・スーダンの大学院修士課程に学んだハムダンは，ヌリマンのセラン県副知事就任後は，彼の顧問的存在となった。こうしてバンテン開発戦略研究所は消滅した。ハムダン自身は，ヌリマンの顧問として反ハサン・ソヒブの姿勢を維持しようと努めたが，2005年にヌリマンが県知事になってもハサン・ソヒブの政治経済的影響力の前になすすべもなく，2008年，ハサン・ソヒブの傘下に入ることを表明した。

NGOと並んで政府に批判的な言説の発表や活動の実践を使命と考えている組織としては，イスラーム学生連盟（HMI）やインドネシア・イスラーム学生活動連合（KAMMI）などの学生組織があり，スハルト体制崩壊やその後の自治

---

31) アチェの父親はパンデグラン県で有名なウラマーであるラフェイ・アリである。ラフェイ・アリはイスラーム協議会（MUI）のバンテン州支部長を勤め上げた人物であり，ハサン・ソヒブとも関係が深い。

体行政批判では主導的役割を担ってきた。バンテンにはタンゲランにイスラーム宗教学院（IAIN, 後に国立イスラーム大学（UIN）として総合大学化する）があり，セランにはティルタヤサ大学（私立であったが，バンテン州誕生後に国立化）もあり，学生組織も活動している。州行政，県政や市政に対しても批判やデモを行っている。しかし，ラウ・グループはこうした学生組織にもムチとアメを用意している。例えば，州知事選に際して，HMIセラン県支部が反ハサン・ソヒブのデモを繰り広げたとき，支部長は2～3日間誘拐された。その後，彼はラウ・グループに取り込まれて，インドネシア物資・配給業者連合・セラン県支部長ポストについた。こうして学生組織のメンバーの中にはラウ・グループになびくものも現れた。しかし，最終章でも述べるように，ドナーの資金に頼らない活動家やそうした活動家を支持する学生グループも小規模とはいえ確実に存在し続けており，そのことがラウ・グループを脅かすことになった。

　地方メディアはどうであろうか。スハルト政権崩壊直後からバンテン州設立の時期にかけては10紙ほどの地方紙やタブロイド紙が出版されて，激しい競争原理の中で，ときには扇情的な汚職報道や地方エリートのスキャンダルが紙面を飾った。しかし，淘汰されていき，少なくとも2006年まで有力な地方紙として発刊され続けたのは3紙だけである[32]。「ファジャール・バンテン」(Fajar Banten)と「ハリアン・バンテン」(Harian Banten)（現在は改称して「ラダール・バンテン」(Radar Banten)）の2紙はセランで発行されておりセラン，チレゴン，ルバック，パンデグランを主なマーケットとしている[33]。3紙目は，タンゲランを主な市場とする「サテライト・ニュース」(Satelit News)である。

　バンテン社会協議会が反ハサン・ソヒブの旗幟を鮮明に打ち出していたときには，ファジャール・バンテンもラダール・バンテンも同協議会の言動を一面トップに取り上げて，メディアとして支持するような形を取っていた。しかし，その後，ハサン・ソヒブ，あるいはラウ・グループを批判する記事は急速にな

---

32) 2004, 5年頃には，「ポス・バンテン」(Pos Banten)，「ブリタ・バンテン」(Berita Banten)といった地方紙が出始めたが，選挙期間を狙って発行されたにすぎない。
33) 「ファジャール・バンテン」は，西ジャワ州都バンドンにある新聞社「プドマン・ラヤット」(Pedoman Rakyat)グループの新聞である。この「プドマン・ラヤット」社の主要新聞「プドマン・ラヤット」は，50年代から出版されており，その内容の保守性とつまらなさから，スハルト体制時代も出版停止に追い込まれることなく発刊され続けた。西ジャワの地方紙として，広告が読者を引きつけ，広告収入が読者を引きつけた。一方の「ハリアン・バンテン」は東ジャワ州都スラバヤに本社がある「ジャワ・ポス・グループ」(Grup Jawa Pos)の一翼を担っている。批判精神に富んだ記事が比較的多く，それがこの「ジャワ・ポス・グループ」系の新聞の魅力である。

くなり，同2紙は「保守化」していった。ファジャール・バンテンに至っては，ジャワラたちが本社に押しかけて記事の批判を繰り広げ，ついには，毎日，発行前にラウ・グループの「検閲」が入るようになった。ラダール・バンテンの場合，ある記事のおかげで編集者の1人のもとにジャワラたちが押し寄せて，山刀を首筋に押しつけられて脅された。また，ラウ・グループに批判的な記事を書いていた記者が精神に変調を来して海に投身自殺をした。こうしたことから，自己「検閲」するようになった。サテライト・ニュースの場合，ラウ・グループの拠点があるセランではなくてタンゲランに本社があることからハサン・ソヒブに批判的な記事を載せていた。例えば，2004年には，ラウ市場の小売人たちがデモを繰り広げる可能性を記事にしたところ，ラウ市場を完全に支配したいハサン・ソヒブは激怒して，彼の元を訪れた同紙の2人の記者を犬呼ばわりするなど罵倒し，山刀で斬りつけると脅し，挙げ句の果てに彼の部下が彼らの頬を平手打ちにする事件が起きた［tempointeraktif 2004.2.18］。こうした事件を経て，同紙もまた自己「検閲」するようになった。

そして奇妙なことに，ラウ・グループに関わる記事が全国紙には載っても地元の地方紙には載らないという状況が生まれた。例えば，2005年8月に起きたアトゥットの暴行事件がそうである。当時，副州知事であったアトゥットは，ジャカルタにあるカルティカ・チャンドラ・ホテルに乗り込んで，同ホテルの女性従業員フェニーを見つけ出すやいなや，夫の不倫相手であると罵って，顔をひっぱたいて引っ掻いて，彼女を押し倒して靴で何度も殴り，挙げ句の果てにはコップを3回投げつけた。フェニーがこの事件をジャカルタ警視庁に訴え，全国紙には掲載された。しかし，地方紙にはまったく掲載されなかった。

全国紙（とりわけ「シナル・ハラパン」(Sinar Harapan) 紙やインターネット上のバンテンに関するウェブサイト（例えば，http://www.koranbanten.com/, www.bantenlink.com, http://chasansochib.blogspot.com/, http://bcwbanten.blogspot.com/），バンテンに関するメーリングリスト（WongBanten@yahoogroups.com）では比較的自由に州政批判やハサン・ソヒブ批判記事が掲載されていた。全国紙の場合，ハサン・ソヒブの手が及びにくいし，サイバースペースの統制には至っていないからである。そして，先に少し触れた地道な活動家によるラウ・グループ批判が継続的にサイバースペースや全国紙に掲載され続けた。

以上，主に2006年までのバンテン州におけるハサン・ソヒブの政治経済的

台頭と彼の張り巡らすネットワーク，そしてその強さともろさ，市民社会勢力の脆さと粘り強さについて描いてきた。本章が対象とした時期は，ハサン・ソヒブが中央政界とのネットワーク，軍警察・裁判所・検察といった国家的正義を体現する組織とのネットワークをうまく維持しており，また，反対派を抑えこんだり，懐柔したりすることで，バンテン州での政治経済権力を維持することができた。市民社会勢力といっても，地方メディア，NGOや学生組織などにはアメとムチで対応が可能であった。しかし，2005年に地方首長選挙が直接選挙となり，統御しがたいマスとしての有権者が政治アクターとして立ち現れ，彼らを政治的に取り込んでイスラーム的社会正義の実現を目指すような政治勢力が台頭することでハサン・ソヒブの支配にも揺るぎが生じた。さらに，2004年の直接大統領選挙でスシロ・バンバン・ユドヨノが大統領に選ばれて，国家の安定が着実なものになり，汚職撲滅が一つの重要な政治アジェンダとして設定されてきた。そうすると，ハサン・ソヒブが育んできた中央政界や国家的正義を体現する組織とのネットワークもまた不十分である可能性が高まってきた。次章では，2006年8月に行われたバンテン州知事選とその後に焦点を当てて，この変容を見ていこう。

7章
新勢力との闘争
―― バンテン州知事選，2006年

この章には「領導会」というバンテン人のジャワラ集団が出てくる。1998年にバンテン州パンデグラン県で誕生したものの，本部はジャカルタにあり，首都圏を主たる活動拠点としている。2006年にジャカルタで同会の幹部たちに会った時には，デベロッパーの依頼を受けて土地から住民を追い出した後であり，長い棒を持っていて興奮気味であった。それも興味深いが，ここでは，パンデグラン県に居を構えるバンテン州支部長S氏のエピソードを紹介しよう（写真）。

S氏は州支部長をやっているぐらいであるから，当然，拳術には長けている。しかし，彼の習得している流派は，先祖代々受け継がれてきたもので他の人に教えることができないという。また，イスラームの知識もあることが話していても分かった。肝も座っていて，ジャカルタで領導会と別の集団との抗争があったときには，警察の忠告も無視して荷台に構成員を載せたトラック46台を送り込んだこともある。ただ，それだけではないことも分かってきた。S氏には呪力があって，霊界と交信ができるという。彼は当地の有名なジャワラの一家なのだが，霊界との交信の結果，初代人類のアダムとイブから数えて自分が第64代目にあたることが分かったという。彼の手元のノートには，アダムとイブから数えて確かに64番目に彼の名前が書かれてあった。まずこの古びたノートのアダムとイブに驚かされ，さらに，霊界との交信用の部屋（「霊界の間」？）から猟銃を持ち出してきて，「私はこの銃で手を撃ったが，何ともなかった」ことを教えてくれた。これが事実なら，それは呪力のおかげということなのだろう。

そして，神秘療法の話になった。ときどき彼のもとに病人が来るそうで，そのときには「霊界の間」に病人を呼び入れ，そこで治療を施すと治るそうである。あまりに理解不可能な話が続くので，どう対応したものか分かりかねていた。そのことが顔の表情にも出たのであろう。S氏は，「ちょっと今回は『深い』とこまで突っ込みすぎた，分かるか？　きっと，日本のような進んだ国にいるお前には分からんだろう」と言ってきた。私の方は，「はい，分かりません，頭が痛くなってきました」と素直に返した。

領導会の

すると,「そうだろう,そうだろう」といった表情をしながら,さらに新たな事実を開示してくれた。

「**本**当に私が困ったときには,『プラブ・シリワンギ』や『ニャイ・ロロ・キドゥル』に連絡を取って,彼らから助言をもらうんだ。例えば,次の県知事は誰になるかを聞いたりするんだよ」。プラブ・シリワンギというのは,15世紀に西ジャワで栄えたパジャジャラン王国の国王であり,ニャイ・ロロ・キドゥルというのは,伝説の「南海の女王」のことである。当たり前だが前者は既に遙か昔に死んでしまっているし,後者はそもそも存在していたのかどうかも分からない。彼らと交信するというのだから,荒唐無稽きわまりない。

彼はこう語った後,おももろにノキア社製の携帯電話を取り出してくれた。そして,「『ニャイ・ロロ・キドゥル』や『プラブ・シリワンギ』と連絡を取るときには,この携帯電話を使うんだ。本当に大事なときにしか連絡を取らないんだ」,こう言って,携帯電話を操っている。「『ニャイ・ロロ・キドゥル』の電話番号は,0842×××……,『プラブ・シリワンギ』の電話番号は……」と電話番号まで教えてくれた。私に

同行してくれたバンテン人によると，0842で始まる携帯電話番号は（この世には）存在しないそうである。

S氏は，こうしたさまざまな力を持つと信じられているだけに，近隣では非常に畏敬の念で見られていることは間違いない。それゆえ，私の友人が地方代表議会選に出馬した時には，同県での支持票集めを彼に依頼していた。また，相当の情報ネットワークの持ち主でもあるようで，私が会っている間にも，陸軍特殊部隊の諜報部員2名がある人物の居所を聴きに来ていた。こうして公的暴力装置と密接なつながりがあることも彼の強みである。このことからは，民主化したとしても，公と私の暴力が共存していることが分かるであろう。

インドネシアの地方政治を考える上で最も重要な政治改革の一つは，地方首長公選制の導入である。その導入の背景と内容については第1章で触れたとおりである。正副首長候補者たちは政党からの推薦を受ける必要があるとはいえ，最終決定権が有権者に委ねられたことは地方政治の様相を大きく変容させる可能性をもたらした。2005年6月にクタイ県を皮切りに2008年4月末日までに合計362の自治体で首長公選が行われた。バンテン州でも，2005年にチレゴン市長選（6月5日）を皮切りに，セラン県知事選（同年6月19日），パンデグラン県知事選（同年9月25日）が行われ，2008年にタンゲラン県知事選（1月20日），ルバック県知事選（10月16日），タンゲラン市長選（10月25日）が行われた。

バンテン州知事選は2006年11月26日に行われた。この州知事選はバンテン州政の試金石であった。「自分の子どもたちをリーダーにしなければ私の人生の意味がない」[*Tempo* 2007.12.2-9: 36]というのが言いぐさであるハサン・ソヒブにすれば，この選挙で娘のアトゥット（写真7-1参照）を州知事にすることは最初の布石であった。また，それはとりもなおさず，ラウ・グループの権力基盤を盤石にすることでもあった。一方，反ハサン・ソヒブの者たちにとっては，州知事選はラウ・グループによるバンテン州の政治経済権力の独占状態に楔を打ち込む絶好の機会であった。

デニー・JA率いる調査機関「インドネシア調査サークル」(LSI-2)によれば地方首長公選では一般に現職が強い。2006年12月までに行われた296の首長選のうちデータの得られた292首長選において，現職首長が立候補した事例は230あり，143の自治体で再選を果たした。再選率は62.17％と高い[Eriyanto 2007a: 5]。その理由は首長として知名度が高く，村長に至る官僚機構を自らのために動員でき，また，すべてのプロジェクトを自らの成果として有権者に示すことができるからである。ハサン・ソヒブにとって好都合だったのは，ジョコ州知事に汚職容疑があり，2005年に一時離職を求める大統領決定が出たことである。ジョコは，2003年度の緊急予算のうち140億ルピアを州議会議長・副議長，予算委員会からの圧力を受けて違法に州議会議員宿舎予算として各議員に配分し，また，予算委員会のメンバーの活動費として配分した。その廉で，2004年12月，バンテン州高等検察庁によりジョコは汚職容疑の被告人となった。そして翌年12月にセラン県裁判所はジョコに対して2年間の懲役と1億

写真 7-1　ハサン・ソヒブ，アイリン，アトゥット

ルピアの罰金の判決を下した[1]。その結果，アトゥットが州知事代行となり，州行政を自由に操ることができるようになった[2]。それでは，以下，ラウ・グループがどのようにして選挙戦略を立てて州知事選に邁進したのかを見ていくことにする。

第1節　政党推薦の獲得

首長選が公選制になった結果，勝利の鍵は推薦政党ではなく候補者の知名度

---

1)　その後，ジョコは上告した。その上告に対してバンテン州高等裁判所が対応策を出さぬまま，ジョコには市外出禁止措置が続き，2008年12月5日，61歳で死亡した。死因は肝臓病である。
2)　奇妙なことは，ジョコ自身はこの140億ルピアから一銭も受領した証拠はあがっていないこと，そして，ジョコと州議会議長たちの話し合いの場にはアトゥットも参加しているにもかかわらずアトゥットは証人喚問さえ受けなかったことである。こうした事実から，検察，そして裁判所がアトゥットを州知事代行にするため，ジョコの州知事下ろしに荷担したのではないかとの噂は絶えない。ジョコ自身は，妻の話によれば，離職後に家で過ごしているときの方がさまざまな政治的圧力から解放されてはるかに精神的に穏やかに過ごすことができたらしい。

であるという見解が強くなりつつある。それでも，すべての候補は可能な限り多くの有力政党からの支持を取り付けようとする。2008年の地方行政法改正により，首長選への立候補にあたり党の推薦は不要になったが，候補者たちは相変わらず有力政党からの推薦獲得に努めている。ラウ・グループの場合，バンテン州において2004年国政選挙で21.5％の得票率で第1党になったゴルカル党と14.0％で第2党になった闘争民主党からの推薦獲得を目指した。中央政界ではゴルカル党は副大統領を擁する与党，闘争民主党は野党であるが，そうした与野党対立は地方ではあまり意味がない。どの党にとっても，首長ポストの獲得は重要であるし，地方の政治力学は中央のそれとは往々にして異なるからである。

　ラウ・グループが党推薦を獲得するためには，州支部で支持を固めると同時に，最終的には党の中央執行部からの支持を獲得する必要があった。しかし，ゴルカル党での州知事候補選出においては，中央執行部からの支持獲得の政治過程でアトゥット外しの動きが起きた。

　州内のゴルカル党幹部の中には，女性がバンテン州のナンバー1であることに不満を抱くもの，ラウ・グループの独占打破を目指すもの，アトゥットの行政手腕をまったく評価しないものなどがおり，皆が皆，一枚岩的にアトゥットを支持しているわけではなかった。チレゴン市長アアートの右腕であるサム・ラフマットはアトゥットに面と向かって州知事になる器ではないと言い放っており，また，タンゲラン県知事のイスメットやその息子でゴルカル党県幹部ザキなどもアトゥットの州政に不満を抱いていた。こうした不満の存在を熟知していたNGO活動家アチェ・ハサンたちは，ゴルカル党からの州知事候補としてトリヤナ・シャムン擁立を企てた。アチェ・ハサンは，その頃，党中央執行部幹部アグス・グミワン・カルタサスミタの専任スタッフをしており，アグスを通じて党内に影響力を及ぼそうとした。トリヤナは，先述したように，バンテン州の変革を求める若手知識人たちから2001年の州知事選への出馬要請があったものの土壇場で辞退し，さらに2004年の地方代表議会議員選挙に出馬の意欲を示しながら出馬しなかった。そうした意味で，政治的には優柔不断な実業家である。しかし，トリヤナは成功した銀行家として資金的に余裕がある上に，ゴルカル党幹部のアブリザル・バクリーやギナンジャル・カルタサスミタの支持を得る可能性があった。党幹部のグミワンはギナンジャルの息子であり，バクリーはギナンジャルがスハルト体制期に経済官僚として育て上げたプ

リブミ実業家の1人としてギナンジャルに恩義があったからである。トリヤナ自身，二度にわたる不出馬表明という過去の汚名を返上する意味もあって2006年の州知事選への出馬意欲は高かった。また，州知事選が近づいた頃，ゴルカル党本部内でバンテン州担当の責任者がタジュディン・ヌルサイドからグミワンに代わったことも追い風となった。グミワンが党本部をトリヤナ支持に一本化できる可能性がでてきたからである[3]。しかし，トリヤナ擁立派にとってネックとなったのはゴルカル党内における世論調査のポリティクスであった。

2003年8月，オハイオ州立大学で博士号を修得したサイフル・ムザニやデニー・JAがJICAの支援を受けて世論調査機関「インドネシア調査研究所」(LSI)を設立し，科学的・客観的手法に基づいて世論調査を行い，低い誤差で有権者の政党支持率，大統領支持率を発表するようになった。この世論調査の手法は2004年の総選挙，大統領直接選挙で脚光を浴び，2005年からインドネシア各地で始まった地方首長選でも大いに利用された。政党や各候補者たちが積極的に世論調査を選挙戦略に利用し始め，デニー・JAがサイフルのインドネシア調査研究所を離れて，別の世論調査機関「インドネシア調査サークル」(LSI-2)を作ったことを皮切りに，世論調査機関が次々と生まれていった。インドネシア調査サークルなどは，世論調査をするだけでなく，その結果に基づく選挙戦略のアドバイスもするようになった。世論調査の精度が高いことから，ゴルカル党は他党より先駆けてこの世論調査の科学的信憑性に依拠して候補者選びをするようになった。

バンテン州知事選に当たってゴルカル党はサイフルのインドネシア調査研究所とデニー・JAのインドネシア調査サークルという有力な二つの世論調査機関を使って候補者たちの支持率調査を行った。2005年に行った世論調査の結果では，第1位が現職のアトゥットで20％ほどの支持率があった。続いて，女優で闘争民主党員のマリサ・ハックであり，トリヤナは第3位とはいえきわめて低い支持率であった。この結果を受けて，アチェなどトリヤナ擁立派は，横断幕などを使って有権者に積極的にアピールする努力を行った。その結果，2006年1月に行われた世論調査ではトリヤナの支持率は8％台に延びたが，相

---

3) タジュディン・ヌルサイドの担当はジャカルタとバンテンであった。それが変更になり，バンテンは西ジャワ州を担当するグミワンの管轄となった。アチェ・ハサンとのインタビュー，2007年12月4日。

変わらずアトゥットが20％の支持率で1位の座を堅持した。5月になるとインドネシア調査研究所は，有権者に候補者名簿を示して「今，州知事選が行われれば誰に投票するか」という問いをした。そうすると，アトゥット支持率42.6％，マリサ9.9％，トリヤナ6.6％という結果となった［LSI 2006］。そして，53.2％の回答者がアトゥットの州行政に満足しており，回答者の55.4％が彼女の再選を望んでいた。一方，デニー・JAのインドネシア調査サークルは，有権者に対して「今，10名の有力州知事候補者たちが出馬している州知事選挙が行われたら誰に投票するのか」と問いかけた。その結果は，アトゥットに投票すると答えた人が38.7％，マリサとトリヤナに投票すると答えた人が同率の10.3％であった［LSI-2 2006］。また，41％の回答者がアトゥットの州行政に満足しており，回答者の52.3％が彼女の再選を望んだ。

　トリヤナの支持率は上昇したとはいえ，州知事選半年前でも圧倒的にアトゥットが有利であった。そこで，アチェたちはトリヤナに対して，ゴルカル党からの推薦を獲得するために，マリサを副知事候補として選び，トリヤナ＝マリサの組み合わせで州知事選に出馬するように薦めた。しかし，トリヤナは色々な理由をつけてマリサと組むことは拒否した[4]。感情的に起伏の激しいマリサと組むことはできないと判断した可能性もあるが，むしろそれ以上に，そもそもトリヤナ自身が本気で州知事になることを考えていたかどうかがはっきりしない。州知事選後に回想して「州知事選で勝つことが目的ではなかった，金権政治を伴わない選挙キャンペーンを行って，後の世代にそうした候補者がいたことを覚えてもらえれば十分だ」と発言した[5]。これは負け惜しみというだけでなく，実際，選挙期間中，彼の選対にはキャンペーン資金が乏しく，勝利を目指しているとはあまり思えなかった。いずれにしても，トリヤナがマリサと組むことを拒否したことでゴルカル党内におけるトリヤナ擁立の動きは消えた。

　2006年7月2日，ゴルカル党州支部において複数の候補者から党推薦候補者を決定する大会が開かれた。ゴルカル党は党内民主化も進めており，党推薦の大統領候補や首長候補を決定するために党内選挙制を採用していた。そして，大会が近づく頃にはアトゥット以外にバンテン州選出の国会議員であるアリ・ヤフヤやイルシャッド・ジュワエリなど合計4名が最終選考に残ってい

---

[4]　アチェ・ハサンとのインタビュー，2007年2月7日。
[5]　トリヤナ・シャムンとのインタビュー，2007年4月16日。

た。しかし，中央執行部のアグン・ラクソノやグミワンなどは，世論調査結果を受けて，アトゥット擁立をすでに決めており，大会当日にはアトゥットしか有力候補として残っていないという状況を作り出した［RB web 2006.6.26; 00: 29］。イルシャッドは出馬を表明すらせず，アリ・ヤフヤは大会登録用紙を受理したものの，結局はその用紙を提出しなかった。建前としては民主的な選出を装いながら実態はおよそ非民主的な選出過程に対して，州の党幹部には強い批判を抱くものもあり，サム・ラフマットは記者会見を開いてこの非民主的な選出過程を批判した[6]。しかし，7月2日の大会は，候補者がアトゥット1人しかいないことから，投票ではなく参加者の拍手で多数決を取り，アトゥットの選出を決めた。投票さえなかったのは，白票や無効票を通じてアトゥット選出への反対が表明されるのを防ぐためであった。そして，サム・ラフマットは党の決定に従い，結局はアトゥットの選挙対策チームの州トップとなってアトゥットのために選挙戦を戦うことになった。

　ゴルカル党に続いて，ラウ・グループは闘争民主党における推薦候補選考過程に介入してアトゥットを同党推薦候補とすることに成功した。もともとは，女優で国会議員にして同党州支部住民福祉・女性エンパワーメント部副部長のマリサ・ハックが同党からの州知事選出馬に意欲を示しており，同党支持者たちからも支持する声が上がっていた。44歳（2006年8月当時）であった彼女は，ジルバブをかぶった敬虔な美人ムスリム女優として，また私立有名大学トリサクティ大学を卒業後，オハイオ大学で映像スクールに通ったことからも分かるように知的女優としても知名度が高かった（写真7-2）。マリサ自身は東カリマンタン州バリクパパン出身である。しかし，不動産会社ジャリンガン・スレラ・アジア株式会社の社長であり，インドネシア不動産協会幹部を務める夫イカン・ファウジはルバック県出身の有名ロック・アーティストであり，自宅はタンゲラン市内にあったから，バンテンとも深い縁があった。

　2006年4月5日，チレゴン市で同党州支部が同党からの州知事候補を決める特別地方作業部会を開催した。その場にはゴルカル党幹部のアトゥットやアアート・シャファートも出席した。作業部会の投票では，マリサの543票に対してアトゥットが714票を集めて勝利を収めた。自党からの候補が敗れてゴル

---

[6]　この記者会見が原因でサム・ラフマットにはゴルカル党本部から更迭文書が届いたが，その後，ゴルカル党の方針に従ったために実際に更迭されることはなかった。サム・ラフマットとのインタビュー，2007年2月1日。

写真7-2　マリサ・ハック

カル党員が闘争民主党の推薦候補となった。マリサは，闘争民主党内のラウ・グループ派とカネを受け取った幹部たちがアトゥットに投票したから敗北したのだと述べた[7]。確かに，党の州支部長や組織部部長からしてアトゥット支持派であった[8]。マリサは，「特別地方作業部会での選考過程が金権政治にまみれていて，投票結果は闘争民主党の活動的なメンバーたちの要望を反映していない」と批判した［*Gatra.com* 2006.8.6］。党本部はマリサの批判には耳を傾けることなく，州支部の決定を受けてアトゥットを同党から州知事候補として推薦することを決めた。勝つ可能性の高い候補者という点では，アトゥットは申し分なかったし，ラウ・グループはメガワティやタウフィック・キーマスにとっては敵ではなかった。

　他の中小政党もアトゥットを支持した。イスラーム系政党で改革の星党（PBR）（2004年国政選挙の得票率4.2％，以下同様），月星党（PBB）（3.4％），キリスト教系の福祉平和党（PDS）（1.9％），ナショナリスト系の民族憂慮職能党（PKPB）（2.8％），パンチャシラ愛国者党（Partai Patriot Pancasila）（1.0％）が支持に回った[9]。

第2節　副知事候補選び

　ラウ・グループはこうしてゴルカル党，闘争民主党，改革の星党，月星党，福祉平和党，民族憂慮職能党，パンチャシラ愛国者党をアトゥット推薦政党にすることに成功した。2004年国政選挙の各党の得票率（21.5％，14.0％，4.2％，3.4％，1.9％，2.8％，1.0％）を合計すると約過半数の48.8％に達した。次の課題はアトゥットと組む副知事候補を誰にするかであった。7月2日にゴルカル党

---

7)　マリサ・ハックとのインタビュー，2007年2月8日。
8)　2005年12月にも，マリサが州支部で記者会見を「勝手に」開催したことに，党州支部長は不快感をあらわにして党からの追放を画策した［Kompas 2005.12.15］。
9)　面白いのは，改革の星党では，党首ザイヌッディン・MZが州支部の推薦候補6人を無視したことである。2月16日，党首は驚くべきことにアトゥットの自宅で同党州支部の本会議を開いて，アトゥットを州知事候補とすることに決めた。インドネシアで最も有名なウラマーの1人であるザイヌッディンが改革の星党を作り上げ，同党はもっぱら彼のカリスマに依存しているため，強引な決定もできた。彼とラウ・グループとの間で取引があったことは間違いない。

164

表 7-1　バンテン州内の各県・市の有権者数（2006 年現在）

県・市	登録有権者数 男性	登録有権者数 女性	登録有権者数 合計	投票所数	全有権者数に占める各県・市の有権者割合
セラン県	610,106	602,665	1,212,771	2,524	19.51%
チレゴン市	116,999	113,427	230,426	533	3.71%
ルバック県	405,254	386,161	791,415	1,697	12.73%
パンデグラン県	367,521	353,990	721,511	1,616	11.61%
タンゲラン県	1,120,640	1,107,815	2,228,455	4,357	35.85%
タンゲラン市	515,497	516,355	1,031,852	2,114	16.60%
総計	3,136,017	3,080,413	6,216,430	12,841	

出所：KPU Banten 2006a

から州知事候補として選ばれた直後，アトゥットは自らのパートナーとしてはタンゲラン地方出身者の官僚経験者が望ましいと述べた［RB web 2006.7.3.01: 36: 29］。官僚経験者が望ましい理由としてアトゥットは，「今後，バンテン州は（設立当初の―筆者注）スタート段階を終えて，より一層の発展を進める必要がある，多くのポテンシャルを活用するためには経験のある人物が不可欠」だからと述べた［RB web. 2006.7.1: 02: 4: 09］。州知事代行に就任しているとはいえ官僚機構独自の論理を十分に理解していないアトゥットにすれば，そうした論理を十分に理解している官僚をパートナーとして選ぶというのは合理的であった。もう一つのタンゲラン地方出身者を選ぶというのもきわめて合理的であった。

　インドネシア全体としては当然のこととして，インドネシア各地もさまざまな宗教集団やエスニック集団からなっている。その結果，地方首長選においては対象地域において有力な複数の社会集団からバランス良くパートナーを選ぶという傾向が各候補者たちの戦略となっている。バンテン州の場合，北西部（セラン県，チレゴン市，ルバック県，パンデグラン県），南部（ルバック県，パンデグラン県），そして北東部（タンゲラン県・市）の三つに分けることができ，各県・市の有権者数と割合を示した表 7-1 を見れば分かるように，北東部だけで有権者の 52.5% を占めている。アトゥットの場合，北西部と南部を代表していることから，タンゲラン地方からパートナーを選ぶことは州知事選で勝利する上で決定的に重要であった。しかも，前章で述べたように，タンゲラン地方へのラウ・グループの政治経済的影響力は州内で最も弱い上に都市部の浮動票が多

第 7 章　新勢力との闘争　165

く，自らのネットワークに頼ることは危険であった。そこで，ラウ・グループはタンゲラン市長ワヒディンをアトゥットの副知事候補にしようとした。アトゥット自身，異母弟のハエリ・ワルダナと共にワヒディンに会いに行き，副知事候補になるよう求めた。ワヒディンは，タンゲラン県知事イスメットほどではないにせよ，アトゥットの州政を快く思っておらず，その誘いには乗らなかった。そもそも，ワヒディン自身，後述するように，福祉正義党からの要望もあり，州知事候補への出馬を考えていた。結局は資金不足とタンゲラン地区以外での知名度の低さから出馬はしなかった。しかし，アトゥットと組むのではなく，ワヒディンはイスメットと電話などでやりとりをしながら，タンゲラン地区の利益を代表する候補として，タンゲラン県地域開発企画庁長官ベンヤミン・ダフニー（48歳（2006年現在））をトリヤナの副知事候補として推すことに決めた[10]。トリヤナにとっても，タンゲラン県知事と市長が推薦したベンヤミンを選択することでタンゲラン地区での支持基盤を拡大させることができるから悪い話ではなかった[11]。

　2006年7月30日には次章で触れるように福祉正義党が自党幹部ズルキフリマンシャを州知事候補，マリサを副知事候補にする決定を下し，8月28日に正式に出馬宣言をした。続いてトリヤナが8月10日には先述のようにベンヤミンと組むことを決めて，8月27日に出馬宣言をした。一方，ラウ・グループ自身はワヒディンから拒否された後，アトゥットのパートナーを決めかねていた。ワヒディンの前任タンゲラン市長ザカリア・マフムドも有力候補の1人として挙がっていたが，ゴルカル党や闘争民主党を中心として，各政党が自党の推す候補者を副知事候補とするように強い要望が上がっていたことから判断しきれていなかった。最終的に9月1日にゴルカル党州支部がHM・マスドゥキ（当時62歳）をアトゥットのパートナーとすることを決め，他の推薦政党も

---

10) イスメットは，「ワヒディンが出馬しないことを決めたから，ベン（ベンヤミン・ダフニー）を推すことに決めた。まあ，我々（私とワヒディン）は同一行動を取ることにしている」と述べている。イスメットとワヒディンは緊密な行動を取り，タンゲラン県と市のバンテン州内で影響力を弱体化させないようにしていることが分かる［RB web. 2006.8.10; 21: 39: 44］。

11) トリヤナは開発統一党と国民信託党の二政党から推薦を受けていた。トリヤナは自らの副知事候補を決めるに当たり，マリサを含めて開発統一党が推薦した候補者たち6名と面接を行った。しかし，彼が定めた基準（態度，高潔さ，誠実さ，交渉能力，英語力，票獲得力）を満たしたものはいなかった［Kompas.com 2006.9.1: 09.49wib］。そして，こうした基準を満たしたものとしてベンヤミンを副知事候補としたことから，開発統一党党首ハムザ・ハズを始め，同党幹部の不満を買った［RB web. 2006.8.10; 21: 40: 06; 2006.8.14; 23: 10: 33］。

表 7-2　バンテン州知事・副知事候補と得票率

州知事候補 副州知事候補	トリヤナ・シャムン ベンヤミン・ダフニー	アトゥット・ホシャ マスドゥキ	イルシャッド・ジュワエリ マス・アフマド・ダニリ	ズルキフリマンシャ マリサ・ハック	州・県・市別投票者数
支持政党	国民信託党(4), 開発統一党(8)	ゴルカル党(16), 闘争民主党(10), 改革の星党(5), 月星党(3), 福祉平和党(2), 民族敬愛職能党(1), 愛国者党(0)	民主主義者党(9), 民族覚醒党(5)	福祉正義党(11), インドネシア社会党(1)	
セラン県	175,297　23.40%	282,698　37.70%	33,759　4.50%	258,419　34.40%	750,173
チレゴン市	25,339　16.80%	58,509　38.70%	4,276　2.80%	63,044　41.70%	151,168
ルバック県	118,435　22.20%	278,805　52.30%	29,029　5.40%	106,401　20.00%	532,670
パンデグラン県	151,723　30.00%	214,202　42.30%	26,474　5.20%	113,780　22.50%	506,179
タンゲラン県	258,263　22.70%	434,468　38.10%	38,849　3.40%	407,403　35.80%	1,138,983
タンゲラン市	89,219　17.10%	176,775　34.00%	15,535　3.00%	239,148　45.90%	520,677
バンテン州	818,276　22.70%	1,445,457　40.20%	147,922　4.10%	1,188,195　33.00%	3,599,850

出所：KPU 2006b

合意して9月6日にアトゥット＝マスドゥキ組の出馬宣言が行われた。マスドゥキが選ばれた理由は，彼の父親がタンゲランで有名なウラマーであること，西ジャワ州社会局の局長になるまでにタンゲラン県各地で郡長をした叩き上げの官僚であり，ボーイスカウトなどを通じて知名度が高いことが挙げられる。加えて，マスドゥキはベンヤミンと親戚関係にあり，選挙戦ではトリヤナが集めかねないタンゲラン票の一部をアトゥットが奪えるとの判断が働いたと思われる。

　10月7日，表7-2にあるように，州知事選に出馬する4組の正副知事候補が選挙管理委員会によって公式に発表された。第1組はトリヤナ・シャムン＝ベンヤミン・ダフニー，第2組はアトゥット・ホシャ＝マスドゥキ，第3組はイルシャッド・ジュワエリ＝アフマド・ダニリ，第4組はズルキフリマンシャ＝マリサ・ハックであった。第3組を除けば，正副知事候補の組み合わせは地域バランスに配慮したものであった[12]。第1組の場合，トリヤナが出身地パン

---

[12] 第3組の場合，イルシャッド・ジュワエリは，バンテン西部に基盤のあるマトゥラウール・アンワルの幹部であり，アフマド・ダニリはバンテンでも有数のパルプ企業を有する実業家であったが，2人とも知名度が低く，州知事選で勝てる候補ではなかった。

デグラン県を中心としたバンテン西部の票を，ベンヤミンが元勤務地のタンゲラン地区の票を集めることが期待されていた。第2組の場合，アトゥットがラウ・グループの影響力下にあるバンテン西部，マスドゥキが元勤務地のタンゲラン地区の票を，第4組の場合，ズルキフリマンシャが福祉正義党のネットワークでタンゲラン地区，バンテン北部（都市部）の票を，マリサが女優としての知名度と夫イカン・ファウジがルバック県出身であることからタンゲラン地区に加えてバンテン西部の票を集めることが期待された。

　さて，それでは，ラウ・グループはいかにして選挙戦を戦ったのかについて次に見ていこう。

第3節　選挙戦略 ── 買票

　バンテン住民の65％は実利主義者たちで彼らの票は買える。残りの35％の住民は理性的であり，候補者たちの資質を判断して投票する。これがアトゥット＝マスドゥキ組の選対長サム・ラフマットの選挙戦略の根底にある発想である。したがって，アトゥット＝マスドゥキ組の選挙戦略はなによりも物質主義が濃厚なものとなった。裕福なものだけが何が良くて何が悪いかを判断できるのであって，農村部の貧困層にとっては自らと自らの家族を養うことが何よりも重要であり，道義的判断は二の次である。カネの獲得こそが重要なのであるから，アトゥット＝マスドゥキ組は選挙戦においてカネをばらまけば勝てる。こうした発想から，アトゥット＝マスドゥキ組は最も貧困層の多いバンテン南部農村地域の「森の人々」(Orang Hutan) を選挙戦略の重点対象の一つに据えた。そして，選挙監視委員会から問題視されることなくお金をばらまいた。おおよそ1人あたり5万ルピアぐらいだという。選挙監視委員会のメンバーの多くは中間層出身者であり，わざわざ遠い農村部に出かけて候補者たちの選挙活動の合法性,非合法性を丁寧にチェックする可能性も低い。アトゥット＝マスドゥキ組は，体系的な買票工作 (Sistem Jual-Beli) を行った。各投票所につき5人の集票請負人をつけ，請負人が買票できると踏んでいる有権者の数に応じて資金をその集票請負人に手渡す。そして，集票請負人は，投票所におけるアトゥット＝マスドゥキ組への実際の投票数が予想を上回れば資金返済の必要はなく，

写真 7-3　ハサン・ソヒブの娘アトゥットの州知事祝いの席上

下回れば資金返済させるという仕組みを作った[13]。そして，多くの選挙で行われているように，投票当日の夜明け頃に有権者を訪れて金を渡しながら候補者への投票を依頼する「暁の攻撃」(Serangan Fajar) と呼ばれる買票工作も行った。

　最終的にアトゥット＝マスドゥキ組は3000億ルピアを選挙戦に使った。しかし，その7割は州予算であった。というのも，州のプロジェクトがアトゥット＝マスドゥキ組を支援するようにパッケージングされていたからである。そのパッケージングを担ったのが「バンテン統一協会」(LBB) であった。この協会については後述する。

---

13) 実際には，アトゥット＝マスドゥキ組が州知事選に勝利したことから，票数の足りなかった請負人にも返済義務は生じなかった。関係者とのインタビュー，2007年2月1日。

第4節　ジャワラ組織の歴史的連合の発足
　　—— PPPSBBI, そして領導会

　2005年10月,「バンテン有志連合」(RBB) と呼ばれる社会組織が発足した。創始者はハサン・ソヒブで, 彼を17人の有志が支援した。その有志の中には, 闘争民主党を離れてパンチャシラ愛国者党州支部長に就任したルル・カキン（パンチャシラ青年団州支部長）, PPPSBBI 事務局長アエプ・サエフディンの名も入っていた。創始者によれば, バンテン有志連合は,「改革」がその当初の目的から逸脱してしまっているという認識から生まれ, 国家の分裂を防ぎ, 国家原理である「多様性の中の統一」の誤った解釈を正すことを目的としているという。バンテン有志連合の綱領は, 1945年から49年のインドネシア独立闘争の間に培われた「1945年の魂・精神・価値 (Jiwa Semangat Nilai '45)」であるという。この有志連合の建前上の綱領は PPPSBBI のそれときわめて似ており, スハルト体制のイデオロギーを踏襲している。

　6ヶ月後, 有志連合設立の真の理由が明らかになった。州知事選におけるアトゥット勝利のための選挙マシンになることであった。そして, 有志連合を実質的に統制していったのは, ハサン・ソヒブでも17人の有志たちでもなく, ハサン・ソヒブの長男でありアトゥットの異母弟ハエリ・ワルダナ（通称ワワン）であった。ワワンはオーストラリアの大学でビジネスを学んだ後, ジャカルタを中心として土建業を中心としてさまざまな分野に進出をしている実業家でありながら, ほとんど政界では無名の人物であった。おそらくマスコミに初めて登場したのは, 第6章に挙げたように, ハサン・ソヒブが新聞記者をどなりつけて部下が殴ったときであった。そのとき, 彼は父とその部下の行動に対して公式に謝罪を行っている。そういう意味で, 強気一辺倒で非を認めないハサン・ソヒブとは性格を異にしている。そのワワンにとっては, 有志連合を通じて姉アトゥットを州知事に就任させることはハサン・ソヒブの後継者として台頭する上できわめて重要であった。

　ワワンは, 有志連合を通じて PPPSBBI だけでなく, 台頭著しいもう一つの

写真 7-4　領導会の詰め所

　ジャワラ組織「領導会」をも取り込んでアトゥット当選を目論んだ[14]。領導会は 1998 年 7 月に発足した組織であり，第 6 章でも述べたように，2001 年にはパンデグラン県知事ディミヤティの要請を受けて PPPSBBI との抗争をも辞さない姿勢を見せた組織であり，アトゥットを支持してくれれば大きな政治力になることが期待された。領導会の総裁は不動産業の大手スンテル・アグン株式会社法務部門長（2006 年当時）を務めていたヌル・インドラジャヤである[15]。スンテル・アグン社は，総資本が 15 兆ルピアにも達し，ジャカルタとその周辺で 27 の不動産開発プロジェクトを進める大規模不動産グループ，ポドモロ・アグン・グループの持ち株会社である[16]。ヌル・インドラジャヤはパンデグラン県の八つの一族を核としてこの領導会を発足させた。経済危機のさなかであったこともあり，構成員数は急速に拡大して，2006 年 2 月現在で 870 万人を数え，ほぼ全インドネシアに支部を設けるまでに成長したと幹部はかなり誇張気味に語っている。構成員はジャワラに加えて，工場労働者，バイク・タクシー運転手などブルーカラーも含まれている。その幹部は，ジャカルタ，ボゴール，タンゲラン，ブカシだけで 400 万人の構成員を抱えると豪語し，ジャカル

---

14) 領導会については，［Okamoto 2006］参照。
15) 2008 年には自らムワライ・ジャヤ・リアルティ株式会社という不動産会社を立ち上げた模様である。同社もポドモロ・アグン・グループの傘下企業である。
16) www.tokohindonesia.com/ensiklopedi/t/trihatma-kusuma-haliman/index.shtml. 2008 年 10 月 14 日にアクセス。

第 7 章　新勢力との闘争　｜　171

表 7-3　バンテン有志連合執行部

県・市	執行部	一族
タンゲラン市	H・マルハマン・コマン（町長） (Lurah H. Marhaman Komang) H・シュクル（H. Syukur） H・ドディ・アンワル（町長） (H. Lurah Dody Anwar) ロニ（Roni）（領導会） サムラウィ・ムスリ（退役大佐） (ex-Colonel Samlawi Muslih) M・ジュナエディ（M. Junaedi） トニ（Toni）	ヒクメット・トメト (Drs. Hikmat Tomet)（アトゥットの夫） モハマド・アルウィ・ジュリ (Moh. Alwi Juri)
タンゲラン県	H・ジャフディ（H. Jahudi） マジェン（町長）(Maje'n) H・ウディン・シブディン (H. Udin Syhbudin) H・オオン（H. Oong） H・ハエル（H. Haer） エディ・スノパティ（Edi Senopati）	H・アデン・リリス・K (H. Aden Lilis K.) H・タヴィープ（H. Tavip） Hj. Airin Rachmany Diany Wardana （ハサンの息子ワワンの妻）
セラン県	U・ウディン（U. Uding）（領導会） KH・アリ・ヌルディン (KH Ali Nurdin) KH・スヘミ・イブヌ・サバ (KH Suhemi Ibnu Saba) アブドゥラフマン（Abdurrahman） ウマル・ナヴィス（退役大佐） (ex-Colonel Umar Navis) HM・ハルトノ（H. M. Hartono） H・マドゥリブ（H. Madurip）	Hj・ラトゥ・リリス・K (Hj. Rt. Lilis K.)（ハサンの娘） H・ウチ・サヌシ (H. Uci Sanusi)（PPPSBBI幹部） H・Tb・ヤナ・カキン (H. Tb. Yana Kaking)
チレゴン市	H・アデ・ミフタ（H. Ade Miftah） H・ナナ（H. Nana） H・アフマド（H. Ahmad）（領導会） H・ハビブディン（H. Habibudin） H・ザイダン・リファイ (H. Zaidan Rifa'i) ヘリ・ヘリアント（Heri Herianto）	H・Tb・ハエルル・ザマン (H. Tb. Chaerul Zaman)（ハサンの息子） アセップ・ケベン（Asep Keben） H・フアド（H. Fuad SE）
パンデグラン県	H・エディ・ジュプラエニ (H. Edi Jupraeni) H・ジャジャット・ムハヒディン (H. Jajat Muhahidin) H・イディン（H. Iding） H・ゴジャリ（H. Gojali）	Hj・ラトゥ・タトゥ・ハサナ (Hj. Rt. Tatu Hasanah SE)（ハサンの妻） H・ジュアンダ（H. Juanda） Hj・ティタ・ルスディナル（Hj. Tita Rusdinar）

県・市	執行部	一族
パンデグラン県	エンドン・スグリワ (Endoh Sugriwa) (領導会) H・ママン (H. Maman E.) サムティ (Samuti) H・ハディ・ムルヤナ (H. Hadi Mulyana)	
ルバック県	H・イルジャ・カリス (H. Irja Kharis) H・スマントゥリ (H. Sumantri) H・カスミン (H. Kasmin) H・ルスマニ (H. Rusmani)（領導会） KH・ムビン・アルスディ (KH Drs. Mubin Arsudi) H・アピ・ジュリ (H. Apih Juli) H・ヘリ (H. Heri) アグス・ウィサス (Agus Wisas)	H・サデリ (H. Sadeli) H・Tb・ディディ・サティビ (H. Tb. Didi Satibi) H・ジュハエリ (H. Juhaeri)

出典：Teras 2006: 48 など

タでは不動産開発のフロンティアである西ジャカルタ，北ジャカルタが活動拠点となっている。とりわけポドモロ・アグン・グループに関わる土地紛争があれば構成員が動員された。また，船荷労働者の多いタンジュン・プリオク港にも影響力は及んでいる。勢力圏を明確にするために写真7-3にあるような「詰め所」を各地に設置した。そして，ジャカルタにおいてはバンテン人というエスニシティに基づく社会組織では「ワルガ・バンテン」やPPPSBBIを抜いて最大のものとなった。

　PPPSBBIと領導会という二大ジャワラ組織を取り込んだ有志連合は2006年3月に本格的に活動を開始し，5月に正式に設立式典を行った。有志連合が興味深いのは，表7-3に示したように，執行部と一族という二つの軸を両翼として構成されていることである。各県・市にも執行部を設置し，村レベルにもコーディネーターを配する点できわめて一般的な組織の様相を持つ一方で，一族ネットワークも絡み込ませるという組織となったのは，一族が執行部を監視するという目的もあったと思われる。5月の設立式はあくまでもすでに発足している有志連合を公式に社会に認知させる目的とアトゥット支援を表明する目的とから行われた。有志連合事務局長アエプは，「もしアトゥットが州知事選で負けるようなことがあれば，我々が選挙後の情勢を統制できると本当に思っているのか」と述べ，アトゥット敗北の折には暴力も辞さない構えであった。

選挙が終わった 2007 年 2 月，アエプは有志連合について次のように説明している。有志連合の持つ意味が示されているので，ここに引用する。

> 有志連合の精神的核は領導会と PPPSBBI である。PPPSBBI と領導会が別行動をとるのはまずい。二つの組織への印象が悪くなる。将来的には，暴力を使わずに熟慮と感情に基づいたアプローチがより賢いやり方であろう。バンテン人の性格は厳しいけれども荒々しくはないということをはっきり示したい。我々を丁寧に扱ってくれれば，我々もその人物を丁寧に扱う。しかし，我々をだますようなことをしたら，我々はその人物を荒っぽく扱うであろう。選挙管理委員会がアトゥットの勝利だと昨日発表したにもかかわらず，（その勝利を否定するような）人やグループがいれば，我々はそういった人やグループと対峙する準備はできている。決まりごとを破るようなグループは，それがどんなグループであろうと，バンテン人，この場合，有志連合と対峙することになる。有志連合は 118 の拳術道場も含め，PPPSBBI，領導会，その他の組織によって成り立っている。

アエプは，有志連合が PPPSBBI と領導会の歴史的連合であること，この二つの組織がアトゥット勝利のために共闘したこと，アトゥットが敗北するようなことがあれば有志連合が暴力の行使も辞さない形でライバルたちと戦うこと，こうした点を明瞭に述べている。また，アトゥット勝利を批判する連中はバンテン人を敵にするという表現や，バンテン人の性格は厳しいという表現からは，ジャワラにバンテン人を代表させることに何の疑いも抱いていないことが分かる。

ワワンの場合，アエプのようにジャワラ＝バンテン人というあまりに単純な理解を共有しているわけもなく，また，PPPSBBI と領導会というジャワラの二大組織をまとめあげただけでも勝利できるとは思っていなかった。上述のバンテン統一協会（LBB）を作ったのは，ジャワラ以外のネットワークの重要性を理解しているからでもあった。

第 5 節　若手知識人の取り込み

ワワンは，ジャワラに象徴される文化的暴力や呪術などを利用した選挙戦で

は，とりわけ都市部の有権者の支持を獲得できないと考えていた。そこで，州知事選の行われる1年半以上も前の2005年3月10日，ワワンはバンテン統一協会を作り上げた。メンバーは約60人からなり，その大半は(元)学生活動家たちであった。タンゲランにある国立イスラーム大学のイスラーム学生同盟(HMI)元支部長，インドネシア・イスラーム学生運動(PMII)活動家，国民インドネシア青年委員会(KNPI)・バンテン州副委員長などがリクルートされた。さらに，タンゲラン県ジャヤンティ郡パシール・ギントゥン村にある近代的イスラーム寄宿塾ダール・エル・コラム卒業生も統一協会メンバーとなった。ラウ・グループのタンゲラン地方への影響力は弱かったため，ワワンは同地方の青年層を多くリクルートして同地方の基盤強化を図ったのである。この統一協会の選挙戦略づくりで重要な役割を果たしたのは，選挙コンサルタントとして知名度のあるインドネシア調査サークル所長デニー・JAであった。

シンクタンクである統一協会の重要な役割の一つは，資金，ロジ，催し物，プログラムなどの選挙戦略を打ち立てること，アトゥットのイメージアップを図ることであった。2005年10月，アトゥット州知事代行の写真を載せた2006年のカレンダーを170万枚印刷して住民に配ったのも選挙戦略の一環であった。

統一協会はあらゆる機会と制度を利用して選挙が本格的に始まる前からアトゥット州知事代行を売り出した。とりわけ，州の公務員たちを完全に動員していった。彼らを動員するに当たり重要な役割を果たしたのがアガ・M・ノールであった。アガは統一協会のプログラム担当責任者だけでなく，州政府プロジェクトのコーディネーター役として立ち回り，州の公務員たちからは「州の第4官房長」とまで揶揄された。すべての州のプロジェクトはアトゥットのプロジェクトに化け，有権者にアトゥットの成果を強引に印象づけていった。アガは，サンタ・クロース作戦と呼ばれる行動も始めた。ある州政府の部局が，アトゥット自身が現地を訪れて地域住民のニーズに応じた物資を提供する「開発サファリ」と呼ばれる開発プログラムを行うときには，州政の他部局も1000万から2500万ルピアの資金提供を義務づけられた。そうすることで，1回の「開発サファリ」でばらまかれる物資は格段に増え，地域住民のアトゥットへの感謝も格段に高まるように仕組んだのである。そして，アトゥットのクリスマス・プレゼントは村落レベルの住民のアトゥット支持を確実なものにし，州高官の話では，実際にこのクリスマス・プレゼントを受け取った村落ではほぼ全員が

アトゥットに投票したという。

さらに，ワワンやその妻アイリン・ラフミ・ディアニを通じて，スシロ・バンバン・ユドヨノが2004年大統領直接選挙キャンペーン中に利用したイベント企画の専門家やインドネシアで知名度の高い写真家がアトゥットのイメージアップを図った。アトゥットは宗教活動や社会奉仕活動に自らを捧げる女性として，また，妻としても母親としても理想的な女性としてのイメージ作りが行われた。こうしたイメージ作りを確実なものにするために，アガは，州政府の広報部の業務にも介入して，統一協会がデザインしたアトゥットの宣伝をバンテンで広めるように求めた。そして，バンテンの地方紙三紙がこの広告を掲載した。

首長選が直接選挙となったことで，政党ネットワークよりも候補者の知名度が重要であるという認識が生まれた結果，このように州の行政ネットワークを通じた強引なイメージアップ作戦が作り上げられ実践されていった。それと同時に，こうしたイメージを草の根レベルにまで広げるには行政以外のネットワークも利用していった。

選挙キャンペーンが始まると，統一協会は当初，アトゥット＝マスドゥキ組支持を誇示するための大衆動員を行うときやアトゥット＝マスドゥキ組のポスターや横断幕を貼る作業をする際に郡や村レベルにまで展開している有志連合ネットワークを利用していた。しかし，有志連合ネットワークが予想以上に効率が悪かったことから，ワワンはハサン・ソヒブの一族ネットワークを強化して，村落レベルに至るまで選挙資金を管理し，ポスターや横断幕を貼ったり，草の根レベルで大衆動員を図ったりする際にもそのネットワークに依拠するようになった。先の表7-3に示した有志連合執行部のルートを介さずに，もっぱらハサン・ソヒブ一族ネットワークを村落レベルにまで張り巡らせることで草の根の支持獲得を目論んだ。有志連合執行部に含まれる人物は，アトゥットを支持すると表明してラウ・グループと同盟を組んでいるとはいえ，ラウ・グループから選挙資金が潤沢でなければ選挙運動にまともに取り組まなかったと思われる。アトゥット＝マスドゥキ組はゴルカル党や闘争民主党など7政党から推薦を得ているとはいえ，政党マシンは頼ることはできなかった。各政党間の調整だけで時間を取られる上に，選挙資金も必要であったからである。そうしたことからすれば，血縁ネットワークに頼った選挙キャンペーンの方が安上がりであり，効果的であった。

続いて，選挙結果を見ていくことにしよう。

第6節　州知事選挙結果 ── 僅差の勝利

　先述の表7-2に戻って，州及び県・市の各候補者たちの州知事選での得票率を見てみよう。アトゥット＝マスドゥキ組はズルキフリマンシャ＝マリサ組に対して7％の僅差で勝利を収めたことが分かる。アトゥット＝マスドゥキ組はバンテン南部のパンデグラン県，ルバック県で圧勝したことが勝因である。セラン県，タンゲラン県では僅差で勝利し，チレゴン市，タンゲラン市ではズルキフリマンシャ＝マリサ組に敗北した。トリヤナ＝ベンヤミン組はトリヤナの出身地パンデグラン県では3割の得票率を稼いだ以外は低迷であった。

　アトゥットが勝利できたのは，まず何よりも州知事代行という強みを活かして州の行政ネットワークを利用できたことにある。そのネットワークをアトゥットのイメージアップのために徹底的に利用する作戦を作り上げたことである。そして，選挙キャンペーン中には，農村部を中心に「森の人々」にお金をばらまいたことである。2001年に行われた州議会による州知事選と比較すれば，お金の重要性は変わりないにせよ，イメージ作戦がきわめて重要となり，露骨な暴力の行使や脅迫は350万人の有権者の前では有効性を持たず，ラウ・グループもジャワラ性を前面に打ち出すような作戦には出なかったことが決定的に違う。そういう意味で，露骨な暴力の行使とその可能性を利用したポリティクスは影を潜めた。

　アトゥット＝マスドゥキ組の勝利は，ラウ・グループが民主化・分権化のもとでバンテン州を政治的に牛耳ることに完全に成功したことを意味するかもしれない。アトゥットの勝利は，ハサン・ソヒブの息子ワワンが選挙指揮官をうまくやり遂げたことを意味する。そして，その後の州の人事では，州政府が設ける役職・等級検討部会（Baperjakat）ではなく，ワワンがインフォーマルな決定権者となった。そして，州知事選でアトゥット支持に貢献度の高かったものを高いポストに抜擢する恩賞人事をした［Komunitas Tabloid Investigasi

2007]$^{17)}$。

　県知事，市長についてみてみると，州知事選においてはタンゲラン県知事・市長はアトゥット支持ではなかったものの，チレゴン市長アアートはアトゥット支持派であり，ルバック県知事ジャヤバヤも当然，アトゥット支持であった。パンデグラン県知事ディミヤティは開発統一党州支部長であることから，同党推薦のトリヤナ＝ベンヤミン組を支持しながらも，妻がアトゥットを支持していた。そうすることでラウ・グループとの良好な関係維持に努めた。その理由は，2007年1月の開発統一党党首選にディミヤティが出馬を表明し，ラウ・グループがその選挙資金を支援したからである$^{18)}$。セラン県知事ヌリマンについては，アトゥットを支持していたわけではなかったが，商工会議所の県支部長がハサン・ソヒブの娘リリスに牛耳られていることに象徴されるように，経済諸組織がラウ・グループに掌握されていて刃向かうことができなかった。

　政党に目を向けてみるならば，中央政界ではユドヨノ政権下でゴルカル党，民主主義者党，福祉正義党などが与党となり，闘争民主党は野党化しているけれども，バンテンの政界においてはまったく別の政治的力学が働いている。州知事選に象徴されるようにゴルカル党と闘争民主党はラウ・グループを軸として連立を組み，開発統一党もまた州支部長ディミヤティがラウ・グループとの関係維持を重視したことから反アトゥット派たり得なくなった。ラウ・グループはゴルカルを中心として中央政界にも強いネットワークを持っていることから，およそ中央政界の与野党差はバンテンでは意味をなしておらず，福祉正義党を除けば総与党化現象が起き，政治対立が先鋭化しにくくなった。

　総与党化現象に加えて，政治的安定の実現という点で重要なことは，地域間均衡の政治力学が働いたことである。有力な3組の候補とも選挙で勝利するための合理的選択の結果として，バンテン西部と東部のバランスを考慮した正副候補選びをしており，地域間差異が深刻な選挙争点とならず，大きな社会的亀裂の非争点化につながった。

　アトゥット＝マスドゥキ組が勝利したということは，バンテン州設立の政治

---

17) 州の部局の長になろうとすれば，その見返りとしてワワンに1億ルピアを支払う必要があったとも言われている。イワン・クスマ・ハムダンとのインタビュー，2007年2月10日。

18) 2007年1月3日に行われた開発統一党党首選でディミヤティは得票数3位で敗北した。しかし，突如として党首選に出馬したにもかかわらず3位に食い込めたのは資金力があったからだと言われている。

は，ラウ・グループの覇権確立の政治に帰着したように見える。しかし，覇権確立の障壁となったのが福祉正義党であった。同党が推薦したズルキフリマンシャ＝マリサ組が州知事選で予想以上に善戦したことに見られるように，権威失墜が久しいウラマーに代わって福祉正義党がイスラーム的社会正義の実現を訴えて政治的影響力を拡大した。そして，ラウ・グループの作り上げる政治秩序とは別の政治秩序の模索を始めたかに見えた。暴力や脅しはもちろん，金権政治をも否定する新たな価値観に基づく政治の実現を図る政治集団というのは，ラウ・グループにとっては深刻な脅威となり得た。次章では，この福祉正義党の政治的台頭と皮肉な政治的アクロバットを見ていくことにする。

8章
福祉正義党
―― イスラーム的正義の台頭と皮肉なアクロバット

スハルト体制が崩壊したときには，さまざまなダイナミズムがインドネシアに広がっていた。この章で取り上げる福祉正義党はイスラーム運動の政治化の典型である。秩序が揺らいで社会が不穏になったために，アイデンティティの持つ政治社会的意味は高まり，同党にかぎらず，宗教やエスニシティを強調する組織が各地で台頭したことは第1章で述べたとおりである。ここでは，そうした組織の中でもあまり取り上げられてこなかったキリスト教自警団について触れてみたい。インドネシアがイスラーム化してきているとよく言われて，イスラームに関する情報はあふれる一方で，キリスト教にまつわる言説はあまり聞こえてこないからである。

スハルト体制の崩壊した1998年から2000年前半と言うと，中スラウェシ州のポソやマルク州のアンボンではムスリムとキリスト教との間で宗教紛争がおきており，さらにフィリピンのミンダナオでは一部のムスリムが独立を求めていた頃である。プロテスタントが多数を占める北スラウェシ州ミナハサ地方というのは，ムスリムが多数派のインドネシアのなかでアンボンと並んでキリスト教徒が多い地域で，地理的には，ミンダナオ，ポソ，アンボンを線で結んだトライアングルの真中に位置していた。それゆえ，ミナハサにも宗教紛争が伝播するのではないかとの危惧がキリスト教徒の間で広がり，一気に自警団作りの動きが広がった。フクロウ旅団，ワラネイ民兵団，キリスト教部隊（カトリック系），キリスト民兵団（プロテスタント系）といった自警団が誕生した。後者2つは明らかにイスラーム急進派からキリスト教徒を守る目的で作られた自警団である。フクロウはミナハサのシンボルマーク，ワラネイとはミナハサの戦士を意味するので，どちらもミナハサというエスニック・アイデンティティを強調しつつ，ミナハサ人キリスト教徒のための自警団であった。ワラネイ民兵団は標章として，飛び立つフクロウに加えてダビデの星を使っている。

フクロウ旅団やワラネイ民兵団，キリスト教部隊などの幹部に話を聞いてみると，当時の緊張感は相当なもので，中世の十字軍遠征になぞらえるような心境であったらしい。フクロウ旅団は2000年に

フクロウ旅団発足9周年を祝う看板

設立されるものの，いったんは組織化に失敗する。2002年には，ジャカルタでアンボン出身のヤクザとつるんでいたD氏のもとでフクロウ旅団は急拡大し，1.4万人の構成員を集めた大会議を行っている。キリスト教徒のミナハサ人を実力でもって守るという意思表明であった。

　また，イスラーム急進派の一部がイスラーム防衛戦線という組織を作り，ポソやアンボンに部隊を派遣し始めると，それに対抗して十字架青年戦線を作る動きなども盛り上がった。2000年にイスラーム防衛戦線が北スラウェシ州南部の港町ビトゥンに進出してきたとの噂が流れると，自警団の支部づくりが加速した。実際にはイスラーム防衛戦線はミナハサには来ず，宗教紛争は起きなかった。一つの理由は，駐屯する陸軍部隊が自警団の暴走に歯止めをかけていたからである。フクロウ旅団は，元陸軍特殊部隊と海軍軍人らに頼んで120人の構成員に軍事教練を施した。すると，国家諜報庁（BIN）が即座にD氏に7時間にわたる尋問をして教練の継続をやめさせた。

　ポソやアンボンが平和になり，インドネシア全体も平和になると，こうした自警団の活躍の場は減り，多くの自警団は分裂・衰退してしまった。キリスト教を全面に打ち出す自警団はかなり衰退してし

まった。一方，エスニシティや慣習も強調しているフクロウ旅団は，2011年時点で9.6万人のメンバーを持ち，ミナハサ人のいる各州に展開することに成功していた。分権化のもとでエスニシティや慣習を強調することは問題がないので，政治が安定してもフクロウ旅団は影響力を持ち続けたようである。しかも，警察や国軍，地方自治体と手を携え，名前を「インドネシア」・フクロウ旅団と変更して国家にすり寄り，また，ジャカルタのブタウィ人やカリマンタンのダヤック人といったエスニシティを拠り所とする社会組織ともネットワークを作ることに成功している。2009年選挙では，北スラウェシ州内の県・市の地方議員として複数の政党から46名を送り込んだ。ただ，ミハナサ文化を基軸とする組織は他にも色々と存在するのであり，何もこのインドネシア・フクロウ旅団に限らない。軍服のような緑色系の迷彩服が制服の組織であるフクロウ旅団がミナハサ文化の象徴などになればそれこそ滑稽極まりない。旅団の事務局長が自覚しているように，結局のところ，この旅団の構成員はフクロウ旅団のもつ暴力性を武器にして露天商や商店などをたかる点で，パンチャシラ青年団などと違いはない。今のインドネシアで重要なことは，こうした組織が民主化の名のもとで国家と手を携えて暴力性を持ったまま社会に存在し続けるかどうかである。

本章では，都市部を中心としてインドネシア各地で急速に台頭を果たしたイスラーム主義政党である福祉正義党に焦点を当てる。同党の全国的展開を振り返った後，バンテン州において同党が政治的台頭を果たした政治過程を見ていく。その過程で，同党は選挙に勝利して権力を獲得するという現実主義路線を重視し，イスラーム主義的イデオロギー重視路線を後退させていった。イスラーム急進派とも目されていた同党が現実主義路線を重視したことは，イスラーム主義者たちが積極的に議会政治，選挙政治に適応したことを意味し，良くも悪くも政治の安定につながった。ただし，とりわけバンテン州の福祉正義党の場合，金権政治にも適応しすぎてしまった事例となっている。まずは，同党の全国的展開を見ていこう。

第1節　正義党，そして福祉正義党の台頭[1]

　福祉正義党の起源は70年代のイスラーム復興に伴うダクワ（布教）運動にある。このダクワ運動は，エジプトのムスリム同胞団のモデルにならい，思想的・人的には50年代に活躍したイスラーム政党，マシュミ党の流れを引き継いでいる。その萌芽はイマドゥディンらがリーダー的役割を果たしたバンドン工科大学サルモン・モスクにおけるイスラーム運動である[2]。クルアーンとハディースの忠実な解釈を重視するサラフィー主義の影響が強く，さまざまな土着文化と混交したイスラームを否定する動きであり，20世紀初頭のムハマディヤの現代版という性格もあった。

　このダクワ運動の第1世代とも言えるのは，アブディ・スマイティ（通称アブ・リド），サリム・スガフ・アルジュフリ，ラフマット・アブドゥラー，ユ

---

1) 福祉正義党についてはかなりの数の研究が生まれてきている。初期の作品で包括的なものとしては，Damanik [2002] がある。その後，Yudi Latief et al. [2005]，見市 [2005]，Yon [2005]，Ahmad-Norma Permata [2008]，Greg Fealy [2008]，Imdadun Rahmat [2008] などが著された。見市は南カリマンタン州における福祉正義党の2004年総選挙でのキャンペーンに焦点を当てており，地方レベルの福祉正義党の戦略について描いた唯一の作品である。その他の作品は福祉正義党が拡大するにつれて穏健化していったことを中央レベルに焦点を当てて描いており，現実的な政治課題がより重要性を持っている地方レベルでの福祉正義党のジレンマが描ききれていない。

2) このサルモン運動については，[野中 2010] 参照。

スフ・スペンディ，ヒルミ・アミヌディンなどのイスラーム説教師であり，彼らによって，ダクワ運動はサルモン・モスクを中心としてインドネシア大学，ボゴール農科大学，ガジャマダ大学など有力大学に拡大していった。78年に大学内での政治運動がスハルト体制によって否定された結果，政治運動に参加していた学生たちも加わって，この運動は勢いを増した。タルビヤ（教育）運動と呼ばれるようになり，各地のキャンパス布教委員会（LDK）を通じて広まり，同委員会を結びつけるキャンパス布教委員会友好フォーラムも作り上げられた。彼らが中心的に取り上げたのは，サラフィー主義の著作やムスリム同胞団の書物であった。

このタルビヤ運動のメンバーの中には，スハルト大統領の退陣は2010年頃だと見込んで，その頃には彼らの幹部の中から政治指導者になり得るような人材を育てておくべきだとの意見があった。その方法の一つが，幹部が大学の学生部のリーダーとなることであった。多様な学生をまとめあげることは，将来，実社会をまとめあげる上で役立つと判断されたからである。まず，1994年にはズルキフリマンシャ（2006年のバンテン州知事候補）がインドネシア大学の学生部長に就任することに成功した。そして，ジャカルタ，ボゴール，バンドン，ジョグジャカルタの有力大学の学生部を手中にする努力を続けていった[3]。

1998年3月にはこのタルビヤ運動でつながれたネットワークは「インドネシア・ムスリム学生活動連合」（KAMMI）として制度化された。5月にスハルト体制が崩壊して民主化が始まると，同連合を政党にしようという動きが起きた。タルビヤ運動において支配的なイスラーム理解は，イスラーム教においては宗教と政治は不可分であって，政治的にイスラーム化を推進すべきであるとするイスラーム主義であり，その理解からすればこうした政党結成の動きは不思議ではなかった。インドネシア全土にちらばる6000人のタルビヤ運動の活動家に対して，同運動の政党化について調査をしたところ，回答した68％のメンバーが政党結成に賛成であり，社会宗教組織のままであることを望んだものはわずか27％に過ぎなかった。その結果，1998年8月に福祉正義党の前身である正義党が発足した。

1999年総選挙において正義党はイスラーム的倫理に基づく清廉な政治をアピールして，主に都市部の中産階層の支持を得て，1.4％の得票率を獲得した。

3） ズルキフリマンシャ（福祉正義党国会議員）とのインタビュー，2007年2月11日。

議席数で見ると，国会で7議席，インドネシア全州の議会で合計26議席，全県・市の議会で153議席を獲得した。選挙法の規定により，2%以下の得票率の政党は次の総選挙に参加できないことから，正義党は2003年4月に，その後身として2002年4月に作られていた福祉正義党に統合した（以後，2003年までは正義党，それ以後は福祉正義党と呼ぶ）［Any 2004: 287-294］。

党幹部になったのは，ムロビと呼ばれる1人の助言者の指導のもと，ウスロ，後のイフワンと呼ばれる5～10人程度のグループ討論などを通じてイスラーム法やイスラームの真理を学んだものたちであった。ヒルミ・アミヌディンなど年長の説教者たちは，政治的イスラーム運動が否定されていたスハルト時代のトラウマから解放されて積極的に運動を展開していく必要性を幹部たちに力説した[4]。こうした論理に正義を見いだした幹部たちは，積極的に正義党支持派を増やしていった。少しずつ支持基盤が都市部から農村部にも広がっていった。これまでムハマディヤやナフダトゥール・ウラマー関係者が行っていたモスクの管理を正義党幹部が取って代わる動きも起きた[5]。その過程では，タルビヤ運動出身者だけの幹部政党という印象を弱め，より穏健なイスラーム主義政党であることを強調し，開かれた包括的政党であり，他宗教にも寛容であると主張した。正義党はダクワ政党である以上，イスラーム化の推進は党の原理原則に近い。しかし，その方法はテロなどの暴力的手法や革命的手法ではなく，党員自身が理想的なムスリム像を提示して社会全体のイスラーム化を推進していくという穏健なものである。

当初は，正義党幹部は，土着文化と混交した宗教儀礼である死者への儀礼（Tahlilan），予言者ムハンマド聖誕祭（Mauludan），供食儀礼（Selametan），聖者廟巡礼（Ziarah Kubur）に対して，サラフィー主義的傾向の強いイスラーム社会組織であるムハマディヤやイスラーム統一連合（Persis）などと同じく批判的で

---

4) ヒルミ・アミヌディンの演説集を見ると，政治的イスラーム運動が弾圧されていた頃のトラウマを忘れて，積極的にダクワをする必要性を幹部たちに力説していることが見て取れる［Hilmi Aminuddin 2007］。

5) （福祉）正義党の進出が大学のキャンパスから広く社会全般に及ぶにつれて，既存のイスラーム社会組織からは福祉正義党の進出を阻止する動きが起きている。ムハマディヤは福祉正義党を含めた新たなイスラーム集団幹部によるムハマディヤ乗っ取り阻止を指示する通達を出し，ナフダトゥール・ウラマーは福祉正義党も含めた「トランスナショナルなイスラーム」の浸透を防ぐ運動を始めた。ナフダトゥール・ウラマーにとって，福祉正義党はインドネシアに根付いたイスラームを否定して中東のイスラームを正統だと主張するイスラーム主義者たちの政党とみなされている。

あった。しかし，徐々に，こうした行事はイスラームの核心ではなく，枝葉に関わることであり，最終的には改められることが望ましいけれども，完全に否定はしないという態度を示すようになった。幹部養成のカリキュラムはタルビヤ運動の頃と変わらないという点で，こうした穏健さには疑念が残るけれども，大きな変化であることは間違いない。加えて，イスラーム色を全面に打ち出すよりも，「反汚職のジハード（聖戦）」を実践する政党として売り出し，アチェやジョグジャカルタでの地震の際のように，天災があれば真っ先に同党の旗を持って現場に駆けつけた。こうしたことが同党の支持拡大につながった。

　さらに，正義党は，政治活動以外にも，さまざまな分野に進出していくことで支持母体を増やしていった。学習塾「ヌルル・フィクリ」，布教組織「ホリル・ウンマ」，イスラーム教育機関「アル・ヒクマ」，祈祷委員会「シディック」，文芸団体「ナシッド」などが教育文化分野で誕生した。ラフマト・アブドゥラーが創刊したイスラーム雑誌「サビリ」はインドネシア最大の部数を誇る雑誌になったことがあった。さらに，「アル・イシュラヒ・プレス」，「グマ・インサニ・プレス」など，次々と出版社を設立させて，イスラーム関連の出版活動を行った。人道面では，「ムスリムのための正義の詰め所」，「ウムル・クロ社会基金」，赤十字のイスラーム版「インドネシア赤い三日月」などが作られた。女性組織では，「サリマ」，「正義の女性のための詰め所」が，経済面では，1998年から「正義労働者組合」や「インドネシア・イスラーム法・協同組合」が存在している。同協同組合は「インドネシア・ムスリム実業家ネットワーク」や「インドネシア労働連合」を支援し，2003年には「インドネシア福祉農民・漁民連合」を発足させた。さらには，「インドネシア改革研究所」などのシンクタンクも作り上げ，学生組織としては，KAMMI以外にも「正義の詰め所」，中高生を対象とした「インドネシア・ムスリム学生活動連合」，「アジア太平洋青年・学生財団」などを作った [Imdadun 2008: 43-44]。

　福祉正義党＝より開かれた穏健な政党というイメージを作り上げ，インドネシア社会のさまざまな分野において組織的活動を展開していった結果，表8-1にあるように，県・市支部は1999年には58％（1999年）の県・市に設けられ，2004年にはすべての県・市に設けられた。郡支部は1999年には50％（1999年）の郡に設けられ，2004年には65％，2009年総選挙までに90％の郡に設けられた [Tim Pemenangan Pemilu Nasional PKS 2008: 19]。村・町レベルでは1999年の1,500支所から2004年には9,000支所，2009年には25,000以上の支所が

186

表 8-1　福祉正義党支部数の変化

年	県・市レベル	郡レベル
1999	58	50
2000	82	35
2001	79	35
2002	86	51
2003	93	62
2004	100	65

出所：Yudi Latif et. al. 2005

設けられた。そして，幹部の数も1999年総選挙時には35,000人，2004年総選挙時には450,000人，2009年には約850,000人に急増した (ibid)。

　福祉正義党が他のイスラーム系政党と決定的に異なるのはイスラーム社会組織，教育組織とのリンクである。例えば，民族覚醒党がナフダトゥール・ウラマーというイスラーム社会組織を基盤にしており，国民信託党がムハマディヤというイスラーム社会組織を基盤にしているのに対して，正義党にはそうした明確なイスラーム社会組織とのリンクはない [見市 2005: 184; Imdadun 2008: 150]。したがって，どういった組織に所属していたのか，その組織での地位はどうであったのかということは福祉正義党内での昇進には関わりがなく，党員たちは，7段階に及ぶ同党の幹部育成システムに沿って昇進していった。ゴルカル，闘争民主，民主主義者党，民族覚醒党などの政党では，党首との血縁関係，資金力，政治基盤などで党員が安易に幹部に取り立てられる傾向があるのとは大きく違っていた。そして，同党のこの忠誠度とパフォーマンス重視の昇進システムは敬虔なムスリム，とりわけムハマディヤやナフダトゥール・ウラマーにおいて周辺化されたムスリムにとっては魅力的であったと言える。福祉正義党がイデオロギー的に穏健化するなかで，礼拝の仕方は党員個人に委ねられ，ナフダトゥール・ウラマー系のイスラーム社会で育ったムスリムにとっては常識化している上述の死者への儀礼や供食儀礼も否定されなかった。例えば，東ジャワ州支部では，ムハマディヤからもナフダトゥール・ウラマーからも幹部を輩出しており，対立は起きておらず，実際に礼拝の方法も個人に委ねられており，死者への儀礼タフリランも行っても問題ないという[6]。

6）　ムハマド・シロジ（福祉正義党東ジャワ州議会議員）とのインタビュー，2008年12月28日。シロジ自身はナフダトゥール・ウラマー系のプサントレンで教育を受けた後，断食を続けて「内

第2節　政界における正義党 ── イスラーム化と汚職撲滅

　正義党はイスラーム主義政党であり，国会での政治もまたイスラーム布教の一環として捉えられている。興味深かったのは，「ジャカルタ憲章」挿入要求への同党の立場であった。この要求とは，45年憲法第29条第1項「国家は唯一神を基盤とする」という規定に，「ムスリムについてはイスラーム法を実践する義務がある」という一文を追加する要求を意味する。45年6月時点での憲法前文草案で含まれていたこの一文は，後にキリスト教徒など少数派への差別となりかねないことから削除された。その後，この前文は「ジャカルタ憲章」と呼ばれている。スハルト権威主義体制が崩壊して民主化が始まると，イスラームを党原理とする開発統一党や月星党は同憲章を付け加えるよう求めた。イスラーム防衛戦線，インドネシア解放党，イスラーム布教協議会などのイスラーム社会組織も国会前でジャカルタ憲章の挿入を求めるデモを行った。

　正義党の場合，開発統一党や月星党のように露骨にジャカルタ憲章挿入を求めれば急進派，過激派とのレッテル貼りをされることは確実であり，かといって，イスラーム政党としてジャカルタ憲章を否定することもできない。そこで，代替案として，「信者は各々が信ずる宗教を実践する義務を有する」という文言の挿入を求めた。こうした姿勢からも，同党が穏健的，現実主義的，言い換えるならリスク回避志向が高い政党であることが分かる。国会での議席数はわずかに7議席であり，1会派を作るのに必要な10議席にも満たなかったこともあり，その後はイスラーム化を国政レベルで目立って推進することはなかった。

　上述のように，正義党が少数派ながら世間の注目を浴びたのは，イスラーム化の推進に努めたことよりも「反汚職のジハード」を実践したことであった。正義党から政界に突如として進出した国会議員，地方議員はほぼ全員が政治に素人であり，「改革」の影響を受けて理想主義的傾向が強かったことがこうしたジハードを展開できた理由の一つであろう。アブドゥルラフマン・ワヒド政権の時代に林業大臣に就任した正義党党首ヌル・マフムディ・イスマイルは就

なる力」を身につけたものの，その力を試すために喧嘩を繰り返したことを反省して，その力を取り去ったという。その後，福祉正義党入りした。

任してから10ヶ月の間に同省内の15に上る汚職を摘発して検察に取り調べを求めた。森林地帯の航空地図作成プログラムをめぐる汚職事件では，スハルト体制時代に「森林王」として権勢を誇っていた華人実業家ボブ・ハサンが逮捕された。

地方議会で議員を務める正義党員たちも同様の運動を始めた。西ジャワ州議会の正義党議員2名は，5億ルピアに上る「礼金」を返済した。「礼金」とは，任期終了の議員に支払われる退職金のことである。汚職とは言えないが，州予算は議員の退職金ではなく，有権者のために使うべきだという意見から返済したのである。マグタン県の正義党員は，本来は後進村対策資金に回されるはずの予算が県会議員にばらまかれたため，自らに配られた100万ルピアを返済した。ベンクルー州議会の正義党議員は，1議員あたり210万ルピアの断食明け休日給付金を返済し，また，視察旅行費930万ルピアを無駄遣いであるとして返済した。ジャカルタ州議会の4名の正義党所属議員は，州知事スティヨソが再選を目論んで配った5億ルピア（1議員あたり）の受取を拒否した［Imdadun 2008: 46-49］。

正義党は，組織強化，幹部育成強化と多様な分野への活動の展開，被災地への迅速な支援，反汚職キャンペーンなどを通じて政党としての基盤強化を着実に成し遂げていった[7]。その結果，2004年総選挙では躍進することになった。

第3節　2004年総選挙，そして地方首長公選

正義党から名前を変えた福祉正義党は，全国レベルでは，1999年の1.4％から7.3％に得票率を大きく伸ばすことに成功した。議席数で見ると，国会での議席数は45，全州議会での議席数合計は157，全県・市議会での議席数合計は

---

7)　この間のタルビヤ運動の発展は，漸進主義，穏健主義を基調とするハサン・アル・バンナ系のムスリム同胞団の方法論に則っている。事務局長のアニス・マッタに従うなら，正義党に至るまでに四つの段階を経たことになる。まず，組織化の段階である。時間をかけて幹部を体系的に育成し，彼らからなる強靱な組織を作り上げる。次に，社会化の段階で，ダクワ活動の支持者を社会レベルでマスとして拡大する。続いて，制度の段階であり，社会，経済，文化，教育，政治など多様な分野で布教のためのさまざまな制度を作り上げ，また既存の制度である政府や軍隊にも参加していく。最終段階としては，国政への参画である［Anis Matta 2002: 3, 9-11］。

900 となった。ジャカルタでは得票率23％で第1党に上り詰めた。インドネシア大学のあるデポック市では27.5％，津波の被害を受けたバンダ・アチェ市では20.5％，バンドン工科大学のあるバンドン市では20.5％，南ハルマヘラ県では20％，メダン市では14％，バタム市では14％，パダン市では12％というように，高い得票率を示したのは，都市部にあるタルビヤ運動の拠点や福祉正義党が被災民救済に活躍した地域であった［Yudi Latief et al. 2005: 84］。農村部への支持基盤拡大も成果を見せており，例えば，南カリマンタン州では州都バンジャルマシン市で第2党に躍進し，2県で第1党に上り詰めた。それは清廉潔白なイメージ戦略や組織化が奏功したことに加え，清廉な若手イスラーム指導者やムハンマドの子孫であるハビーブの1人を国会議員候補に擁立して説教師として各地の講話会で講演させたことが大躍進につながった［見市 2005: 191-196］。

2005年から始まった地方首長公選においても福祉正義党は躍進を続けた。2008年5月までに福祉正義党は151の首長候補者を推薦し，91の首長選で勝利を収めた［Inilah.com 2008.5.26］。九つの首長選では福祉正義党単独推薦候補を担ぎ出し，デポック市長選やベンクルー州知事選など四つの首長選で勝利を収めることに成功した。州知事選に関する限り，福祉正義党が推薦した候補は，ベンクルー州，バンカ・ビリトゥン島嶼部州，リアウ州，北マルク州，西ジャワ州，北スマトラ州，東ジャワ州で勝利を収めている［Eriyanto 2007b: 14-16］。

福祉正義党が首長選で比較的高い勝率を保ってきたのは，まず第1に多くの首長選で同党の選挙マシンが機能したからである。他党の場合，候補者が選挙資金を配分しなければ選挙マシンが機能しないことが一般的であるのに対して，福祉正義党の幹部や支持者たちは選挙運動もまた布教の一環と捉えており，必ずしも潤沢な選挙資金がなくても選挙運動を展開する傾向が強い。

次に，福祉正義党そのものの性格変容が理由として挙げられる。1999年から政治参加を始め，2004年の総選挙で躍進してユドヨノ政権の一翼を担うようになるにつれて，同党は漸進的にイスラーム化を進める穏健主義路線を強調しただけでなく，政治的現実路線を強め，幹部政党からゴルカル党や闘争民主党とさして変わらない「普通の政党」化していった。他政党同様，有権者にとって魅力的な，人気取り政策を公約として掲げ，知名度も高い勝てる候補者を推薦する傾向が顕著になった。選挙キャンペーン中には，イスラーム国家樹立な

どを主張することはまったくなく，誰にでも受け入れることができるようなグッド・ガバナンスの実現などをもっぱら主張するようになった．例えば，西ジャワ州知事選においては，自党の幹部を州知事候補にしたものの，それだけでは勝てないと判断して，デデ・ユスフを副知事候補に据えて勝利を収めた．デデ・ユスフは西ジャワ出身のボディ・ビルダーであり，鎮痛剤「ボードレックス」のテレビコマーシャルなどでマッチョな俳優として有名な人物である．

　政治的には合理的で正しい選択であるとしても，同党の綱領に照らせばイデオロギー的に整合性が危ういこうした政治的現実主義が卓越していくと，同党のイスラーム主義に対する不信感は弱まり，より広い有権者に支持基盤を広げる可能性は出てくる．しかし，この現実主義路線が行きすぎると，同党設立以来の熱心な支持者の離反を招くことにもなっていった．バンテン州の事例はその典型である．

第4節　「普通」政党としての福祉正義党 ── 穏健化，金権化

　福祉正義党が党勢を急速に拡大していく中で，イデオロギーがより穏健化し，他政党同様，金権体質が目立ち始めた．パンチャシラを国家原理として譲らない多元主義者やナショナリストの中には，福祉正義党はインドネシアでイスラーム法の適用を行い，イスラーム国家樹立を目指す「隠れた思惑」を持っているという疑惑が根強い．実際，2008年の党大会で党評議会議長に選ばれたヒルミ・アミヌディンは50年代のイスラーム国家樹立運動に関与したと言われているし，福祉正義党の文書でパンチャシラを国家原理として容認するという表現は見あたらず［Imdadun 2008: 124］，2009年総選挙に向けて2008年に新たに作成された党綱領でもイスラームを党イデオロギーとするとしている．しかし，2008年の党綱領をみると，「イスラーム法を適用するイスラーム国家でもイスラーム法を拒否する世俗国家でもなく，我々が望むインドネシア国家とは，合法的かつ民主的に，至高にして普遍的な人道主義的価値を有した宗教の教えを実現することであり，その結果として，イスラーム的市民社会（マシャラカット・マダニ）が生まれることである」とあり，イスラーム国家樹立は目的とされていない［PKS 2008a: 28］．イスラーム的市民社会とは，預言者ムハン

マドがメッカに作り上げた都市国家を原型とするもので，宗教的価値，規範，法律，そしてモラルに裏打ちされた，優れて進歩的かつ教養に富んだ社会であり，多元性，開かれた民主的態度を尊重し，国家主権を皆で尊重する社会である。インドネシアの現状に照らせば，イスラーム的市民社会はインドネシアという国民国家の枠組みの中で達成されるべきであると党綱領では述べられている［PKS 2008b: 1］。

国会で福祉正義党会派の副会長を務めたズルキフリマンシャの説明に従うなら，上記の福祉正義党の主張のポイントは，福祉正義党は，仮に選挙で勝利して政権を取ったとしても，現在のインドネシアという国民国家を国家の最終形態と捉えており，この国民国家を改変することを強制しないし，多様な社会であるインドネシアに対してイスラーム法の適用を強制することもない[8]。その意味で，福祉正義党は，他の政党と何ら変わりのない「普通の政党」であるというのがズルキフリマンシャの主張である[9]。

そもそも，福祉正義党の社会変革，政治変革の方法論は，段階論であって，革命的手法ではない。「すべてのイスラームの体系の基礎にあるのは，段階的展開であり，均衡である」というのが福祉正義党のイスラーム理解である［Imdadun 2008: 134］。したがって，2004年の大統領直接選挙において福祉正義党も推薦したスシロ・バンバン・ユドヨノが大統領に当選すると，積極的に政権与党となり，燃料値上げなど貧困層を無視したユドヨノ大統領の政策にも従いつつ，イスラーム的価値観や倫理に関わることについては積極的に立場を明らかにして，少しずつ政権を中道から中道右派へと変更させていった。例えば，預言者ムハンマドの後にも預言者の存在を認める宗教組織アフマディヤがイスラーム組織か否かが問題になったときには，アフマディヤがイスラーム規範に反する教義を広めることを禁じさせる決定を出させることに成功したし，2008年にはイスラーム勢力の影響で生まれた反ポルノ法の成立を支持した。

2009年総選挙において2400万票の支持を獲得して国会で20％以上の議席を占めることを目的としていたことから［PKS 2008b: vii］，イスラーム的倫理の

---

8) http://www.zulkieflimansyah.com/in/pks-tidak-akan-paksakan-syariat-islam.html. 2008年8月10日20時37分にアクセス。
9) ズルキフリマンシャとのインタビュー，2005年2月5日。もちろん，後述するように，福祉正義党内にも多様な立場が存在しており，ズルキフリマンシャの立場が完全に支持を得ているわけではない。

重要性は主張しつつ，他の側面ではエリート主義的，イスラーム主義的，都市中産階層志向な政党というイメージをこれまで以上に払拭して大衆政党化する必要性は高まった。70 年代以降の社会のイスラーム化の影響もあって，民族主義政党と思われていた政党でさえ，イスラーム色を強めており，福祉正義党が相変わらずイスラーム主義を強調してもそれは政治的メリットにはならない可能性が高まってきていた。例えば，闘争民主党の場合，2004 年大統領選挙のときには大統領候補であった党首メガワティは頭にスカーフを巻いて敬虔なムスリム票の取り込みを図ったし，2009 年選挙に向けて運動していた 2007 年には，イスラーム対策を担う「ムスリムの家」を設置して敬虔なムスリム票をより確実に取り込もうとした。また，ユドヨノ大統領率いる民主主義者党は，選挙キャンペーンでは，「中道政党，宗教政党，全社会層の政党，若者の政党，女性の政党」というメッセージをぶち上げ，包括政党性とともにイスラーム政党であることも強調し始めていた。こうした状況下で 2400 万票を獲得しようとすれば，福祉正義党も敬虔な都市部のムスリム票だけでは不十分であり，農村部での支持拡大をねらうことが至上命題となり，貧困削減対策なども重視する必要が生まれた。2007 年に新たに選ばれた同党の執行部議長ティファトゥル・スンビリンは，次のように新たな地方首長によるポピュリスト的政策の重要性を強調している。「（新たな地方首長たちが）最初にすべきことは，ポピュリスト的なものになるだろう。一般住民は，長年望んできた変化の証拠を確実に要求しているからである。多くの住民は，栄養不足，浮腫，小児麻痺，精神的苦痛，石油価格高騰などに苦しんでいる。新しい地方首長は，こうした住民を落ち着かせ，なだめる必要がある」[Tifatul Sembiring 2007: 9]。

　福祉正義党の悲劇は，2004 年以後，金権体質に染まり始めたこと，それとも関連して世俗主義的・現実主義的路線があまりに顕著になったことである。こうした変容を典型的に示す出来事を三つ紹介しよう。一つ目は 2004 年の大統領直接選挙，二つ目は政党体操，三つ目はテレビ広告である。

①大統領直接選挙と金権体質の始まり

　2004 年までは，党評議会議長ヒルミ，80 年代からダクワ運動を行ってきたラフマット・アブドゥラー，ユスフ・スペンディラ同世代の幹部，ヒダヤット・ヌル・ワヒド，アニス・マッタら若手幹部の関係は良かった。しかし，党勢が急拡大してさまざまな政治勢力がアプローチし始めることでこの関係が破綻し

始め，ヒルミと一部の幹部は金権体質に染まっていった。その始まりが2004年の大統領直接選挙であった。7.3％の得票率と優れた結束力をもつ福祉正義党はどの大統領候補にとっても魅力的であった。党内では，イデオロギー的に近い国民信託党党首アミン・ライスを支持する声が強かった。しかし，スハルト体制時代の国軍司令官で大統領選に出馬していたウィラントがバンテン州のアンヤールにあるヒルミの家を訪れて支持を求めた。ウィラントは支持の見返りに310億ルピアを提供したと言われている。献金を受けた以上，ヒルミは同党がウィラントを支持することを確約したことになる。ヒルミとその忠実な部下アニス・マッタらが中心となって強引に同党をウィラント支持にする動きが強まっていった。彼らは，ヒルミの自宅のあるカリ・マランにちなんでカリ・マラン派と呼ばれた。一方，ヒダヤット・ヌル・ワヒドらアミン・ライス支持派は，福祉正義党本部のあるマンパンにちなんでマンパン派とよばれるようになった。

　党評議会の決定により，5組の正副大統領候補のうち，1組を支持するのかどの組も支持しないのかは，党の上位三機関であるイスラーム法議会本部，諮問協議会本部，中央執行部の構成員が判断することになった。ここで混乱が起きた。この三機関構成員による審議が8回も行われ，拍手による投票でも実際の投票でも多数派はアミン・ライス支持であった。しかし，審議の場にいないヒルミがこの8回に渡る審議決定を拒否し，挙句の果てに党綱領にも記載されていない拒否権を発動して，党推薦大統領候補の決定を評議会決定事項にしてしまった。それが2004年7月22日のことであった。そして，7月27日，最高評議会構成員39名に招集をかけてアンヤールの自宅に呼びつけた。午前9時に招集しながら，自宅にいるヒルミはなかなか会議室に現れず，他の構成員を焦らせた。ようやく日暮れ時に満面の笑みを浮かべたヒルミが会議室に現れて，評議会会議が始まった。

　これだけあからさまにヒルミがウィラント支持を望んでいるにもかかわらず，評議会の投票でも7割がアミン・ライス支持という結果となり，評議会はアミン・ライス支持を決めた。すると，翌28日，ヒルミの意向を受けた諮問協議会本部長ラフマット・アブドゥラーが，評議会決定は拘束力を持たないという文書を署名入りで出した。すると，先の三機関は，29日に，ラフマットの文書は無効であるとの決定を下し，結局，福祉正義党はアミン・フイス支持となるものの，同党が混乱に陥ったことは間違いない［Irfan 2013: 96-101］。

これが福祉正義党の金権政治化の始まりであり，以後，ジャカルタ州知事選での元警察官僚アダン・ドロジャトゥン支持，2004年大統領選挙第2ラウンドでのユスフ・カラ支持でも金銭授受が支持の動機になったと言われるように，ヒルミら一部の幹部の脱モラル化が起き始めた。

②政党体操

　福祉正義党にはスポーツ部門があり，恐らく現在のインドネシアの政党の中では唯一と思われる政党体操を作ってきた。最初の体操は，「新精神のための体操」という物々しいタイトルの体操であった。VCDも作られており，そのVCDでは3名の男性インストラクターたちが黒い上下を着て体操をしている。背景の音楽は中東イスラームの影響を受けてショウトゥル・ハロカと呼ばれる楽器なしのアカペラである。男性インストラクターたちは真剣にシャープな動きで体操を行っており，ある種の軍事教練を思わせる。しかも，背後にはときおり稲妻が走る。あまりに戦闘的な体操であるためか，スポーツ部は新たに「スポーツ体操」を作り上げた。この体操も基本的には中東イスラーム的なアカペラを背景にしており，西洋のエアロビクスのような気軽さに欠けている。その反省をふまえて，スポーツ部は2005年に「インドネシア・福祉正義党体操」（写真8-1参照）を作り上げた［PKS 2005］。

　この体操が生まれた理由は，ユドヨノ政権下で青年・スポーツ担当大臣に就任した同党幹部のアディヤクサ・ドルトがあまりイスラーム的でなく，インドネシア化された体操を作るように要請したからである。その結果，これまでとは大幅に異なる「インドネシア・福祉正義党体操」が生まれた。背景に流れる音楽は，楽器演奏付きでインドネシア各地の地方音楽が使われ，アカペラではなくなった。6人のインストラクターたちはすべて男性であるとはいえ，赤，白，黒など多様なジャージを着ており，体操も日本でもよく見られるエアロビクスのような性格がきわめて強くなった。一般の人にも親しみを持ってもらうために，2人一組となって両手をたたき合う子供の遊び「せっせっせ」のような動作や一列に並んで「汽車ぽっぽ」のような動作まで取り入れた。この体操を社会活動の一環で普及することを通じて，楽しみながら福祉正義党になじんでもらう努力を行った。この「楽しい」体操は婦人たちに人気が出た。

写真 8-1　福祉正義党体操 VCD

③テレビ広告

　2008年9月9日から11日にかけて福祉正義党はテレビ広告を大々的に行った。ナフダトゥール・ウラマー幹部サラフディン・ワヒドの息子で福祉正義党に共感を抱いていたイパン・ワヒドの広告代理店「ファーストコム」に福祉正義党が発注したものである。この広告は，国民英雄記念日を祝う目的で作り上げられており，予算は 10 億ルピアであった[10]。最も議論を呼んだのは，国民の教師，英雄として 8 人の歴史的人物をとりあげ，彼らが歩んできた道を福祉正義党と共に前進させようと訴えているなかで，スハルトも国民の教師，英雄と

---

10)　イパン・ワヒドが福祉正義党に共感を抱いていたにせよ，あくまでも広告作りはファーストコムのビジネスの一つである。実際，ファーストコムは国民信託党の党首ストリスノ・バヒル，開発統一党，民族覚醒党のテレビ広告を 2009 年 4 月の総選挙向けに作り，さらに 7 月の大統領選に際しては，PKS の支持するユドヨノではなく，ゴルカル党のユスフ・カラ大統領候補のためのテレビ広告を作った。こうした候補者，政党をテレビなどで宣伝する選挙ビジネスは，2004 年大統領直接選挙以来，活況を呈しており，ホットライン，チャベ・ラウィットなどインドネシア国内のさまざまな広告会社が利潤を求めて参入してきている。民主化後の選挙広告ビジネスの活況については，［岡本 2010］。

して含めたことであった[11]。11月9日には,「国民英雄一族の子供たちの集会と対話」と称する夕食会をジャカルタ・コンベンション・センターで開き,スハルト一族からはスハルト4女,ティティック・スハルトが出席した。ティティックは福祉正義党がスハルトを国民の教師,英雄として認めたことに感謝を表明した。

　ティファトゥルは,「この会は（世代間の）和解をめざし,世代間の憎悪をなくすために企画した」と述べて,スハルト一族を招聘したことを正当化している［*Tempo* 2008.11.17-24: 32］。本音のところは,農村部を中心としてスハルト時代を懐かしむ声を取り込むことで福祉正義党が進出しきれていない農村部の票を2009年総選挙で獲得しようとしていたことは間違いない。しかし,当然のことながら,都市部の支持者からは党発足の動機を否定するものだという強い非難の声が上がった。スハルト体制が崩壊する頃に同体制を厳しく批判し続けたインドネシア科学院（LIPI）の研究者からは,福祉正義党（Partai Keadilan Sejahtera, PKS）のPKSはPartai Kroni Suharto（スハルトのクローニーの政党）であるという批判がなされた［*Tribun Timur* 2008.12.18］。さらに,福祉正義党はスハルト一族から資金的援助を受けているとの噂が広がった[12]。スハルトの側近であったフアド・バワジルは福祉正義党の幹部アブ・バカル・アル＝ハブシ,リルヤディと関係があったからこの噂もあながち嘘ではなかった[13]。

　イスラーム色を一層弱め,スハルトをも再評価することでイスラーム主義者以外の票を積極的に集めようという露骨なまでの政治戦略については,当然のことながら党内でも不満の声が上がった。スハルトのテレビ広告をめぐっては,福祉正義党党内の二派,福祉派と正義派の立場の違いが党外にも知られるようになった。これは,2004年大統領選挙をめぐるカリ・マラン派とマンパン派の対立が発展したもので,福祉派はカリ・マラン派,正義派はマンパン派の延長線上にある。同党の最高権力者ヒルミ,正義党の頃から事務局長を務め,選

---

11) 他の7人は,スカルノ,KH・アフマド・ダーラン,KH・ハシム・アシャリ,M・ナッシール,ハッタ,スディルマン将軍,ブン・トモである。ムハマディヤやナフダトゥール・ウラマーからは,創始者が福祉正義党の宣伝に使われたことに対して不満が上がった。
12) 福祉正義党党員の間では,この広告のおかげでテレビのニュース番組,討論番組,新聞や雑誌で同党にまつわる議論が盛り上がり,広告費以外のコストをかけずに同党の認知度を高めることに成功したという意見が多い。確かに,選挙が近づく中で,日々の生活に追われて政治から関心を逸らしがちな大半の有権者が同党を再び思い出す上で効果はあったかもしれない。
13) 正義党発足時の幹部の1人,ユスフ・スペンディとのインタビュー,2013年8月24日。

対委員長でもあるアニス・マッタに代表される福祉派は，同党の政治力拡大のために現実主義的かつ機会主義的立場を取ることも辞さない派閥であり，2004年選挙の党勢拡大により同党内での影響力も伸張させてきた。福祉派が同党のイスラーム色を弱め，包括政党化を進めて，2009年選挙で20％の議席獲得のために邁進した。割合で言えば，この福祉派はもともと幹部の2割程度であったが，福祉正義党のゴッドファーザーとも呼ばれるヒルミが福祉派の筆頭であったため党内での影響力は強かった。

　一方のヒダヤット・ヌル・ワヒドに代表される正義派は，政治的にはイスラーム主義政党，布教政党としての性格の保持を図るという点で保守的であり，当然ながら同党内で福祉派が台頭してきていることには批判的である。しかし，ヒルミのような長老格の指導者に対しては露骨に批判しなかったことから，ともすれば福祉派の見解が党内で支配的となった。

　この二派の見解の相違は，2009年総選挙を控えた同党の綱領作成の段階でも表面化していた。福祉正義党のそれまでのモットー「清廉かつ配慮」の変更が議論となった。福祉派は，マネージメント能力や戦略思考の重要性を強調するために「プロフェッショナル」という言葉を付け加えるように主張した。そうすることで，イデオロギー的には必ずしもイスラーム主義的ではないが「プロフェッショナルな」官僚や政治家を党推薦候補として擁立する筋道を付けやすくすることを狙っていたのかもしれない。一方，正義派は，地道にイスラーム教の布教を続けることの重要性を強調する意味も込めて，「素朴」という言葉を付け加えることを求めた。最終的には，福祉派の主張が通って2009年総選挙を控えた同党のモットーは「清廉，配慮，そしてプロフェッショナル」となった [*Tribun Timur* 2008.12.18]。

　福祉派の要求でスハルトのテレビ広告を制作することが決まったときにも，正義派や諮問委員会のなかからは反対の声が上がり，党首のティファトゥル・スンビリン自身，テレビ広告が引き起こした論争をふまえて，「警鐘を鳴らしていたように，この広告は議論を呼んだ。我々の（改革のときの反体制の—筆者注）デモの狙いはスハルトではなかったのか？」と述べている。しかし，こうした現実主義路線，機会主義路線というのは中央執行部のトレンドだけではない。むしろ，地方でもイデオロギーの意味合いは薄れていき，福祉正義党の地方執行部は選挙戦で勝つための現実主義路線，機会主義路線に邁進していくことになった。それは，バンテン州の福祉正義党で典型的に現れた。次に，バン

テン州における福祉正義党の台頭と政治的アクロバットについて見ていく。

第5節　バンテン州の福祉正義党 ── 台頭の軌跡

これまでの章で述べてきたように，スハルト体制が崩壊してバンテン州が誕生するという大きな政治変動を経てきたバンテン地方の政治は，圧倒的に政治経済的に優位にあるハサン・ソヒブを軸に動いてきた。19世紀以降，バンテン地方で政治秩序が動揺したときにはジャワラと並んで政治的リーダーシップを発揮してきた宗教的権威ウラマーたちはこの20世紀末の政治変動においてはまったく意味をなさなかった。ウラマー作業部隊の長にハサン・ソヒブが就任したことに象徴されるように，むしろジャワラの後塵を拝するようにさえなった。宗教的価値観に依拠して社会的正義を標榜するはずのウラマーが政治的に無力化する中で，正義党，そして福祉正義党が主張する「清廉かつ配慮」という社会的正義の主張は有権者の間で強いメッセージ性を持つことになった。

おおよそ，バンテン地方における正義党，福祉正義党の発展は全国的な展開と同じである。1999年総選挙ではバンテン全域で2.6％の得票率を獲得した。県・市別（福祉）正義党の99年，2004年総選挙での得票率を示した表8-2を見れば分かるように，その支持基盤は主にタンゲラン地方，チレゴン市など都市部であった。その後，イスラームの倫理に基づく清廉な政治の実現を訴え，2003年の洪水時には迅速に救済に駆けつけた。タンゲラン市などではムハマディヤを母体とする国民信託党の支部長や事務局長を福祉正義党に転党させることに成功した［HB 2004.3.23a］。さらに，「福祉正義拳術家前線」と呼ばれるジャワラ組織まで作り上げて，ハサン・ソヒブを必ずしも快く思わないジャワラたちを取り込みさえした。2004年3月にはルバック県でも有数のジャワラであるアピ・ジュリも参加した［HB 2004.3.23b］[14]。また，次項で述べるように，ラウ・グループへの批判的スタンスも福祉正義党に対する期待を高めた。

---

14) アピ・ジュリとは，第5章の扉に出てきた，殺人罪で収監されたことのあるジャワラであり，冷血漢であるともいう。バタム島の企業に雇われて労働争議つぶしに関わったこともあり，何らかの社会的正義実現のためにこの拳術家前線に加わったとは思えない。

表 8-2 （福祉）正義党の県・市別得票率（1999 年，2004 年総選挙）

	1999	2004
タンゲラン県	2.79	14.7
タンゲラン市	3.82	16.96
チレゴン市	3.15	11.31
セラン県	2.83	9.3
パンデグラン県	0.92	4.93
ルバック県	1.5	7.36

出所：KPU ホームページなど

　2004 年選挙キャンペーンでは，イスラーム色を必ずしも打ち出さずに，国民モラルの向上，汚職・癒着・縁故主義の排除，教育費の無料化と高い教育水準という三つのプログラムをアピールしていった [HB 2004.4.1]。

　4 月 6 日の投票日が終わり，票の集計が始まると，福祉正義党からは投票操作への不満が上がった。投票所レベルで福祉正義党が把握した同党得票数より村や郡レベルの集計段階での同党得票数が低いという事態が各地で起きたからである。それでも，11.9％に得票率を躍進させ，バンテン州議会においてはゴルカル党の 16 議席に次ぐ 11 議席を有する第 2 党に上り詰め，タンゲラン市では第 1 党，タンゲラン県では第 2 党となった。表 8-2 に明らかなように，相変わらず福祉正義党は都市部で票数を稼いでいる。ただし，この都市部での強さは，中産階層の支持だけに依拠しているわけではない。より重要なことは，労働者階級の票が福祉正義党に流れた点である。福祉正義党は，経営者側との闘争を通じて労働者階級の権利実現を図る左翼，新左翼とは違って，イスラームの教義をふまえ，労使協調路線を通じた労働者の権利保護の実現に努めてきた。2004 年当時，バンテン州支部長を務めていた KH・アフマド・サドリ・カリムは，90 年代初頭からアブ・リドやヤフヤらと共に「アル・イザー委員会」と呼ばれる組織を作り，チレゴン市で働く労働者たちに助言をし，説教を行ってきていた。2001 年 5 月 1 日メーデーには，この委員会を「福祉バンテン労働者友好協会」に組織替えして，労働者向けの組織であることを一層鮮明にした。インドネシア大学経済学部を卒業したアグス・プジ・ラハルジョがこの友好協会を率い，バンテンの主な工場地帯で強い影響力を持った [*Saksi* 2004: 54-56; 58-60]。友好協会がバンテン方面の組織であるのに対して，全国組織である「正義労働者組合」のバンテン州支部も設置された。支部長に就いたのは日系企業で働いていた労働者のアリフ・キルディアットであった。正義党系の雑誌「サ

ビリ」などの熱心な読者は労働者であった。こうした組織化を行った結果，2004年選挙で少なくとも10人の労組活動家たちが福祉正義党の候補者としてバンテン州から立候補した。そのことも福祉正義党の躍進につながった[15]。

第6節　素人政治家たちの議会政治

　それでは，（福祉）正義党選出の州議会議員たちはいったいどのように州政にアプローチしたのであろうか。1999年総選挙で州議会議員に選出されたのは，ヤヤ・スハルトノとアデ・マルフディンの2名である。州議会で一つの会派を構成するのに必要な人数が議員総数の1割であることから，イデオロギー的に近い国民信託党議員6名と月星党議員1名を加えて9名でABK会派を作り上げた。ABKのAはAmanat（信託），BはBulan（月），KはKeadilan（正義）から頭文字を取ったものである。ヤヤ・スハルトノを筆頭として，ABK会派議員は当然のことながら議会政治に参加するのも初めてであれば，政治活動への関与も乏しかった者たちである。しかしながら，あるいはそれゆえに，改革の申し子として，清廉な政治を実現するという理想主義があり，州行政，そしてラウ・グループに対して批判的立場を明確にした。ABK会派副議長となったヤヤ・スハルトノらは，第6章で詳述したようなラウ・グループによる入札なしの公共工事受注と分配，非公式の請負料の存在を問題視して，「プロジェクトたかり」と呼び，その是正を求めた。

　ABK会派議長は，州知事による2003年度補正予算報告への答弁の中で次のように述べた。

> 　我々はバンテン社会の方々に謝意を表したい。というのも，「プロジェクトたかり」について，我々皆が同じ考えを持っているからである。この忌まわしい慣行を根絶しな

---

[15] 2004年選挙までは，福祉正義党は男性の活動家たちを通じて労働者の組織化を行うにとどまっており，繊維工場などで働く女性労働者を組織化できるような女性活動家がいない点が同党の弱点であった［*Saksi* 2004: 60］。最近では，福祉正義党が労働者を自ら組織化するよりも，既存の労働組合の幹部を福祉正義党の支持者にしていったり，労働者たちが通うモスクの説教で福祉正義党の理念を説いて支持者にしたりするような方針に変更しつつあるという。アリフ・キルディアットとのインタビュー，2009年4月1日。

第8章　福祉正義党　201

い限り，我々の愛すべき州の開発を望むように進めることは不可能である。このプロジェクトたかりといった態度が存続する限り，我々の愛すべき州の開発のためにどれだけ多くの予算が割り当てられようとも，結果が目標に到達することはないであろう。バンテンの人々は，真の意味での進歩と繁栄を享受することはないであろう。

このプロジェクトたかりは「汚職，癒着，縁故主義」(KKN) の一形態であり，この改革の時代にあっては，その撲滅は最優先事項とせねばならない。当事者すべてが真摯にかつ勇気をもって取り組めばこの卑劣な慣行を完全に排除できる。[Syarif 2007; 221]

「プロジェクトたかり」と言うとき，ABK会派は明確にハサン・ソヒブを名指しして批判しなかった。しかし，誰でもその批判の矛先はハサン・ソヒブであることが分かった。そして，ハサン・ソヒブ自身もすぐに反応した。2003年9月3日，彼は50人のバンテンの実業家たちとともにバンテン州議会に詰めかけて，州議会議員，とりわけABK会派議員との対話を要求した。彼らは，ABK会派に対して，「プロジェクトたかり」の具体的証拠を提示するよう求めると同時に，どの実業家がそのたかりに関与しているのかを示すように求めた。そして，バンテンの実業家たちとバンテン社会を不安に陥れたとして，ABK会派に対して前言の撤回と全地方紙への公式の謝罪の掲載を求めた [Syarif 2007: 222]。このハサン・ソヒブとの緊張するキャッチボールにあってABK会派の中で前面に出たのは正義党員のヤヤ・スハルトノであった。そのため，ヤヤは家でも州議会でも脅迫を受けた。ABK会派は公式に謝罪を表明することはなく，うやむやのまま終わった。正義党にすれば，ラウ・グループと対峙することで同党の清廉さをアピールすることができ，2004年選挙で得票率を大きく延ばす要因ともなった。

他にも，ジョコ州知事が汚職で逮捕されるきっかけとなった議員宿舎予算配分（第7章）に関し，ABK会派にいる福祉正義党議員ヤヤットとアデ・マルフディンはいち早く2003年10月末に各々1億ルピアをバンテン州政府の出納係に返済することで清廉さをアピールした [*Kompas* 2003.12.6]。

第 7 節　現実主義路線へ

①セラン県知事選と県行政

　福祉正義党は，2004 年選挙で第 2 党となり，州議会で 11 議席を獲得して単一会派を作るまでになった。そしてカリムが州議会副議長職，ヤヤが第 2 委員会事務局長職に就き，アグス・プジ・ラハルジョは州予算審議できわめて重要なポスト，予算委員会委員長に就任するまでになった。1999 年から 2004 年の間は，同党の議員はわずか 2 名で他の議員との距離を置いていた。しかし，11 人もいて議会で要職を占めるようになれば議会内政治に本格的に関与することは不可欠となった。また，メディアを通じて州政の汚職を表立って批判してラウ・グループなどから強い反発を受けるだけでは，政治的孤立にしかつながらず，結局のところ，州政の改革には取り組めないという意識も芽生えた[16]。実際，アトゥット州知事代行を州議会で喚問するような動きを見せるなど批判的な態度をとり続けたことから州議会で孤立気味となり，2006 年の各院内委員会の選出に当たっては第 2 党でありながら同党からは誰一人として選出されないという事態も起きた［RB 2006.4.26］。こうしたことから，ラウ・グループが政治経済的に影響力を持つことを客観的に認める必要があるとの現実主義的理解が芽生えたと言える。そして，ラウ・グループとの連立に至る大きな契機となったのは，2005 年 6 月に行われたセラン県知事選と翌年 11 月に行われたバンテン州知事選であった。

　セラン県知事選では，ラウ・グループはゴルカル党県支部長で郡長からたたき上げの現職ブンヤミンを推した。そして，副知事候補には，出馬のために早期退役したマウラナ・ユスフ地方軍分区司令官マクムン・シャフロニ少佐を担ぎ出した。国軍との協調関係を重視するラウ・グループからすれば理解し得る副知事候補であった。マクムンは，イスラーム高等教育機関（IAIN）卒業生であり，イスラーム教への素養も深く，軍分区司令官の前にはシリワンギ師団広報担当局長として説教も行っていたから知名度はあった。

　一方，ブンヤミンがラウ・グループ寄りであることに不満を抱いていた現職

---

16) イルファン・マウリディ（福祉正義党バンテン州支部長）（当時）とのインタビュー，2008 年 8 月 11 日。

副知事ヌリマンは自ら県知事候補として立候補し，民主主義者党に加えて福祉正義党からも推薦を受けた。ラウ・グループに対抗するために，バンテン社会協議会を発足させてバンテンのエリートをいったんは結集させることに成功したものの，彼はこの運動の継続に失敗していた。そこで，県知事になることでラウ・グループに対抗することを狙ったと言える。セラン陸軍諜報局の中佐（現役）が県知事選に出馬したことやPPPSBBI構成員がセラン県の中心市場であるラウ市場で陸軍特殊部隊員によって真っ裸にされた事件（2004年）に象徴されるように，国軍内部でもラウ・グループが政治経済的覇権を握り続けることに対して反感を持つ者はいた。加えて，ヌリマンはかつてバンテン社会協議会に集ったバンテンのエリートを再び結集させることができる可能性があった。

　セラン県はバンテン州の州都であり，ラウ・グループも県知事選に勝利するために全力を注いだ。2004年選挙で7％以上の得票率だった闘争民主党，開発統一党，国民信託党などが独自候補を擁立したことから，ブンヤミンはゴルカル党とインドネシア信徒連盟統一党という2政党からの推薦で出馬した。インドネシア信徒連盟統一党は2004年総選挙で2％弱の得票率しか獲得できなかったイスラーム系小政党である。ラウ・グループは官僚ネットワーク，商工会議所を中心とする実業界ネットワーク，そしてジャワラのネットワークを駆使して選挙戦を展開した。そして，選挙キャンペーン最終日にはハサン・ソヒブ自らセラン県庁舎前広場アルン・アルンに出向いてブンヤミンの支持を訴えた。

　一方のヌリマンは，福祉正義党の統制のとれた集票マシンとラウ・グループに反感を抱きながらも表立って反対できない一般住民を味方につけることに成功した。そして，6月の県知事選では，ヌリマン＝スジャヤ組が約41％の得票率で勝利を収めた。ブンヤミン＝マクムン組が約40％の得票率であり，票差はわずか1万票あまりであったからヌリマンの僅差の勝利であった[17]。ハサン・ソヒブ自らが選挙キャンペーン最終日に登場したことがラウ・グループに不利に働きヌリマンの勝利につながったという噂さえ流れた。

　では，県知事に就任したヌリマンは県政改革を推進してラウ・グループの影響力の排除に成功したであろうか。一言でいえば否である。バンテン州の州都セラン県はラウ・グループの拠点であり，社会経済的には圧倒的にラウ・グ

17）　他にも3組の候補が正副県知事選に出馬した。しかし，得票率は2組が約8％，残る1組が約4％でしかなかった。

ループが優位にあり，官僚にも「ブンヤミン系の人物たち」[RB 2006.2.10] がいるため，仮に県知事が反ラウ・グループの人物であったとしても，その優位を打ち崩すには至らなかった。県商工会議所の会頭がハサン・ソヒブの娘リリス・カルヤワティであることに象徴されるように，県の公共事業を進めようとすればラウ・グループの影響抜きに実施することは不可能であった。また，国軍という官僚組織で昇進してきたヌリマンは組織内で生きてきた人間であって，県政改革推進という主張は表向きに過ぎず，実際に推進するだけの力はなかった[18]。しかも，セラン県からセラン市を分離する動きが起きて，2007年7月にはセラン市設立法案が国会を通過し，2008年8月には公選によるセラン市長選が行われた。同市長選には，先の県知事選で敗北したブンヤミンが出馬し，アトゥットの異母弟で自称実業家のTb・ハエルル・ザマンを副市長候補に擁立して勝利を収め，ヌリマンのセラン県での影響力はさらに弱体化した。そして，2010年にセラン県知事選に再出馬するに当たっては，ヌリマンは副県知事候補としてハサン・ソヒブの妹に当たるタトゥ・ハサナを選ぶことで，彼もまたラウ・グループの傘下に入った。

②バンテン州知事選

　2004年総選挙で福祉正義党はバンテン州で11.9％の得票率で第2党であったから，2006年11月のバンテン州知事選に出馬することは当然の選択であった。福祉正義党は組織としての統制力が高く，党の知名度は高いものの，浮動票を幅広く取り込めるような指導者はまだ誕生していなかった。そこで，福祉正義党は，知名度が高く資金的にも余裕のある人物を州知事候補に据えて，自党の幹部を副知事候補にする戦略を立てた。同党州支部が2月末の段階でも最も強く推していたのはタンゲラン市長ワヒディン・ハリムであった[RB 2006.2.28]。第6章で述べたとおり，ワヒディンは，市民の広範な支持を得ており，また，2005年にはイスラーム法のニュアンスがある反売春条例を公布していたことが，福祉正義党の高い評価につながっていた。ワヒディン自身も当初は州知事選出場に意欲を見せていた。しかし，資金的に不十分であり，現職のアトゥットに勝てるという確証を持てなかったことから出馬をあきらめた。

18）ヌリマンの助言者でもあったイワン・K・ハムダンとのインタビュー，2007年2月10日。

州知事選出馬条件は，州議会で15％以上の議席，バンテン州議会なら12議席以上の議席を持つか，あるいは地方議会議員選挙で15％以上の得票率を獲得した政党あるいは政党連合が推薦していることである。福祉正義党の州議会での議席数は11議席しかない。そこで，民族覚醒党や民主主義者党との連合を模索したが折り合いがつかず，7月30日に州議会に1議席を持つイスラーム同盟党（PSI）と連立を組むことに決めた［RB 2006.8.1］。州知事候補としてはルバック県出身の有力銀行家やトリヤナ・シャムンなどの擁立も考えた。しかし，折り合いがつかず，また州内の同党支持者たちからは同党が同州では大政党であることから党幹部を州知事候補として擁立すべきとの強い声もあった。そのため，7月末には同党幹部で国会議員を務めるズルキフリマンシャを州知事候補として擁立することに決めた［RB 2006.7.28］。

　2006年7月州知事候補になった時点でわずか34歳であったズルキフリマンシャはインドネシア大学でタルビヤ運動に関わり，94年に学生部長に就任してタルビヤ運動が学生部に影響力を及ぼす契機を作った。その後，イギリスのストラスクライド大学経済学部で修士号，博士号を取得してインドネシア大学の講師になった人物である。西ヌサトゥンガラ州出身であるが，自宅がタンゲランにあることから2004年選挙ではタンゲラン地区から福祉正義党候補として立候補して当選を果たした。デポック市長選に出馬したヌル・マフムディ・イスマイルが当選したことから，州知事選に党幹部が出馬するとなると，福祉正義党の選挙マシンはさらに勢いづくことが予想された。とりわけ，都市部でありバンテン人というエスニシティに基づく投票行動は弱く，福祉正義党の拠点であるタンゲラン県・市ではズルキフリマンシャへの支持は高くなることが予想された。したがって，福祉正義党にとって次の課題は誰を副知事候補にするかであった。それは言い換えれば，誰と組めばバンテン州西部地方の票をより多く集めることができるかであった。

　最初に有力候補となったのがチレゴン市長アアート・シャファートの息子イマン・アリヤディとルバック県出身の有名喜劇俳優デディ・グムラル（通称ミイン）であった。しかし，8月1日，最終的にマリサ・ハックを副知事候補として擁立することに決めた。イマン・アリヤディに至っては，福祉正義党から副州知事候補にしたいとの申し出を受けて副知事候補に立候補表明までしておきながら候補になれなかった。福祉正義党がイマン・アリヤディを選ぼうとしたのは，父親の影響でチレゴン市周辺の票を獲得し，また，ハサン・ソヒブに

恩がある父親を取り込むことでラウ・グループの分断を図ろうと考えたからだと思われる。一方，喜劇俳優は地元のルバック県に限らず，下層階級の票につながると福祉正義党は考えたと思われる。しかし，マリサを選んだのは，前章で述べたように，彼女が闘争民主党での州知事候補選挙でゴルカル党員のアトゥットに負けて，別の党を探していたこと，マリサの知名度の高さから農村部や下層階級一般から支持を得られると判断したことがあった[19]。また，先述のように，夫がルバック県出身の有名ロック歌手であったから，バンテン南部の支持も獲得できる可能性があった。

　8月23日に正式にズルキフリマンシャ＝マリサ組の出馬宣言が行われ，本格的に選挙キャンペーンを開始した。福祉正義党はジャカルタに次ぐほどの支持基盤をバンテン州に持つ。その州知事候補に自党の幹部を擁立したことから，福祉正義党の選挙マシンはきわめて積極的に機能した。福祉正義党が利用している調査機関の調査に基づいて，同党の幹部の7割が集中しているタンゲラン県・市を中心とした38郡に力点を置いた選挙運動を展開した［RB 2006.7.19］。社会階層で言えば，ズルキフリマンシャは中産階級以上をターゲットとし，マリサは草の根レベルの住民の支持の獲得を目指した［RB 2006.11.4］。ズルキフリマンシャは学生運動の経験があり，選挙の仕方について知っているという自信はあっても，彼のスピーチは大卒以上向けにならざるを得なかった。草の根レベルの住民に理解しうる言葉ではなかった。一方，マリサは，（アトゥットがシリコン整形をしているという噂があることから）「私の頬はシリコン整形をしておらず本物よ」といった冗談交じりの対話を通じて低所得者層の支持獲得を図った。また，マリサは，有権者の過半数を占める女性をターゲットにしてイスラーム講話会などに若いムスリム女性を派遣してズル＝マリサ組の支持を訴えさせた。その選挙運動の熱心さはアトゥット選対に脅威を感じさせるに十分であった。

　選挙運動に要したコストは80億ルピアでラウ・グループが使った選挙費用の約3％でしかなかった。最終的には，アトゥット＝マスドゥキ組の得票率が40.2％，ズル＝マリサ組が33.0％であり，約7％の僅差で敗北した。福祉正義党のバンテン州における2004年総選挙の得票率が11.9％であったことからすれば，ほぼ単独で幹部を擁立した州知事選挙で33.0％の得票率は大躍進である

19）ズルキフリマンシャとのインタビュー，2007年2月11日。

といえた。さまざまな選挙違反行為が他の候補者によって行われたという事実が投票所にいた福祉正義党シンパから報告があがってきていたけれども，福祉正義党はラウ・グループと露骨に対立するような姿勢をとらなかった［RB 2006.11.28; RB 2006.11.29; RB 2006.12.1］[20]。むしろ，ラウ・グループの政治的影響力を再認識し，その現状を踏まえた戦略をとるようになった。一方，ラウ・グループにとっては，この福祉正義党の大躍進は脅威とも魅力ともなり，タンゲラン県知事選で両者が連立を組むという政治的アクロバットを引き起こすことになった。

第8節　政治的アクロバット
　　　　——ジャワラとイスラーム主義勢力の連合

　バンテン州における州知事選に続く首長選は，2008年1月に行われたタンゲラン県知事選であった。第6章でも述べたとおり，タンゲラン県知事イスメット・イスカンダールは，同県内で着実に政治経済的権力基盤を確立しており，その維持と拡大のためにも再選を目指した。イスメットは，アトゥットの州行政，ラウ・グループによる州政府の支配について公然と批判をしており，州知事でゴルカル党本部財務副部長も務めるアトゥットとの関係はよくなかった。アトゥットとしては，ゴルカル党がイスメットを推薦することには反対であった。しかし，イスメットはゴルカル党県支部長を務めており，現職として知名度も高かった。

　例えば，2007年4月に福祉正義党系の世論調査機関「アクセス・リサーチ・インドネシア」が行った候補者となりそうな人物の知名度に関する調査では，52.8％の回答者がイスメットを知っており，2位のベンヤミン・ダフニーの32.1％を引き離して断然トップであった。そうしたことから，2007年8月上旬にゴルカル党県支部はイスメットを県知事候補として推薦することを決めた。イスメット自身は，彼とペアを組む副知事候補は，男性の政治家か官僚がよい

---

[20]　マリサ・ハク自身は州知事選の結果を認めず，そもそもアトゥットが州知事代行職を離職せずに選挙戦を戦い続けたことが選挙法違反であるとして裁判を起こした。マリサとのインタビュー，2007年2月9日。

と述べていた [RB web 2007.8.7.05: 59: 47; RB web 2007.8.24. 06: 10: 04]。

　福祉正義党は，タンゲラン県でゴルカル党，闘争民主党に次いで第3党でありながら，イスメットに冷遇されており，彼の県政に強い不満を持っていた。そこで，独自候補の擁立を考えていた。2007年4月時点で上記のアクセス・リサーチ・インドネシアが行った調査では，県知事候補となり得る福祉正義党幹部たちの知名度はきわめて低かったものの，5月時点で県支部は4名の幹部を県知事候補者にした。そして，6月には州支部決定により同党幹部でバンテン第2選挙区（タンゲラン県・市）選出の国会議員ジャズリ・ジュワエリを県知事候補とすることに決めた [RB 2007.5.14; RB 2007.6.7]。2007年4月時点で42歳であったジュワエリは，プサントレンで教育を受けた後，ジャカルタの「イスラーム・アラブ科学院」を卒業してジャカルタにあるアル・クルアーン教育学院で修士号を取得した。タンゲランを中心としてバンテン各地で布教活動をしており，さらに民放でも説教を行っていたけれども，4月の時点での知名度は10.1％でしかなかった。

　直接選挙で知名度の低さは致命的である。福祉正義党としては，同党の統率のとれた選挙マシンでジュワエリを支援することに加えて，党外から「売り」となる副県知事候補をジュワエリのパートナーとして選ぶ必要性が高かった。ジュワエリ自身はタンゲラン県南部出身であることに加えて，福祉正義党の基盤も同県南部にあることから，同県北部に政治的基盤のある人物を副県知事候補とすることも当初は考えていた [RB 2007.4.17; RB 2007.7.5]。しかし，8月，ジュワエリは30歳のスンダ女性アイリン・ラフマニ・ディアニ・ワルダナとペアを組むことになった。アイリンはハサン・ソヒブの長男ワワンの妻である。パラヒヤンガン大学在学中の1995年にバンドン市ミス・コンテスト，続いて西ジャワ州ミス・コンテストで優勝し，翌年のミス・インドネシアではトップにはならなかったもののミス・ツーリズム及びミス人気者に選ばれ，モデルとしても活躍した。ワワンと結婚した後，パジャジャラン大学でビジネス法の修士号を取得し，公証人の資格も持つ。福祉正義党の県幹部としては，美貌かつ才女である上に資金力もあるラウ・グループの支持を得ているアイリンは格好のパートナーに映った [RB 2007.10.10]。しかも，アイリンの義姉アトゥット州知事はゴルカル党本部の幹部でありながら公然とアイリンを支持する姿勢を打ち出しており，イスメットを支持するゴルカル党を分裂させることもできる可能性があった。また，2006年の州知事選の結果を見る限り，アトゥットは

タンゲラン県北部と西部で票を集めており，同県南部で強い福祉正義党にとっては理想的であった［RB 2007.7.19］。

　一方，ラウ・グループにとっては，現職のイスメットを引きずり下ろしてバンテン州の政治経済的基盤を盤石なものとする上で候補者の擁立は不可欠であった。そして，2006年のバンテン州知事選の頃から，アイリンをタンゲラン県知事選に擁立することを考えていた可能性が高い。というのも，ラウ・グループはアイリンをバンテン有志連合のタンゲラン県幹部にしてアトゥットのためにバンテン州知事選を戦わせていたのである。しかし，2007年4月の世論調査ではわずか1.4％の回答者しかアイリンを知らなかった。イスメットを推すゴルカル党に匹敵する政党の支援を得て，少しでも知名度を一気に上げる必要があった。アイリンは開発統一党のバンテン州支部の法務・人権局長になることに成功した。そして，開発統一党から副県知事候補になることを目指した。しかし，開発統一党のタンゲラン県支部では現職のイスメットを支持する声が強く，その試みは失敗する。さらに，アイリンは闘争民主党から副県知事候補として推薦を受ける試みも失敗した。闘争民主党も現職支持に回ったからである。こうして同県のゴルカル，闘争民主党，開発統一党といった大政党が現職支持に回る中で，アイリンは最終的に福祉正義党のジュワエリとペアを組むことに決めた。福祉正義党内では，とりわけ州支部やセラン県支部からラウ・グループと組むことについて強い反対の声が上がっていた。そこで，ワワン本人が同党の州支部を訪れてアイリンと組むように求めた。ワワンは，福祉正義党幹部たちに対して，これまでのラウ・グループの非を認め，罪の継承は起きないと約束して支持を求めた。また，投票所で開票作業をチェックする証人たちはバンテン有志連合が準備し，その費用も負担するという提案を行った[21]。こうした提案を受けて，福祉正義党はアイリンと組むことに決めた。

　2007年9月9日，福祉正義党以外に五つの小政党（月星党，改革の星党，インドネシア信徒連盟統一党，インドネシア同盟党，民族憂慮職能党）の支持を受けて，タンゲラン正副県知事候補としてジュワエリ＝アイリン組の発足式が行われた［RB 2007.9.10］。ここに福祉正義党が昨日までのライバルであったラウ・グループと組むという政治的アクロバットが実現した[22]。

---

21) アリフ・キルディアットとのインタビュー，2009年4月1日。
22) 開発統一党県支部は正式には現職のイスメットを支持していたものの，郡レベルの幹部たちのなかには9月のジュワエリ＝アイリン組発足式に出席した者もいた［RB 2007.9.10］。さらに，12

現職のイスメットは，ゴルカル党，闘争民主党，国民信託党，開発統一党といった有力政党など合計15政党から支持を受けて盤石な基盤を作っていたものの，この福祉正義党とラウ・グループの連合という政治的アクロバットを受けて危機感が募った。そこで，男性の政治家か官僚を副県知事候補として選択するという前言を突如として翻した。驚くべきことに，10月26日には俳優ラノ・カルノを副県知事候補として担ぎ出すことに成功した［*tempointeraktif. com* 2007.10.26］。1960年生まれのラノ・カルノは，ジャカルタ生まれの庶民の生活を描いた人気連続テレビ番組「シ・ドゥル」の主人公ドゥルとして知名度がきわめて高く，イスメットは明らかにその人気を利用して県知事選で勝利することを狙っていた[23]。

　イスメットは官僚機構とラノ・カルノの知名度を選挙戦で積極的に活用する一方，ジュワエリ＝アイリン組は福祉正義党とラウ・グループの選挙マシンによる選挙キャンペーン，ポスターや横断幕による宣伝に加えて，連日，イスメット＝ラノ・カルノ組を遙かにしのぐ形で全国テレビや新聞などで大々的に選挙キャンペーンを展開した。アイリンはモデル時代の西洋風の服装から一変して，きわめて敬虔なムスリムであることを示すためにジルバブをかぶって選挙戦に臨んだ（写真8-2）。女性票の獲得に尽力して「アイリンそっくりさんコンテスト」まで行った（写真8-3）。そして目玉プログラムとして，ジュワエリ＝アイリン組は小学校から中学校までの授業料免除，保健所での無料診療を訴えた。その結果，11月の世論調査ではイスメットの知名度69.2%，ラノ・カルノの知名度69.9%に対して，ジャズリ・ジュワエリの知名度は64.7%，アイリンの知名度は73.1%にまで急上昇し，さらに支持率はイスメット＝ラノ・カルノ組の32.6%を上回る35.6%に急上昇した。

　しかし，翌年1月20日に行われた投票では，ジュワエリ＝アイリン組は39%の得票率を獲得したのに対してイスメット＝ラノ・カルノ組は56%の得票率を獲得し，福祉正義党とラウ・グループは敗北を喫した。その理由の一つは，有権者にとって最重要の課題は貧困対策であるにもかかわらず，教育・保健分野に重点を置いたという戦略的ミスもある。しかし，より重要なことは，

　　月には，ディミヤティナタクスマ・開発統一党州支部長は県支部長を更迭して，同県支部のイスメット支持を辞めさせ，ジュワエリ＝アイリン組支持に回らせた［*Koran Indonesia*. 2007.12.2］。
23) ラノ・カルノ自身は2007年8月に行われた首都ジャカルタの首長選でも出馬を考えたことがあり，政治家になる野心は持っており，イスメットはそれゆえに彼を担ぎ出すことができた。

写真 8-2　ジャズリ・ジュワエリとアイリン

写真 8-3　アイリンそっくりさんコンテストポスター

2004年に福祉正義党に投票した有権者の一部がイスメット＝ラノ・カルノ組に票を投じたことである。福祉正義党の選挙地盤のあるタンゲラン県南部で県知事選直前に行われた世論調査では，2004年に福祉正義党に投票した有権者でジュワエリ＝アイリン組に投票すると答えたのはわずか38.4％であり，28.8％がイスメット＝ラノ・カルノ組に票を投じると答え，非回答者は31.5％に達した。福祉正義党支持者は一般に同党候補者への支持率が高いにもかかわらず，タンゲラン県知事選ではジュワエリ＝アイリン組への支持率はきわめて低かった。その理由はまず何よりも，反汚職キャンペーンを繰り広げて実績もある福祉正義党が，州知事選ではライバルであり，その政治経済権力の乱用ぶりが目に余るラウ・グループと連合を組むという政治的アクロバットに福祉正義党支持者が失望したことである［Syaiful Bahri 2008］。

　1999年選挙に都市中間層の若手からなるイスラーム主義政党として登場した正義党は，清廉なイメージを保ちつつ，党勢拡大のために穏健なイスラーム主義政党であることを強調し，2004年では全国で7.4％，バンテン州においては11.4％の得票率を獲得して第2党にまで躍進することに成功した。州議会では，ラウ・グループに対する露骨な批判がバンテン州の開発には建設的ではないという認識から穏健な路線に転換していった。そして，バンテン州知事選においてラウ・グループの物量作戦の前に敗北した福祉正義党は，タンゲラン県知事選ではラウ・グループと連合を組んでまで勝利をもくろむという現実路線を進めていった。結局のところ，タンゲラン県知事選では敗北したとはいえ，イスラーム国家樹立を「隠された意図」として抱いていると疑われているイスラーム主義政党が現実主義路線を突き進め，政党政治の枠組みで権力奪取を図るだけでなく，その方法としてラウ・グループとの連合に象徴されるように，あらゆる勢力と手を組むことを辞さなくなった。このあまりに現実的な姿勢は，福祉正義党の成立当初のイデオロギーから見れば大いに疑問もあり，また，福祉正義党が党勢拡大を可能にした清廉なイメージを弱める可能性も高い。しかし，政党政治，議会政治が政治制度として定着する上で妥協と交渉が不可欠であるとするならば，最大のイスラーム主義政党がこのように穏健化して妥協も交渉も実践していることは，皮肉にも短期的，中期的な政治的安定の実現には貢献していると言える。

9章 安定化のポリティクスの多様性
——インドネシア地方政治の全体像

この章では，インドネシア各地で社会的亀裂が紛争要因ではなくなってきている様子を取り上げている。それぞれの地域を詳細に見れば多様性が存在することは当然としても，必ずしも暴力を誇示することが政治権力の近道とは言えなくなってきている。ここでは，その一例として東ジャワ州を取り上げてみよう。この州都スラバヤ市にもバンテンのハサン・ソヒブを彷彿とさせる人物がいる。ラ・ニャラ・マタリティ（55歳）というブギス人である（写真）。

彼は，パンチャシラ青年団東ジャワ州支部長，商工会議所東ジャワ州支部会頭，青年実業家連合東ジャワ州支部長，国家土建業者連合東ジャワ州支部長など，東ジャワ州の社会経済ポストの要職を握っている実業家である。2013年には，強引にインドネシア・サッカー協会副会長にも就任している。祖父が有名なブギス商人で，父親は大学教授であり，自分も工学部卒でありながら，青年時代には呪術療法をしたり，乗合バスの運転手をして糊口をしのいだ。そして，貧困者の多い地区に住んでチンピラたちを束ねていたらしい。ビジネスを始めてからは，拳銃を持って役所に乗り込み，その拳銃を局長の机の上においてプロジェクトを要求するなど，強引な手腕で自分のビジネスを拡大していったという。1993年には，スハルト体制期に全国的な勢力となった暴力団，パンチャシラ青年団の東ジャワ州支部長になることに成功する。そして，スラバヤの夜のビジネスに影響力を持ち始めた。

2008年にパンチャシラ青年団東ジャワ州支部で彼にインタビューしたことがある。目付きが鋭く，大きなだみ声で話すので人を威圧するところがある。携帯電話に出て話している時も，相手に向かって怒鳴り散らしていた。強引さと胆力でのし上がったような人物であることをうかがわせる。その彼でさえ，民主化が始まり政界に色気を見せ始めるとイメージ刷新を模索し始めた。2008年に行われた東ジャワ州知事選では，進歩的ムスリム女性リーダー，ホフィファが出馬した。驚いたことに，ホフィファはマタリティが州支部長を務める愛国者党（パンチャシラ青年団の党）

安定と暴力

政治的

からも推薦を受けた。ムスリム女性たちとヤクザが連合を組んだのである。そして，唐突に，マタリティは敬虔なムスリムであることを全面に打ち出し，また，『お母さん』という詩・短篇集を出版して，母親の偉大さを賞賛し，母親の前に跪くマタリティの写真を載せた。

結局，ホフィファはスカルウォに僅差で敗北してしまう。州知事となったスカルウォはマタリティに敵対するのではなく取り込んだ。彼は，東ジャワ州内のすべての企業や同業者連合に商工会議所の会員となることを義務付け，会費の支払いを定めた州知事決定を出すだけでなく，商工会議所州支部に州予算をつけることで，同支部長マタリティの経済力と経済界への影響力の拡大をもたらした。

マタリティは自らの名を冠した「ラ・ニャラ・アカデミア財団」を作って，インドネシアで流行りの「企業の社会的責任」の一環で，集団割礼支援，奨学金付与，孤児支援，無料診断などを州内の各地で行った。こうして自らのイメージ向上を図りつつ，2013 年に行われた東ジャワ州知事選では，マタリティは再出馬したホフィファではなく現職スカルウォ支持に衣替えした。選挙キャンペーン中のスカルウォたちのポスターや横断幕を見ると，「ラ・ニャラ・アカデミア財団」，「商工会議所研究所」

といった文字が大きく書かれていたり，正副州知事候補の顔写真と並んでマタリティの顔写真が写っていたりと，スカルウォの背後に誰がいるのかを分からせるようなものであった。マタリティは，州の選挙委員会がホフィファの選挙資格を認めないように，パンチャシラ青年団にデモをさせたりもした。現職は硬軟両方の戦略を使って再選を果たし，マタリティ自身は経済権力を一層堅固にすることに成功する。しかし，選挙ポスターや横断幕にマタリティの顔写真があると，そこだけ×印が付けられていることも多く，一般の有権者が支持しているとは思えない。パンチャシラ青年団州支部長であることをおおっぴらにしており，それこそ暴力を誇示しているところがある。いかにイメージ向上に努めているとはいえ，それではフォーマルな政治権力獲得には至らなさそうである。

前章まではもっぱらバンテン地方の政治過程に焦点を当ててきた。スハルト体制の寵児ハサン・ソヒブによるバンテン地方の権力の掌握過程を見れば，暴力とカネが重要な政治リソースであったことは間違いなく，バンテン州はロビソンやハディーズらの主張するオリガーキー論が妥当する典型的な地域に見える。オリガーキー論が着目するのは，一部の（スハルト時代からの）エリートによる権力の独占・寡占とその腐敗の実態である。しかし，政治にはさまざまな側面があり，政治対立の激化，暴力化を考える際には，エスニシティ，宗教・宗派，地域に依拠した社会的亀裂を考慮する必要がある。宗教・エスニシティ構成の多様な国家の場合，こうした社会的亀裂が政治的不安定の大きな原因であることが多いので，とりわけその重要性は高い。スハルト体制崩壊後のインドネシアで顕著であったのは，アイデンティティに基づく社会的亀裂の政治化，暴力化であり，水平的対立であった。民主主義体制が定着するには，この社会的亀裂が非政治化するか，政治化しても暴力化しない必要があった。オリガーキー論はこうした点にあまり関心がない。

　では，社会的亀裂の政治化・非政治化という点からバンテン州の政治を見てみると何が言えるであろうか。バンテン人の歴史的な反スンダ人感情は，バンテン州設立という細分化の地域主義により政治化されなくなった。さらに，バンテン州知事選では，最大得票数獲得を目指すために，有力な正副知事候補の組み合わせがそれぞれ異なる地域を支持基盤とする組み合わせとなった。それぞれの地域内での支持獲得合戦が顕著になり，地域間対立の激化に歯止めがかかった。社会的亀裂の非争点化が起きたと言える。しかも，イスラーム急進派と目されていた福祉正義党がラウ・グループと手を組むという究極の現実主義路線を選択したことで，バンテン州ではアイデンティティやイデオロギーに依拠した顕著な政治的対立軸が消えるに至った。国政での与野党対立もバンテン州では意味をなさない。ラウ・グループ自体はハサン・ソヒブからその子息に世代交代が進む中で，目立った暴力の行使をすることもなくなり，多様な政治勢力とも協力関係が生まれ，バンテン州の政治的安定につながった。

　バンテン州ほど極端ではないにせよ，多くの地方でエスニシティや宗教・宗派といった社会的亀裂に沿った水平的対立の過度の政治化，さらには暴力化に歯止めがかかっている。ここからは，そうした地方政治の実例をみていくことにしよう。取り上げたのは，エスニシティや宗教・宗派などアイデンティティに基づく社会的亀裂が顕著な地域やスハルト体制崩壊前後から紛争が顕著で

第9章　安定化のポリティクスの多様性　217

あった地域である。それぞれの地方独自の政治パターンや構造については脚注で挙げてきた実証研究に委ね，本章は，地方政治の安定化を考える上で重要な社会的亀裂に着目し，それぞれの地方でどう非政治化・非争点化していったのか，しなかったのかを見ていくことにする。

第1節　細分化する地域主義のポリティクス

　第1章でとりあげた表1-3（1998年1月から2014年7月までの自治体数の変化）をもう一度見てみよう。州の数は27から東チモール州が減って26になった後，8つ増えて34に，県・市の数は317から東チモール州内の13県・市が減った後，210増えて514になった。急増である。そもそもの発端は，地方エリートが地域住民を動員する形で始まったバンテン州新設運動であった。その後，雪崩を打って各地で自治体新設運動が起き，中央政府も次々と承認していった。民主化・分権化時代の重要な政治運動は，インドネシアからの独立運動ではなくて，中央政府の同意を必要とするこうした細分化の地域主義運動となっていった。主にジャワ島以外の地域で自治体数が急増しているのは，ジャワ島以外の島々，つまり外島においてこそエスニシティ構成，宗教・宗派構成が多様であり，こうしたエスニシティや宗教といったアイデンティティに基づいて地域主義運動が起きている場合が多いからである。

　アイデンティティに依拠した政治体を国民国家の中に認める動きとしては，エチオピアの「エスニック連邦主義」がある。エチオピアの中央政府は，1991年，エスニシティ分布に依拠した州を設置した。それまでエチオピアでは，中央集権的政治体制が続いていた。中央集権的政治体制の特徴は，内紛，国軍による暴力，中央政府による弾圧であったのに対して，この「エスニック連邦主義」に基づく政治体制は，大半の住民に平和と安寧をもたらしたという点で「否定しようもない成功」を収めていると言われている［Turton 2006: 1-2］。エチオピアの「エスニック連邦主義」が中央政府主導であったのに対して，インドネシアの場合，自治体新設を認める制度的枠組みのもと，地方主導型・ボトムアップ型で「エスニック連邦主義」が進んできた側面が大きいし，また，エチオピア以上により多様な格差や差異が原因となって細分化が進んでいる。そし

て，この細分化する地域主義のポリティクスは，バンテン州の誕生にみられるように，エスニシティや宗教などに基づく対立や格差を拡散・緩和する機能を果たしている。フィトリアらは，1998 年から 2004 年までのインドネシアにおける県・市自治体新設について量的調査を行っており，とりわけ分権化の始まる 2001 年以降について新自治体においてエスニシティの同質化が顕著になっていると指摘している [Fitria et al. 2005: 74-75]。それでは，いくつかの自治体新設運動を具体的に見ていくことにする。

①バンカ・ビリトゥン島嶼部州新設運動[1]

　南スマトラ州の一部であるバンカ・ビリトゥン島嶼部は，バンカ島とビリトゥン島からなり，行政単位としてはパンカルピナン市，バンカ県，ビリトゥン県があった[2]。人口では南スマトラ州全体（約 776 万人）の 11.6%（約 90 万人）を占めていた。宗教的にはムスリムがバンカ・ビリトゥン島嶼部とスマトラ本島部ともに圧倒的多数派である。そして，エスニシティで見ると，スマトラ本島部ではマレー人が 31.3%，ジャワ人が 28.7% であり，バンカ・ビリトゥン島嶼部ではマレー人が 71.9% と圧倒的で，続いて華人が 11.5% と続いた。南スマトラ州を考える上で重要なのは，とりわけバンカ・ビリトゥン島嶼部に住む住民にとって重要なのは，こうしたエスニシティに依拠した差別意識や格差意識ではない。むしろ，バンカ・ビリトゥン島嶼部とスマトラ本島部の間の格差が重要であった。

　南スマトラ州政府は，スマトラ本島部の開発と島嶼部の開発を分けて考えており，「本島部南スマトラ」，「島嶼部南スマトラ」という言葉が行政用語として存在していた。そしてこの二分法が住民の認識の上でも存在しており，本島部南スマトラ人が島嶼部南スマトラ人を搾取しているという格差意識が島嶼部住民の間にはあった。特に，国営企業が主体となって同島嶼部で採掘してきた錫からの利潤分配に不満を持っていた。スハルト時代にはもっぱら中央政府と南スマトラ州政府が錫の利潤を獲得し，同島嶼部民への利潤の還元は乏しかっ

---

1) バンカ・ビリトゥン島嶼部設立運動については，[Nurhayat 2002]，[Minako 2003] の他，60 年代から同州設立運動に関わってきたアムン・チャンドラとのインタビュー（2006 年 3 月 17 日）に基づいている。
2) 現在では，バンカ島にはパンカルピナン市，バンカ県，バンカ県から分離した西バンカ県，南バンカ県，中バンカ県がある。また，ビリトゥン島にはビリトゥン県と同県から分離した東ビリトゥン県がある。

た。また，行政的には，スマトラ本島部の住民が州行政の要職を占めているのみならず，バンカ・ビリトゥン島嶼部の県や市の要職にも本島出身の行政官が就いていることへの不満も根強かった。こうした不満が契機となって，バンカ・ビリトゥン島嶼部州設立運動が起きた。

　まず，99年1月下旬，南スマトラの地方紙「スリウィジャヤ・ポス」が50年代と60年代に起きたバンカ・ビリトゥン島嶼部州設立運動の経緯を取り上げ，その後，新たに誕生したバンカ・ビリトゥン地方向けの地方紙「バンカ・ポス」が6ヶ月にわたって新州設立の必要性を訴えた［Nurhayati 2002: 78］。地元メディアの継続的な広報活動を受けて，バンカ県，ビリトゥン県，パンカルピナン市の首長たちを筆頭とした地方エリートたちが州設立運動に勢力を傾け始めた。バンカ・ビリトゥン島嶼部には錫鉱山労働者として連れてこられた中国人の子孫が多く，華人は統計上でも人口の1割近くいる。彼らも支持に回った。そして，中央政府に加え，錫という天然資源を手放したくない南スマトラ州政府を説得して，2000年11月，バンカ・ビリトゥン島嶼部州設立に成功した。バンテン州に次いで二番目の新州であり，経済格差意識から来る州の誕生であった。その後，バンカ・ビリトゥン島嶼部州の政治は後述するように，バンカ島とビリトゥン島のバランスを配慮したものとなっていった。

②ゴロンタロ州新設運動[3]

　ゴロンタロ地方はもともと北スラウェシ州の西半分に位置し，同州の283万人（2000年現在）の人口のうち，約3割の83万人を占めていた。同地方の約98％の住民がムスリムである。北スラウェシ州においては政治経済的にキリスト教徒が大半を占めるミナハサ人が圧倒的に優位に立っており，州都マナドもミナハサ人地区にある。オランダ植民地時代からキリスト教徒のミナハサ人は教育面などで待遇がよく，ゴロンタロ人と比べてスハルト体制時代も教育水準が高かった。ムスリムが大半であるゴロンタロ人，特に若手のゴロンタロ人はジャカルタなどで自らをゴロンタロ人と称することをためらうほどの劣等感を抱いていた。しかし，スハルト体制崩壊によって民主化・分権化が始まって，政治的自由が急速に拡大すると，ゴロンタロ人アイデンティティが高まった。そして，40～50年代にアイデアにとどまっていたゴロンタロ州設立が具体化

---

3)　ゴロンタロ州新設運動については，［岡本2007; Kimura 2007］が詳しい。

していった。99年2月になると，ゴロンタロ地方出身の若者が中心となって，北スラウェシ州からゴロンタロ地方（ゴロンタロ市，ゴロンタロ県，ボアレモ県）を分離させる運動を始めたのである[4]。途中からはゴロンタロ地方のエリートたちも積極的に運動に参加し始めたことから，この運動は勢いを増していった。彼らが中央政府や北スラウェシ州政府に脅しも含めたロビー活動を繰り広げ，地方メディアがゴロンタロ州新設を支持する声を取り上げた。そして，2000年12月，バンテン州，バンカ・ビリトゥン島嶼部州に次いでゴロンタロ州が誕生した。北スラウェシ州では32％であったゴロンタロ人の人口割合は，ゴロンタロ州においては約90％となり，まさにムスリム・ゴロンタロ人の州が誕生したことになり，宗教・エスニシティを理由とする州分割であった。そして，同州の政治はゴロンタロ人の，ゴロンタロ人による，ゴロンタロ人のための政治となっていった[5]。

③西スラウェシ州新設運動[6]

　南スラウェシ州の主要エスニック・グループはブギス人，マカッサル人，トラジャ人，マンダール人であり，その分布は地理的におおよそ分けることができる。政治経済的に圧倒的に優位にあるのはブギス人，マカッサル人である。マンダール人は南スラウェシ州北西部のポレワリ・ママサ県，マジェネ県，マムジュ県に集住している。マジェネ県では人口の95.8％，ポレワリ・ママサ県では人口の51.8％，マムジュ県では人口の27.7％がマンダール人であり，最大のエスニック・グループとなっている [BPS 2001b: 75]。この三県は州都マカッサル市から地理的に遠く，山間部が多いことから経済的に遅れていた。実際，マカッサル市からポレワリ・ママサ県を経由してマジェネ県，マムジュ県，そして中スラウェシ州の州都パルに至る州道はトラジャ県からパルに至る州道と比べてはるかに整備が遅れていた。

　こうした目に見える格差に不満を抱いていたマンダール人エリートたちは，

---

[4]　1940年代，50年代には現在のゴロンタロ州にあたる地域に加えて，中スラウェシ州北部に位置するトリトリ県，ブオル県も含めてトミニ・ラヤ州を作るアイデアはあり，歴史的にもゴロンタロ地方を独自の自治単位とする構想があった。しかし，当時はアイデアにとどまり運動となるに至らなかった。

[5]　ゴロンタロ州誕生後の地方政治については，[Okamoto 2009] 参照。

[6]　西スラウェシ州新設運動については，[Mulyadi 2001]，[Bachitiar and Alip 2006] の他，同運動に深く関与したシャフリル・ハムダニとのインタビュー（2006年2月25日）に基づいている。

スハルト体制時代の1994年にはマンダール人からなるフォーラムを結成していた。そして，スハルト体制崩壊後の98年9月，エリートたちは南スラウェシ州から同三県を分離して西スラウェシ州を新設する運動を推進した[Bachtiar and Alip 2006: 42-43]。同じ頃，南スラウェシ州北部ではルウ地方がルウ・ラヤ州新設を求める動きを強めており，トラジャ地方もまた中スラウェシ州の一部を組み込んでトラジャ州新設を目指していた[7]。仮に西スラウェシ州新設が認められればルウ・ラヤ州，トラジャ州の設置運動が勢いづくことを恐れた南スラウェシ州政府は容易には承認しなかった。しかし，激しいロビー活動によって承認に追い込まれた。中央政府もまた当初は賛成していなかった。しかし，2004年総選挙が転換点となった。西スラウェシ州新設運動を推進する地方エリートたちは，メガワティ大統領に対して同州新設を認めればマンダール人は彼女が率いる闘争民主党に投票するという約束をした。メガワティはこの政治取引を受けて西スラウェシ州新設を認め，マンダール人が多数派を占める新州が生まれた。

続いては，いくつかの県・市新設の動きを見ていこう。

④中スラウェシ州での県新設運動

第1章でも述べたように，中スラウェシ州のポソ県ではムスリムとキリスト教徒との間で宗教紛争が起きた。もともと，ポソ県の沿岸部にはアラブ人やブギス人からもたらされたイスラームが影響力を持ち，山間部の住民にはアニミズムが広がっていた。その後，オランダ植民地勢力により山間部の住民にプロテスタントが広められた。そして，山間部の住民はパモナというエスニック・アイデンティティを持ち始めた[Aragon 2001: 51]。一方，ムスリムは，エスニシティで見ると，先住民のトジョ人，ブンク人，トギアン人に加え，移民としてやってきたゴロンタロ人，ブギス人，マカッサル人，マンダール人，カイリ人，ジャワ人であった。オランダ植民地時代にはパモナ人が優遇され，公職に就くものが多かった。しかし，インドネシア共和国誕生後，ジャワ人やブギス人，マカッサル人の移民が増えていき，スハルト時代にスラウェシを南北に貫く国道トランス・スラウェシが整備されて，カカオ栽培や林業に従事する移民がさらに増加していくと，ポソ県の多数派はムスリムとなり，プロテスタン

---

7) ルウやトラジャにおける州新設運動については，[Roth 2007] 参照。

トのパモナ人は周辺化された。スハルト体制の崩壊する直前の1997年には約3分の2がムスリムと言われた［Rohaiza 2011: 56］。スハルト体制の時代，ポソ県の県知事はほぼ常にムスリムであり，プロテスタントは官房長官など行政の要職につくことで一応の宗教間のバランスが図られていた［Aragon 2007: 56］。しかし，90年代に入り，スハルト体制がイスラーム化し始めると政治経済的にプロテスタントの周辺化はさらに進んだ。トジョ人でムスリムの県知事が2期目の任期を終える頃にスハルト体制が崩壊した。有力な次期県知事候補は，中スラウェシ州知事の推すパモナ人でプロテスタントの官房長官と現職県知事の推すトギアン人のムスリム政治家の2人であった［Aragon 2001: 59; 2007: 54］。98年12月にムスリム青年とプロテスタント青年との間で起きた口論がこの県知事選との絡みで軍，警察，民兵も関与する宗教紛争に発展した。

ムスリムとプロテスタントの宗教紛争と並行して，99年9月，ブンク人，ブギス人たちが主体となってポソ県からモロワリ県の分離に成功し，2003年11月にはトジョ人たちが中心となって同じくポソ県からトジョ・ウナウナ県の分離に成功した[8]。モロワリ県，トジョ・ウナウナ県ともにムスリムが多数派の自治体であり，結果としてポソ県はプロテスタントが多数派の自治体に転じた。宗教紛争も元をたどればエスニック・エリート間の政治権力闘争であったことから，それぞれのエスニック・グループが多数派の自治体が誕生したことで宗教紛争の鎮火につながった。

⑤**西カリマンタン州での県新設運動**[9]

西カリマンタン州には山間部を中心としてダヤック人，沿岸部を中心としてムラユ人が居住しており，さらに移住民としてジャワ人，マドゥラ人，華人がいる。67年にはダヤック人が華人を襲うエスニック紛争，スハルト体制崩壊前後の97年と99年にはダヤック人がマドゥラ人を襲うエスニック紛争が起きた。この97年と99年の紛争を契機として，多くのマドゥラ人は西カリマンタンから追い出されてしまった。ダヤック人というエスニック・カテゴリー自体は，オランダ人人類学者と植民地政府が非ムラユ人，非ムスリムの先住民を呼

---

8) モロワリ県では，県都の位置をめぐってブンク人とブギス人が対立関係に入るものの，ムスリム同士の対立ゆえ，他のインドネシアの地域から民兵が動員されるような紛争にはならなかった。
9) 西カリマンタン州におけるエスニシティ分布に考慮した自治体分割については，［Iqbal 2004: 14-15］，［Benny 2009］参照。

称するために作られたエスニック・カテゴリーという性格が強い。しかし,徐々に弱者としてのダヤック人アイデンティティが構築されていった。スハルト体制発足にあたってダヤック人は共産ゲリラ鎮圧に協力したとされながらも,スハルト体制下でダヤック人は地元の政治経済的リソース,地元大学の要職からさえも排除され続けたからである。

　スハルト体制32年間の間に県知事に就任することができたダヤック人は94年にカプアス・フル県知事に就いたヤコブス・ラヤンだけであった。80年代前半には,地元民ダヤック人の地位向上を目指したNGO,パンチュル・カシ(敬愛の泉)財団が誕生し,ダヤック人コミュニティ支援を始めた。その後,クレジット・ユニオンを結成して大成功を収め,雑誌『カリマンタン・レビュー』を通じてダヤック人意識を高めていった。そうした状況の中でスハルト体制が崩壊したことから,これまでの不満を解消し,地元民として政治経済的リソース「奪還」を暴力的にでも図ろうとした。第1章で述べたようなマドゥラ人殺戮はそうした動きの中で起きた。そして,ダヤック人中心の自治体新設も始まった。99年4月以降,中央政府も支持する形で,サンバス県からブンカヤン県が分離し,ポンティアナック県からランダック県が分離した。その結果,サンバス県とポンティアナック県はムラユ人が多数派となり,ブンカヤン県とランダック県ではダヤック人が多数派となった。また,ムラユ人が多数派のサンバス県から華人の割合が高いシンカワン市が誕生した。こうした分割の結果,一つの自治体における地方政治において異なるエスニック集団間で政治権力闘争が起きるのではなく,同一エスニック集団内でのものが顕著になった。

⑥西スマトラ州での県新設運動[10]

　西スマトラ州は母系社会で有名なムスリムのミナンカバウ人が多数派を占める社会である。州都パダンを囲むパダン・パリアマン県も例外ではない。しかし,この県には島嶼部からなるムンタウィ地方があり,ムンタウィ人と呼ばれるキリスト教徒が多かった。パダン・パリアマン県の県都がスマトラ本島部にあり,ミナンカバウ人が多数派であることから県政においても圧倒的にミナンカバウ人が影響力を持っており,彼らはキリスト教徒ムンタウィ人が住むムンタウィ島嶼部の経済開発にさして関心を抱いていなかった。その結果,ムンタ

---

10) ムンタウィ島嶼部県新設運動については,[Eindhoven 2007]を参照した。

ウィ人は経済的に取り残された。1970年代後半以降，ユネスコ，世界自然保護基金(WWF)，アジア開発銀行などがムンタウィ島嶼部の開発に取り組み始める中で，ムンタウィ人の中には先住民意識が芽生えていった。90年代後半にはムンタウィ人エリートたちは自らを組織化するまでになっていった。スハルト体制が崩壊すると，彼らは自らの県新設を求め，99年10月，ムンタウィ島嶼部県が誕生した。島嶼部と本島部との経済格差，そこに宗教的差異が重なって誕生した新県であった。

⑦北スラウェシ州での県新設運動[11]

　北スラウェシ州ではサンギヘ・タラウド県が三つに分かれ，ボラーン・モンゴンドウ県が二つに分かれた。サンギヘ・タラウド県の場合，サンギヘ人とタラウド人とはエスニシティも文化も異なり，また，異なる島々に住んでいることから，2002年4月，サンギヘ県とタラウド県に分かれた。さらに，サンギヘ県のなかで，シアウ・タグランダン及びビアロ島嶼部に住むサンギヘ人は同じサンギヘ人でもサンギヘ島の人々とは差異化しうる上に，サンギヘ島にかつて存在した諸王国とは別の王国が二つ存在していたことも差異化の理由となり，2007年1月，シアウ・タグランダン及びビアロ島嶼部県が誕生した。

　また，キリスト教徒が多数派を占める北スラウェシ州にあってムスリムが多数派であるボラーン・モンゴンドウ県では，2007年1月，北ボラーン・モンゴンドウ県が誕生した。ボラーン・モンゴンドウ県にはかつて四王国(ボラーン・モンゴンドウ王国，ボラーン・ウキ王国，大カイディパン王国，ビンタウナ王国)があり，蘭領東インド時代にはその四王国が自治政府として存続していた。そのため，四王国の住民間にはエスニシティ的に異なるという意識があった。スハルト体制崩壊後には，そのうちのボラーン・ウキ王国，大カイディパン王国，ビンタウナ王国がかつて統治していた領域がボラーン・モンゴンドウ県から分離して北ボラーン・モンゴンドウ県となった。ボラーン・モンゴンドウ県からは2007年1月にコタモバグ市が分離しており，最終的にはさらに東ボラーン・モンゴンドウ県，南ボラーン・モンゴンドウ県新設要求もあがっている。その理由は，かつての王国の領域に基づく県新設に加え，これらの県を設けて北スラウェシ州から分離したトタブアン州新設を実現するためである。キリスト教

---

11) サンギヘ・タラウド県，ボラーン・モンゴンドウ県の分離については，[Makagansa 2008: 167-169, 182]を参照した。

徒の多い北スラウェシ州にあってムスリムが多数派であるボラーン・モンゴンドウ地方は経済的に遅れていたことが，こうした州新設を目指す動きとなっている。

⑧**東ヌサトゥンガラ州での県新設運動**[12]

　同州では西スンバ県を三つに分ける動きが起き，2007年1月，西スンバ県の西部がダヤ・西スンバ県に，西スンバ県の東部が中スンバ県に分割された。西スンバ県自体は宗教的にもエスニシティ的にも多様性に乏しい。中スンバ県新設運動の場合，その地域がかつての王国の領域と重なることが新設の背景にある。そして，王族の子孫の一部も積極的に関与した。歴史的理由以外にも，より積極的な動機は，公職の増加である。およそすべての新設運動についてこの動機は当てはまるが，西スンバ県の場合，とりわけ貧困度が高く自治体公務員が最も重要な就職先であるから，よりこの動機は重要性が高い。西スンバ県が三つに分かれれば，当然，行政ポストも地方議員ポストも増える。そのことが同県三分割を促した。ここまで来ると，アイデンティティの政治を離れて単純に利権追求の政治でしかなくなってきている。地方エリートたちが自治体新設の旨みを理解し始めると，インドネシア各地でこうした利権追求のための自治体新設の動きに拍車がかかった。例えば，南スラウェシ州ボネ県は，エスニシティとしてはブギス人が圧倒的多数であるとはいえ，同県が広大であることから四県に分ける動きが起きた。新県が設置されれば当該地域の予算は1.5倍増えるという理解が分県運動を支えていた。

　こうしたボトムアップの自治体新設の動きがある一方で，国家統一の観点から中央政府が積極的に介入して自治体新設を促す事例もある。

⑨**リアウ島嶼部州新設運動**[13]

　リアウ州はインドネシアでも有数の石油産出州である。スハルト体制時代には石油からの利益はすべて中央政府に吸い上げられ，リアウ州に還元される利益はきわめてわずかであり，1999年段階でもリアウ州民の4割が貧困層の範疇に入っていた。スハルト体制が崩壊すると，同じく天然資源の豊富な東カリマンタン州と並んでインドネシアという国民国家から分離してリアウ独立を求

---

12) 西スンバ県における県新設運動については，［Vel 2007］に依拠した。
13) リアウ島嶼部州新設運動については，［深尾2003］，［ワフユ2007］参照。

める声が高まった。2000年1月末に石油権益の確保を求める地方エリートたちが第2回リアウ住民会議を開催した。その勧告では，出席者623人のうち270人がリアウ独立，146人が連邦制導入，199人が広範な自治を求めた［Kongres Rakyat Riau II 2000］。リアウ島嶼部に位置して経済的に発展しているバタム市や石油資源の豊富なナツナ県，カリムン県，リアウ島嶼部からの出席者たちはリアウ島嶼部州新設を求めていた。しかし，その要求は議題にさえならなかったことから彼らは議場を退出した。そして，リアウ島嶼部州新設を求める運動を始めた。中央政府内では，第2回リアウ住民会議でリアウ独立を求める声が多数派を占めたことに警戒心が高まっており，リアウ独立の声を弱めることも目的として，母体州であるリアウ州政府の合意も得ることなく，リアウ島嶼部州の新設を認めた。その後，リアウ州からの分離反対の動きが根強かったが，2000年12月，新州は誕生した。本事例の場合，リアウ島嶼部の地方エリートの新州設立要求に加え，リアウ独立運動の弱体化を狙って中央政府が積極的に介入した結果として新州が誕生した。そして，新州が誕生した頃には独立運動の動きはまったく勢いを失っていた。

⑩アチェ，パプア

リアウなど以上に古くからアチェやパプアでは独立運動が起きていた。そしてスハルト体制崩壊直後には住民投票によって東チモールが独立を達成したことも大きな理由となって，これまで以上に独立運動が盛り上がった。しかし，アチェにしてもパプアにしても必ずしも一エスニック集団としての強いまとまりがない。そこに中央政府はつけ込んだ。2000年にはパプア住民集会がパプア独立を決定したことから，パプアの独立可能性を恐れた中央政府は，財源と裁量権が大きい特別自治体の地位を付与する約束をするのみならず，2001年11月，イリアン・ジャヤ州をパプア州と西パプア州の二つに分割し，99年10月のソロン県からのソロン市分離を嚆矢として，州内に次々と新県・市を設置した。その結果，県・市の数はスハルト体制期の10から42に急増した。パプアは数多くの部族からなっており，「それぞれの自治体がある部族に対応して設置された」［*Jakarta Post* 2009.4.6］ことから，新自治体の設置に強い反対は起きなかった。部族エリートが自治体新設に伴う公職などの果実にあずかったこともあり，独立運動にはかつてのような盛り上がりはなくなっていった。

一方，アチェ州はどうであろうか。まず，中央政府は，独立運動弱体化をね

らって，アチェ州をイスラーム法の適用を認める特別自治体にした。その後，2004年12月のスマトラ沖地震・津波による大災害を契機として独立派が停戦協定に合意して選挙政治に参加するようになった。その後，貧しいアチェ中南部から新州設置要求運動が起きて，アチェとしてのまとまりが問い直されている［*Gatra* 2008.3.26: 24-27］。

　こうした細分化のスパイラルは，中央政府にすれば国家予算に占める交付金，補助金の割合が高まりかねず財政負担が大きくなる可能性があることから，モラトリアムを求める声が強まった[14]。そして，1999年第22号法を改正した2004年の第32号法は，自治体新設要求に歯止めをかけるために，自治体新設の用件を厳しくした。母体自治体の首長・議会の同意，中央政府の承認，住民の強い支持が必要な点は変わらないが，新州設立には3県・市ではなく5県・市から，新県なら3郡ではなく5郡からなること，新市なら3郡ではなく4郡からなることとなった。しかし，自治体新設要求はまったく収まる気配はない。

　西スンバ県やボネ県での分県運動に典型的に見られるように，自治体新設＝利益という発想が地方エリートの間に浸透してしまい，これまでは政治化されていなかった微細な格差までが自治体新設の動機となり始めているという懸念はある。しかし，各自治体内での社会的亀裂に沿った対立軸の減少をもたらし，少なくとも短期，中期的には安定を作り出すことに成功した[15]。また，自治体が小規模化すれば地方エリートの中央政府に対する政治力も弱体化していくことから，マクロな意味での政治的安定にもつながった。

---

14) インドネシア政府が分権化支援を行うさまざまなドナーから資金を集めて作り上げた信託基金「分権化支援機構」(Decentralization Support Facility) が2007年11月に自治体新設に関する調査報告書を発表した。報告書では，2007年までの自治体新設のコストは76兆ルピアに達すると試算している。ここで言うコストとは，自治体新設によって中央政府や母体自治体が開発事業に回せなくなった予算を意味する［DSF 2007: i］。

15) 北スマトラ州から分離してタパヌリ州を作る動きは激しい暴動になった唯一の事例である。暴動の際に北スマトラ州議会議長アブドゥル・アジズ・アンカットは暴行を受け，入院中に心臓発作で死亡した［*Tempo* 2009.2.9-15: 26-30］。

第 2 節　地方首長公選における社会的亀裂の非政治化

　1999 年第 22 号法を改正した 2004 年第 32 号法により地方首長公選制が導入され，2005 年 6 月にクタイ県を皮切りに 2008 年 4 月末日までに合計 362 の自治体で首長公選が行われたことはすでに述べた。2007 年 12 月，この首長公選に対し，国防研究所の所長でゴルカル党幹部のムラディは，（民主化の 10 年間は行きすぎであり）首長公選も行きすぎであり，そのせいで汚職が拡散して社会が分裂していると述べ，州知事は中央政府の代理人であるから大統領が任命するのも民主化の一環であるとした。あるいは地方議会が首長選出する 99 年第 22 号法の制度に戻すべきとの声もある。確かに多くの地方首長選では，有権者への金のばらまき，不適切な有権者登録，ライバル候補の中傷合戦，官僚の政治化・政治的動員，票数操作疑惑がおきている。こうした選挙期間中の問題に対処するはずの選挙監視委員会はほとんど機能していない。監視委員会は 14 日以内に訴訟に持ち込まなければ違法行為を処罰できないが，それまでに十分な証拠を集めることができず証拠不十分で不起訴になるケースが大半というのが実情であり，委員会は機能不全に陥っている。また，選挙後には敗者が勝者の選挙違反をあげつらう訴訟が各地で起きた。

　こうしたことだけを取ってみると，ムラディ発言には一理あるようにみえる。しかし，実際には住民によるデモは多発しても大衆動員を伴う対立にまで至った例は，マルク州知事選などそれほど多くない。「住民のための有権者教育ネットワーク」という NGO が調べたところでは，2007 年 2 月から翌年 1 月に行われた 50 の首長選のうち，大衆動員を伴う対立にまで至ったのは 8 件のみである [Josef 2008]。また敗者による訴訟は敗訴に終わることが大半で，物理的対立に発展することは少なかった。内務省のデータでは，2009 年までの 486 首長選で暴動が起きて紛争解決に 3 ヶ月以上かかったケースは 6 件のみである。あるいは，インドネシア科学院 (LIPI) の報告書では，2005 年から 2008 年までのおよそ 500 の首長選のうち物理的暴力が行使されたのは 3% 未満との調査結果をはじき出している [ICG 2010: 3]。そもそも選挙の暴力化があまり起きていない上に，暴力化した事例でもその原因は純粋に地方エリート間の権力闘争，支持者間の対立であり，社会的亀裂に沿った大規模な動員をもたらしていない。

というのも，宗教・宗派，エスニック構成が多様であったり，地域間格差があったりする自治体では，できる限り多くの有権者の支持を得ることを一つの目的として，正副首長候補は，異なる社会集団を代表するペアからなることが多く，そのことが対立抑制機能を果たしているからである。しかも，各政党は首長選で勝利することを目的として，地方ごとに異なる政党と連立して正副首長候補を擁立している。中央政界では野党であることを強調している闘争民主党も地方首長選では民主主義者党，ゴルカル党，福祉正義党など与党と連立を組んでおり，中央政界の対立は地方政界の対立に直結していない。そのこともインドネシアの政治的安定に貢献している。それではいくつかの首長公選の事例を見ていくことにする。

①バンカ・ビリトゥン島嶼部州知事選

　南スマトラ州から分離したバンカ・ビリトゥン島嶼部州の場合，水平的対立の契機は，バンカ島とビリトゥン島との格差にある。錫の国営企業の中心がバンカ島にあることに象徴されるように，バンカ島とビリトゥン島とでは人口的にも経済的にもバンカ島が優位にあり，ビリトゥン島民は格差を感じていた。したがって，新州設置にともなう州都決定をめぐってもバンカ島にするかビリトゥン島にするかで対立があり，最終的には，新州設置に伴う経済的恩恵を両島に平等に配分するという合意があって，バンカ島のパンカルピナン市に設置することが決まったという経緯もある。同州誕生後に州議会が選んだ州知事フダルニ・ラニはバンカ島出身，副知事スルヤディ・サマンはビリトゥン島出身という形で両島間のバランスが働いた。この両島間のバランスというのは，首長公選制になっても維持された。表9-1は2007年2月2日に行われた州知事選に出馬した5組の出身島，エスニシティ，推薦政党を表したものである。興味深いのは，5組ともバンカ＝ビリトゥンあるいはビリトゥン＝バンカという組み合わせになっており，両島間の格差から来る対立が州知事選に直接反映しにくくなっていた。

　選挙結果を見ると，エコ（バンカ島出身）＝バサリ（ビリトゥン島出身）のペアが35.4％の得票率で，他のバスキ（ビリトゥン島出身）＝チャフヨノ（バンカ島出身）のペアなどを抑えて勝利した。バスキ陣営は，エコ陣営がバンカ島で票数操作を行ったとして裁判に訴えた。しかし，最終的にはエコ陣営が勝利し，大きな混乱は起きなかった。

表9-1　バンカ・ビリトゥン島嶼部州知事選正副候補（2007年2月2日）

番号	名前（上：知事候補） （下：副知事候補）	エスニシティ	出身島	得票率	推薦政党
1	エコ・マウラナ・アリ（バンカ県知事） シャムスディン・バサリ（州議会議長）	ムラユ ムラユ	バンカ ビリトゥン	35.40%	国民信託党，福祉正義党，民主主義者党，月星党
2	バスキ・プルナマ （東ブリトゥン県知事） エコ・チャフヨノ（州開発計画庁長官）	華人 ムラユ	ビリトゥン バンカ	32.60%	新インドネシア連盟党，民族覚醒党，改革の星党など12小政党
3	フダルニ・ラニ（州知事） イスハック・ザイヌディン （ブリトゥン県知事）	ムラユ ムラユ	バンカ ビリトゥン	22.00%	ゴルカル
4	ソフラン・レブイン （パンカルピナン市長） アントン・ゴザリ（州議会議員）	ムラユ 華人	バンカ ビリトゥン	7.00%	闘争民主党
5	ファジャル・ファイリ・ルスニ （国会議員） ハムザ・スハイミ （パンカルピナン市議会副議長）	ムラユ ムラユ	ビリトゥン バンカ	3.00%	開発統一党

出所：Eriyanto 2008a など

②南スラウェシ州知事選

　同州の場合，キリスト教徒のトラジャ人を除けば大多数がムスリムであり，人口の89.3%を占めている。エスニック・グループでは人口の41.9%を占めるブギス人と人口の25.4%を占めるマカッサル人が二大勢力である。そして，これまで人口的に優位にあるブギス人が常に州知事になってきた。民主化後に州議会が選出した州知事アミン・シャムもエンレカン県出身のブギス人であった。ただし，副知事にはゴワ県出身のマカッサル人シャフルル・ヤシン・リンポが就任してエスニシティ間のバランスが考慮されていた。2007年11月に行われた首長公選による州知事選では，表9-2のように，出馬した3組ともすべてムスリムの組み合わせであり，有力な2組は，ブギス人とマカッサル人の組み合わせとなった。実質的には，現職州知事アミン・シャムと現職副知事シャフルル・ヤシン・リンポの選挙戦であった。もう1人の州知事候補アジズ・カハル・ムザカルは，50年代にイスラーム国家樹立運動を推進したカハル・ムザカルを父親としており，そのカリスマを引き継いでいる。また，彼の出身地

表9-2 南スラウェシ州知事選正副候補（2007年11月5日）

番号	名前（上：知事候補） （下：副知事候補）	エスニシティ	宗教	得票率	推薦政党
1	アミン・シャム（州知事）（ゴルカル党） マンシュル・ラムリ （元インドネシア・ムスリム大学総長）	ブギス マカッサル	イスラーム イスラーム	38.80%	ゴルカル，福祉正義党，民主主義者党
2	アジズ・カハル・ムザカル （地方代表議会議員） ムビル・ハンダリン （開発統一党）（実業家）	ブギス （ルウ） ムラユ	イスラーム イスラーム	21.70%	開発統一党，月星党など
3	シャフルル・ヤシン・リンポ （副州知事）（ゴルカル党） アグス・アリフィン・ヌマン （州議会議長）（ゴルカル党）	マカッサル ブギス	イスラーム イスラーム	39.50%	闘争民主党，国民信託党，民族民主党，福祉平和党

出所：Eriyannto 2008a など

　ルウ地方はかつて王国があり，ルウ人意識も強いことから，南スラウェシ州から分離してルウ州を作る動きもある。そうしたことから，アジズはルウ地方を中心として支持を集めることができるものの，事前の選挙予想でも勝利する見込みは薄いと判断されていた。

　アミン・シャムはブギス人，シャフルルはマカッサル人であり，マカッサル人の間ではシャフルルを初のマカッサル人州知事にしようという勢力があり，州知事選にはブギス人対マカッサル人という対立の様相もあった。「インドネシア調査サークル」が2007年7月に行った調査では，63.2%の有権者が候補者のエスニシティを考慮に入れて投票すると答え，選挙直前の2007年10月に行った調査では，ブギス人の37.5%がアミン・シャム，マカッサル人の49.1%がシャフルルに投票するとの結果が出ていた［Eriyanto 2008a: 14］。そして，実際の選挙結果を見ても，ブギス人が多い地区でアミン・シャム，マカッサル人の多い地区でシャフルルが勝利を収めている。選挙結果は，シャフルル＝ヌマン組が39.5%，アミン・シャム＝ラムリ組が38.8%の得票率で，シャフルルが0.7%の得票率差で勝利を収めた。シャフルルの拠点であるゴワ県，タカラール県では強引な票動員が行われた可能性が高く，アミン・シャムは裁判に訴えたが，最終的にはシャフルル＝ヌマン組の勝利が確定した。その後，大きな混乱は起きていない。

表 9-3　アンボン市長選正副候補（2006 年 5 月 15 日）

番号	名前（上：知事候補） （下：副知事候補）	宗教	得票率	推薦政党
1	ヘンドリック・ハットゥ（パティムラ大学副総長） イスカンダル・ワッラ（トゥアル市高官）	カトリック イスラーム	14.90%	福祉平和党，PKPI
2	ジョン・マライホロ（ゴルカル党員）（実業家） イルマ・ベタウブン（月星党員）	カトリック イスラーム	8.40%	民主主義者党，月星党
3	マデ・ラフマン・マラサベシ（ムスリム弁護士） アロイシウス・レスブン	イスラーム カトリック	12.10%	福祉正義党，その他 12 小政党
4	MJ・パピラヤ（アンボン市長） オリビア・Ch・ラトゥコンシナ（ムスリム女性実業家）	カトリック イスラーム	36.10%	闘争民主党
5	リカルド・ルヘナプシ（マルク州議会議長） シャリフ・ハドレル（アンボン副市長）	カトリック イスラーム	27.80%	ゴルカル，開発統一党

出所：Eriyanto 2008b など

　ブギス人対マカッサル人という構図が紛争に至るほどに顕在化しなかった一つの理由は，アミン・シャムはマカッサル人のラムリ，シャフルルはブギス人のヌマンを副知事候補に据えて，アミン・シャムはブギス人のみならずマカッサル人の票を，シャフルルはマカッサル人のみならずブギス人の票も集めようとしていたことも大きい[16]。

③アンボン市長選（2006 年 5 月 15 日）

　アンボンはスハルト体制崩壊前からムスリムとキリスト教徒との間で宗教紛争が深刻化した地域である。2002 年時点でカトリック教徒が同市の人口の76.1％，ムスリムが 26.2％を占めており，市長選では宗教が重要な政治的要素になる可能性が高かった。しかし，市長選に出馬した正副市長候補者 5 組すべて，そうした対立が激化しないような戦略をとった。表 9-3 は 2006 年 5 月に行われたアンボン市長選に出馬した正副市長候補の宗教，得票率，推薦政党を

---

[16]　有権者たちは，投票に当たってエスニシティを考慮するとはいえ，「インドネシア調査サークル」の調査では 8 割以上のブギス人もマカッサル人も異なるエスニック・グループの候補が選出されても問題ないという意見を持っていた［Eriyanto 2008a: 15］。そこから，エスニシティは南スラウェシ州知事選では重要ではないとエリヤント［Eriyanto 2008a］は結論づけているが，アミン・シャムや彼の支持者たちがブギス人の敗北という感情的な主張を展開して動員をかけていれば，エスニシティ間対立の様相を見せ，禍根を残した可能性はあった。

表したものである。すべてのペアがカトリックとムスリムの組み合わせとなっていることが分かる。カトリックとムスリムの人口割合を反映して，福祉正義党が推薦したマラサベシ＝レスブン組がムスリムの市長候補，カトリックの副市長候補であることを除けば，市長候補がカトリック，副市長候補がムスリムの組み合わせとなっている。市長選前の世論調査では，宗教的多数派から市長は選出されるべきという意見をどう思うかとの質問に対して，カトリックが66.5％，ムスリムに至っては70.9％の回答者があまり重要でない，まったく重要でないと答えている [Eriyanto 2008b: 4]。市長選ではカトリックの現職パピラヤが再選され，大きな紛争には至っていない。そもそもどのペアが勝っても宗教的バランスが考慮され，宗教的亀裂の非政治化が目指されていた上に，平穏を取り戻しつつあるアンボンにおいて市長選が紛争再燃の契機となることを有権者たちも候補者たちも望まなかったことが，こうした選挙結果につながったのであろう。

④ポソ県知事選（2005年6月30日）

　アンボン市と同じく宗教紛争の起きた中スラウェシ州ポソ県の県知事選でも宗教的バランスが働いた。ポソ県からモロワリ県，トジョ・ウナウナ県が分離したことで，2004年時点でのポソ県の宗教別人口割合はムスリム30％，プロテスタント65％となった [Brown and Diprose 2011: 356]。プロテスタントが多数派になったとはいえ，南部のテンテナ地方に集住する傾向があり，ポソ県北部の県都や沿岸部にはムスリムが多かった。それゆえ，県知事選でプロテスタントとムスリムが別々の候補を擁立すれば，選挙戦は暴力化し，再び宗教紛争が発生する可能性があった。しかし，勝利するための候補者たちの合理的判断，候補者たちに対する草の根の要望，そして選挙管理委員会の要請もあり，表9-4にあるように，立候補した5組すべてがプロテスタントとムスリムの組み合わせとなった [ICG 2010: 17; Brown and Diprose 2011: 362-366]。最終的に勝利を収めたのは，プロテスタントが多数派の地域で過半数近くの得票率を獲得し，また，ムスリムが多数派の近くでも2割ほどの得票率を獲得したピエット＝タリブ組であった。ポソ県知事になったピエットはプロテスタントのパモナ人である。ポソ県から分離してムスリムが圧倒的多数派のモロワリ県，トジョ・ウナウナ県ではムスリムが県知事になり，プロテスタントが多数派になったポソ県ではようやくプロテスタントが県知事についたことになる。新県

表 9-4　ポソ県知事選正副候補 (2005 年 6 月 30 日)

番号	名前 (上：知事候補) (下：副知事候補)	宗教	エスニシティ	得票率	推薦政党
1	デデ・K・アトマウィジャヤ (軍人)	イスラーム	スンダ	10.30%	闘争民主党, 民主主義者党, 先駆者党
	リス・シギリプ (牧師)	プロテスタント	パモナ		
2	ピエット・インキリワン (退役警察官)	プロテスタント	パモナ	42.60%	福祉平和党
	ムタリブ・リミ (実業家)	イスラーム	ブギス		
3	ムイン・ブサダン (現職県知事)	プロテスタント	ブンク	12.90%	インドネシア公正統一党, 国民信託党, 改革の星党
	オスベルト・ワレンタ (元官僚)	イスラーム	パモナ		
4	フランス・ソウォリノ (実業家)	プロテスタント	パモナ	20.80%	パンチャシラ愛国者党
	カハル・ラチャレ (政治家)	イスラーム	ブギス		
5	エディ・ブンクンダプ (官僚)	プロテスタント	パモナ	13.30%	ゴルカル党
	アワッド・アラムリ (官僚)	イスラーム	アラブ		

出所：Brown and Diprose 2011: 363, 368

の誕生とバランスのとれた正副県知事の誕生により，それぞれの社会集団のエリートたちの間で政治リソースの分配が起き，一種の政治的均衡が作られつつあると言える。

⑤マナド市長選 (2005 年 7 月 21 日)

　北スラウェシ州の州都マナド市は，プロテスタントのミナハサ人が多数派を占めており，政治経済的にもプロテスタントのミナハサ人が優位にある。しかし，スラウェシ島ではマカッサル市に次ぐ第二の都市であることから，近隣のボラーン・モンゴンドウ県，サンギヘ・タラウド諸島，ゴロンタロ地方からムスリムが流入してきており，人口の 31.4% を占めるまでになっている。単純化すると，プロテスタント＝ミナハサ人＝地元民，ムスリム＝移民という構図があり，ミナハサ人の間では，ムスリム移民の増加には不満の声も強い。

　2005 年 5 月に行われた世論調査では，プロテスタントがマナド市長になることが重要かとの問いに対して，プロテスタントの 57.5% が重要だと答え，41.4% が重要性は低いと回答した。ムスリムは 18.3% が重要だと答える一方，重要性は低いという回答者は 78.6% に上った。プロテスタントの場合，教会に熱心に通う人物がマナド市長になることが重要かとの問いには，79.1% の回答者が重要だとしていることから，マナド市長がプロテスタントであることは当

表 9-5　マナド市長選正副候補（2005 年 7 月 21 日）

番号	名前（上：知事候補） （下：副知事候補）	宗教	得票率	推薦政党
1	アウディ・ルマヤル（建築家） イェニ・S・ウェク （福祉平和党州支部財務部長）	プロテスタント プロテスタント	10.70%	福祉平和党
2	ダニエル・A・マセンギ（牧師） ジャファル・アルカティリ （開発統一党市支部長）	プロテスタント イスラーム	7.90%	民族憂慮職能党，開発統一党
3	ジミー・R・ロギ（ゴルカル党市支部長） アブディ・ブハリ（北スラウェシ州高官）	プロテスタント イスラーム	29.80%	ゴルカル
4	テディー・AH・クマート（マナド副市長） エルフィ・SW（先駆者党マナド市支部長）	プロテスタント プロテスタント	20.40%	先駆者党など複数小政党
5	ウェンピ・フレデリック（マナド市長） J・ダモンララ	プロテスタント プロテスタント	26.80%	闘争民主党
6	ジョハン・J・ロンターン （元サム・ラトゥランギ大学政治社会学部長，民主主義者党州幹部） エリサベス・AL（ゴルカル党州幹部）	プロテスタント プロテスタント	4.40%	民主主義者党

出所：Eriyanto 2008b など

然の事実になっていると思われる［Eriyanto 2008b: 7］。一方，ムスリムにとってはムスリムの候補，あるいはプロテスタントであってもムスリムの立場を尊重する市長であることが重要だと認識されていると思われる。

　2005 年 7 月に行われた市長選には表 9-5 にあるように 6 組の正副市長候補者たちが参加した。そのうち，4 組が正副ともにプロテスタント，2 組が市長候補にプロテスタント，副市長候補にムスリムという組み合わせであった。「インドネシア調査サークル」が直前に行った世論調査では，プロテスタントの支持率は 4 組に分散していた。正副ともにプロテスタントである 3 組，①アウディ・ルマヤル＝イェニ・S・ウェク組（12.2％），②テディー・AH・クマート＝エルフィ・SW 組（19.6％），③ウェンピ・フレデリック＝J・ダモンララ組（30.1％）に加え，プロテスタントとムスリムの組み合わせであるジミー・R・ロギ＝アブディ・ブハリ組（22.0％）である。ムスリム票は，副市長候補をムスリムにしたダニエル・A・マセンギ＝ジャファル・アルカティリ組（14.2％）と

ジミー＝ブハリ組 (56.6%)，とりわけ後者への支持率が高かった[17]。プロテスタントの票は一枚岩的結束を誇ることなく細分化し，結果としてプロテスタントの票を適度に集め，ムスリム票を多く集めたジミー＝ブハリ組が勝利を収めた。キリスト教の票が分散し，対立構図が必ずしも宗教的亀裂だけではなかったことから，大きな混乱は起きなかった。

続いて，宗教構成，エスニシティ構成が複雑な州を見ていく。こうした州では，州知事選における正副首長候補の組み合わせは多様になりがちである。その典型が，北スマトラ州と西カリマンタン州での州知事選であった。

⑥北スマトラ州知事選 (2008 年 4 月 16 日)

2000 年の国勢調査に従えば，多数派は 41.2％を占めるバタック人である。そのバタック人は，バタック・タパヌリ族 (15.9％)，トバ族 (9.7％)，カロ族 (5.1％)，マンダイリン族 (7.9％)，アンコラ族 (3.4％) などに細分化される [Leo Suryadinata et al. 2003: 15, 51]。さらに，ジャワ人 32.6％，ニアス人，コノ・ニハ人 6.4％，ムラユ人 4.9％，ミナンカバウ人 2.7％と続く[18]。宗教的に見てみると，イスラーム教徒 65.5％，プロテスタント 31.4％，カトリック 4.8％，仏教徒 2.8％，ヒンドゥー教徒 0.9％である。こうした複雑なエスニック構成，宗教構成を反映して，州知事選には多様な組み合わせからなる正副知事候補が出馬した。表 9-6 は，その 5 組の宗教，エスニシティ，得票率，推薦政党を表したものである。どの組も州知事と副知事は異なるエスニック・グループに所属していることが分かる。また，宗教で見ると，第 1，3，5 組が正副共にムスリム，第 2 組が州知事候補にムスリム，副知事候補にプロテスタント，第 4 組がその逆となっている。

表 9-7 は，世論調査に基づく各組合わせの支持基盤を調べたものである。この表を見ると，バタック・タパヌリ人の支持はばらつきが高い。ムラユ人の支持はムラユ人が州知事候補となっている第 1 組と第 3 組に集中していることが分かる。トバ・バタック人の場合，トバ・バタック人が副知事候補となってい

---

17) インドネシア調査サークルはマルチステージ・ランダム・サンプリングで 440 人を抽出して面談形式で質問を行った。質問は，6 組の正副市長候補者たちからどの組を選ぶかというものである。そして，もし回答者が未定，秘密と答えた場合には，さらに，6 組のうち最も支持するに値する組はどれかと尋ねている。誤差は±4.8％である。

18) 北スマトラ州には華人が 2〜3％いると言われているが，2000 年国勢調査は自己申告制であるためか，華人の割合はきわめて少なかった。

表9-6 北スマトラ州知事選正副候補（2008年4月16日）

番号	名前（上：州知事候補）（下：副知事候補）	エスニシティ	宗教	得票率	推薦政党
1	HM・アリ・ウムリ（ゴルカル党州支部長）	ムラユ	イスラーム	17%	ゴルカル
	HM・シマンジュンタク（インドネシア・イスラーム指導者協議会北スラウェシ州副支部長，北スマトラ宗教懇話会会長）	タパヌリ	イスラーム		
2	トゥリタムトモ（退役軍人）	ジャワ（ボゴール出身）	イスラーム	25%	闘争民主党
	ベニー・パサリブ（自由競争監督委員会委員長，闘争民主党本部幹部）	トバ・バタック	プロテスタント		
3	H・シャムスル・アリフィン（ゴルカル党ランカット県顧問委員会委員長，インドネシア・ムラユ慣習文化協議会議長）	ムラユ	イスラーム	35%	開発統一党，福祉正義党，月星党，パンチャシラ愛国者党，その他7小政党
	ガトット・P・ヌグロホ（福祉正義党北スマトラ州支部長）	ジャワ（マグラン出身）	イスラーム		
4	RE・シアハアーン（プマタンシアンタール市長）	トバ・バタック	プロテスタント	9%	福祉平和党，民族覚醒党，その他6小政党
	H・スヘルディ（スマトラ出身ジャワ人会会長）	ジャワ	イスラーム		
5	アブドゥル・ワハブ・ダリムンテ（州議会議長，元ゴルカル党州支部長，中タパヌリ元県知事）	マンダイリン・バタック	イスラーム	13%	民主主義者党，国民信託党，改革の星党
	HM・シャフィー（改革の星党総裁）	ジャワ	イスラーム		

出所：Eriyanto et. al. 2008 など

る第2組と，州知事候補になっている第4組に支持が集中している。ジャワ人の場合，過半数近くがジャワ人を副知事候補とする第3組に支持が集中している。残りの過半数強の回答者は，プロテスタントが州知事候補である第4組以外の組み合わせを支持している[19]。宗教的には，プロテスタントが候補となっている第2組と第4組にはプロテスタントの支持率が高く，ムスリムはプロテスタントが州知事候補の第4組への支持率が低い。

19) ジャワ人は移民であることが多いためか，他のエスニック・グループほど自分のエスニック・グループに投票するという傾向は見られないようである [*Kompas.com* 2008.4.17. 18:18 WIB]。

表 9-7　北スマトラ州知事選正副候補の支持基盤
(%)

番号	名前（上：州知事候補）（下：副知事候補）	エスニシティ	宗教	宗教グループ別支持率			エスニック・グループ別支持率						
				イスラーム	プロテスタント	その他	バタック・タパヌリ	ムラユ	ジャワ	トバ・バタック	マンダイリン	ニアス,コノ・ニハ	カロ	その他
1	HM・アリ・ウムリ	ムラユ	イスラーム	24.8	8.1	15.0	13.3	22.2	28.1	8.9	16.7	12.5	9.4	27.8
	HM・シマンジュンタク	タパヌリ	イスラーム											
2	トゥリタムトモ	ジャワ（ボゴール出身）	イスラーム	10.5	43.5	25.0	28.3	3.7	11.1	33.9	14.3	28.1	43.8	19.4
	ベニー・パサリブ	トバ・バタック	プロテスタント											
3	H・シャムスル・アリフィン	ムラユ	イスラーム	35.4	2.4	0.0	8.3	44.4	43.8	1.8	19.0	9.4	6.3	25.0
	ガトット・P・ヌグロホ	ジャワ（マグラン出身）	イスラーム											
4	RE・シアハアーン	トバ・バタック	プロテスタント	2.0	30.6	40.0	11.7	0.0	3.3	41.1	0.0	34.4	6.3	11.1
	H・スヘルディ	ジャワ	イスラーム											
5	アブドゥル・ワハブ・ダリムンテ	マンダイリン・バタック	イスラーム	17.3	3.2	0.0	25.0	7.4	10.5	5.4	23.8	6.3	9.4	11.1
	HM・シャフィー	ジャワ	イスラーム											
	分からない・秘密・未定			9.9	12.1	20.0	13.3	22.2	3.3	8.9	26.2	9.4	25.0	5.6

出所：Eriyanto, Sukanta, Taufik Ramdhani 2008: 19

　こうした世論調査の結果に従うならば、北スマトラ州知事選では宗教やエスニシティは投票行動に一定程度の意味を有している。とはいえ、すべての正副知事候補は異なるエスニック・グループの組み合わせになっていること、プロテスタントだけの組み合わせは存在せず、ムスリムだけの組み合わせだけでも3組あり、複数の社会的亀裂が交錯しあう組み合わせとなっていた。そのため、社会的亀裂の過度な政治化が起きにくかった。

　最終的には、共にムスリムのムラユ人とジャワ人が正副州知事となっている第3組が35％の得票率で勝利を収めた。宗教の点からすると、プロテスタントは敗北したことになるが、そもそもプロテスタントの多いトバ・バタック人の票は第2組と第4組に分裂し、宗教、エスニック的に結束していたわけではなかった。第3組の勝因の一つは、第8章で触れたイスラーム主義政党、福祉正義党が組織的に支持したことにある。イスラーム主義政党とはいえ、北スマトラ州でも福祉正義党は現実主義化路線を取っており、キリスト教徒の危機感をそれほど生まなかった。現実主義の象徴は、メダンで特に影響力のある暴力集団のパンチャシラ青年団が作り上げた政党、パンチャシラ愛国党がこの第3組を推薦したことである。州都メダンでは当時、パンチャシラ青年団とオロ・

第9章　安定化のポリティクスの多様性　239

表 9-8　西カリマンタン州知事正副候補一覧 (2007 年 11 月 15 日)

番号	名前 (上：知事候補) 　　 (下：副知事候補)	エスニシティ	宗教	得票率	推薦政党
1	アリ・モフタル (国会議員)	ムラユ	イスラーム	9.7	先駆党，月星党など9の小政党
	アンセルムス・ルベルトゥス・メルセル (元大学教員)	ダヤック	キリスト教		
2	ウスマン・ジャファル (現職州知事)	ムラユ	イスラーム	30.9	ゴルカル党，開発統一党，国民信託党，改革の星党，福祉正義党，民族覚醒党，福祉平和党，独立党
	LH・コディール (現職副知事)	ダヤック	キリスト教		
3	ウスマン・サプタ (実業家，元国民協議会副議長)	ブギス・パダン	イスラーム	15.7	民主主義者党
	イグナシウス・リョン (州政府官僚)	ダヤック	キリスト教		
4	コルネリス (ランダック県知事)	ダヤック	キリスト教	43.7	闘争民主党
	クリスティアンディ・サンジャヤ (教員)	華人	キリスト教		

出所：Eriyanto 2008a: 4 など

パンガベアン率いる勤労青年団とが勢力を二分しており，州知事選で勝利するには，少なくともどちらかの支持がなければ選挙戦で勝利するのが難しいという判断が福祉正義党内で働いたのであろう。ここでもバンテン州同様，暴力集団とイスラーム主義は連合したのである。

⑦西カリマンタン州知事選 (2007 年 11 月 15 日)

　先にも触れたように，スハルト体制崩壊前後のエスニック紛争により，マドゥラ人は追い出され，西カリマンタン州の主要エスニック・グループは先住民のダヤック人，ムラユ人，それから華人，ジャワ人となった。宗教的には，ムスリムが 55.1％，カトリック教徒 22％，プロテスタント 11％である。首長公選制が導入されるまでは，州知事にはムラユ人，副知事にはダヤック人という組み合わせであり，さらに県・市でもムラユ人とダヤック人とが正副首長になるという形で均衡が保たれた。

　2007 年 11 月，首長公選制で始めての西カリマンタン州知事選が行われ，4 組が出馬した。表 9-8 はその 4 組のエスニック・グループ，宗教，得票率，推

表 9-9　西カリマンタン州知事選の信者別支持率

番号	名前（上：知事候補） （下：副知事候補）	宗教	信者別支持率 ムスリム	信者別支持率 キリスト教徒	信者別支持率 その他
1	アリ・モフタル アンセルムス・ルベルトゥス・メルセル	イスラーム キリスト教	31.2	9.2	12.5
2	ウスマン・ジャファル LH・コディール	イスラーム キリスト教	28	9.2	12.5
3	ウスマン・サプタ イグナシウス・リョン	イスラーム キリスト教	16.8	1.3	0
4	コルネリス クリスティアンディ・サンジャヤ	キリスト教 キリスト教	2.2	55.9	12.5
	未回答		21.9	24.3	62.5

出所：Eriyanto 2008a: 11

薦政党を示したものである。4組とも州知事候補と副知事候補とでは異なるエスニック・グループを代表しており，3組は州知事候補にムスリム，副知事候補にキリスト教徒を据えていた。唯一の例外が第4組であった。州知事候補にダヤック人，副知事候補に華人がなり，エスニシティは異なるものの，どちらもキリスト教徒であった。宗教的亀裂を強調する選挙戦略をとったと言える。
　表9-9は，2007年5月時点での信仰宗教別の支持率である。明らかにキリスト教徒の組み合わせである第4組に対するキリスト教徒の支持率は高く，選挙でも43.7％の得票率を獲得して勝利を収めた。
　第4組の選挙戦略は，周辺化された住民，少数エスニック・グループへの最大限の保護，平等な開発といったスローガンを掲げ，多数派による支配の否定，西カリマンタン州政府でのムスリムとキリスト教徒の間でのライン・ポストの平等分配なども主張した。ムスリムで多数派のムラユ人が州政を支配していると批判するような選挙キャンペーンであった。それに対して，現職州知事（ムスリムのムラユ人）・副知事（キリスト教徒のダヤック人）からなる第2組は，宗教間の平和，エスニック・グループ間の平和を主張した。しかし，他の2組もムスリム，キリスト教徒の組み合わせであったためにムスリム票が分裂したこと，キリスト教徒のダヤック人の多くが第4組に投票したために敗北した［SH 2007.11.27］。

これまでの事例と違って，この西カリマンタン州知事選は宗教に沿った社会的亀裂を政治化した候補が勝利した例である。しかし，州知事選の結果が確定しても大きな紛争は起きなかった。一つには，ムラユ人対ダヤック人，ムラユ人対華人という対立は歴史的に一度も大きな対立に発展したことがなく，過去の記憶に依拠した対立にはなり得なかったからである。次に，ムスリムの候補が3組から出馬したことに象徴されるように，イスラーム教徒を一つにまとめあげてイスラーム教徒対キリスト教徒という対立軸が明確に浮かび上がりがたい政治状況になっていた。加えて，自治体分割が進んだことで，エスニック連邦主義のような様相を呈し，表9-10にあるように，県や市に目を向ければムラユ人県知事や市長も珍しくはなく，州知事選での敗北がムラユ人を自動的に結束させる動機となりがたかった。

　しかし，この社会的亀裂の政治化は，キリスト教徒というより，ダヤック人の政治経済的地位奪還の一環であり，先に触れた同州でのダヤック人の自治体誕生とも関連している。ムラユ人が排除され続けていけば，エスニック間の緊張が高まっていく可能性はある。

　2010年，国際NGOであるインターナショナル・クライシス・グループは，2005年から始まった各地での地方首長選を踏まえ，地方首長選が平和裏に行われるためには関係者間の緊密なコミュニケーションが不可欠だと述べている［ICG 2010］。この指摘はもっともである。ただ，それと同時に，スハルト体制崩壊前後に政治的不安定の大きな要因であったエスニシティや宗教といった社会的亀裂の非政治化，非争点化が起きたことも平和な首長選の実現につながった。上の事例で分かるように，こうした社会的亀裂は地方首長公選制においても政治的意味を持っていた。しかし，地方首長選というのは，最大の得票数を獲得することを目的とする政治であり，正副首長候補は異なるエスニシティ・宗教の組み合わせとなりがちであり，結果的にアイデンティティに基づく政治的対立を緩和する傾向が目立った。また，複数の候補が一つのエスニック・グループ，宗教グループから首長選に出馬する傾向が目立ったことから，政治対立は異なるエスニック・グループ間や宗教グループ間の対立という分かりやすいものから，同一エスニック・グループ内，宗教グループ内の対立という様相を深め，意図せざる形で社会的亀裂の非争点化が起き，大規模な政治対立を引き起こしにくくなった。ただし，西カリマンタン州のような例もあり，こちらの事例が一般化すれば，地方政治が不安定化していく可能性が高い。

表9-10 西カリマンタン州内県知事・市長一覧（2005年以降，直接選挙で選出された候補者）

県・市	名前（上：県知事・市長） （下：副知事・副市長）	エスニシティ	推薦政党
ブンカヤン県	ヤコブス・ルナ スルヤドマン・ギドット	ダヤック ダヤック	闘争民主党
ムラウィ県	スマン・クリク フィルマン・ムンタチョ	ダヤック ムラユ	民主主義者党
シンタン県	ミルトン・クロスビ ジャロット・ウィナルノ	ダヤック ジャワ	福祉平和党，先駆者党
スカダウ県	シモン・ペトルス アブン・エディヤント	ダヤック 華人	PKPI, PPDK, 福祉平和党, PPDI, PPD
カプアス・フル県	タンブル・フシン ヨセフ・アレクサンデル	ムラユ ダヤック	ゴルカル
クタパン県	モルケス・エフェンディ ヘンリクス	ムラユ ダヤック	ゴルカル
ランダック県	コルネリス アドリアヌス・アシア・シドット	ダヤック ダヤック	闘争民主党
サンバス県	ブルハヌディン・A・ラシッド ジュリアルティ・ジュハルディ	ムラユ ムラユ	国民信託党，改革の星党，開発統一党，月星党，民主主義者党
シンカワン市	ハサン・カルマン エディ・R・ヤクブ	華人 ムラユ	開発統一党，PPIB
北カヨン県	ヒルディ・ハミド サイド・ティヒ	ムラユ ムラユ	PPD, PDK, PKS＜PKB, PPNUI, PNIM
クブ・ラヤ県	ムダ・マヘンドラワン アンドレアス	ムラユ ジャワ	無所属
ポンティアナック市	スタルミジ パルヤディ	ムラユ マドゥラ	開発統一党，先駆者党，PKPI, PPD
ポンティアナック県	リア・ノルサン ルビヤント	ムラユ ムラユ	ゴルカル
サンガウ県	ヤンセン・アクン アブドゥラ	華人 ムラユ	PKPB, 民主主義者党，福祉平和党

出所：Yohanes Supriyadi. 2008

第 3 節　合従連衡する政党

　地方首長選での対立軸を考える上でもう一つ重要なのは政党間対立である。選挙管理委員会のデータでは，2009 年 2 月 13 日までに大統領決定が出て結果が確定した首長選の数は 464 である。州知事選が 31，県知事・市長選が 433 である。首長選で勝利した正副首長を推薦政党別に範疇分けしてみると，多様な政党連合から推薦を受けて当選していることが分かる。推薦政党については，首長選の時点で公認されていた 24 政党をイデオロギーや党を支持する社会組織などをもとに，ナショナリスト政党・世俗政党 (16 政党)，イスラーム系政党 (7 政党)，キリスト教政党 (1 政党) に分け，各自治体での政党連合のパターンを見てみる。

　まず，州レベルを見てみよう。ナショナリスト・世俗系政党 (単独あるいは連合) からの推薦を受けて当選した正副首長候補が 10 組，ナショナリスト・世俗系政党とイスラーム系政党から推薦を受けて当選した正副首長候補も 10 組，イスラーム系政党 (単独あるいは連合) から推薦を受けて当選した正副首長が 6 組，ナショナリスト・世俗系政党，イスラーム系政党，キリスト教系政党から推薦を受けて当選した正副首長候補が 4 組，無所属当選が 1 組いる。

　県・市レベルでは，ナショナリスト・世俗系政党とイスラーム系政党の両方から推薦を受けて当選した正副首長候補が 173 組と一番多い。続いて，ナショナリスト・世俗系政党 (単独あるいは連合) からの推薦を受けて当選した正副首長候補が 155 組，イスラーム系政党 (単独あるいは連合) から推薦を受けて当選した正副首長候補が 59 組，ナショナリスト・世俗系政党，イスラーム系政党，キリスト教系政党から推薦を受けて当選した正副首長候補が 21 組，無所属が 14 組，ナショナリスト・世俗系政党とキリスト教系政党から推薦を受けて当選した正副首長候補が 10 組，キリスト教系政党のみから推薦を受けて当選した正副首長候補は 1 組である。

　インドネシア全体として見れば，イスラーム系政党とキリスト教系政党のみの組み合わせによる当選候補がない点を除くと，多様な組み合わせで当選を果たしていることが分かる。イスラーム主義を唱える福祉正義党，開発統一党，月星党，改革の星党も地方レベルではナショナリスト・世俗系政党と連立を組

んで政権獲得を目指すことも当たり前の状況であり，仮に当選を果たせば，露骨なイスラーム化を推進することは不可能となり，現実主義路線が卓越していく。州レベルでの推薦政党の組み合わせと同州内での県・市レベルでの推薦政党の組み合わせには一貫性はない。また，中央政界ではユドヨノ政権に対する野党勢力として独自色を打ち出そうとしている闘争民主党も，地方レベルで見てみるならば，ユドヨノ大統領政権下の与党と連立を組んで勝利を収めているのは珍しくない。

　こうしたことからするならば，首長選での対立軸は自治体ごとに多様であり，必ずしもナショナリスト政党対宗教系政党で区切ることはできないし，さらに，中央政界の対立軸と地方政界の対立軸，州レベルの対立軸と県・市レベルの対立軸は多様性に富んでいることが分かる。細分化のポリティクスが卓越しているために，仮に一つの県や市で政治対立が先鋭化して政治的不安定が生まれても，その政治的不安定が隣接自治体や州，さらには中央政府の対立へと波及しにくい構造が生まれている。そのことが結果として，インドネシアにおける政治的安定の実現につながっている。

10章
暴力と適応の政治を超えて

8章までを読むと，バンテン州は安定していると言いながら，やはりジャワラの暴力性があってこその安定であり，それほど良いものではないという意見も多いと思う。また，9章における安定もエリート主導の安定であり，一般市民の主体性を欠く安定であって，民主主義の質から言えばそれほどよいものではないと思う人も多いであろう。私もそのことは否定しない。ただ，民主化後の社会変革，政治変革が一気に進むことなどあまりない以上，現在のインドネシアの地方政治を全否定するのではなく，一つの通過点にあると考え，その次のステップを見出すことこそ大事である。本章の最後には，バンテン州における次のステップにつながる動きを始めた青年たちについて触れている。彼らのような試みが時間をかけて広がることこそが大事だと思う。

恐怖を超えて

バンテン以外でもこうした動きは起きている。ここでは，東ジャワ州にあるマドゥラ島の例をあげよう。マドゥラには，社会的リーダーとしてイスラームに造詣の深いウラマーだけでなく，ブラテルと呼ばれるジャワラに似た社会的特徴を持つ人たちがいる。ブラテルは，暴力の行使にためらいがなく，男らしさを尊ぶ。降水量が少なく痩せた土地の多いために貧困率の高いバンカラン県に多い。2008年に私が会ったブラテルの一人は，10代からインドネシア各地の牢獄の出入りを繰り返していた。9・30事件のときには，スラバヤに駐屯しているブラウィジャヤ師団に頼まれて共産党員の残党狩りを手伝ったりもしていた。しばらくジャカルタにいた後，出身村に戻り，20年以上にわたって村長を続けていた。刃渡り1mあまりの刀を車にいつも置いていると語り，車から持ってこようとしてくれた。

民主化後の2003年，このバンカラン県でフアド・アミンが県議会での選挙を制して県知事に着任した。彼は東ジャワ有数のウラマーの曾孫であるだけでなく，ブラテルたちを味方につけたことから，宗教的正義と暴力の2つを掌握して同県で圧倒的な政治力を持つに至った。首長公選制が導入された後の2008年の県知事選でも70%の得票

バンカラン県の汚職の全容解明を求めるデモ

率で再選を果たし，2013年にはその息子が県知事選で勝利をして父親の跡を継いで県知事になった。弟や従兄弟が有力政党の県支部長になった。そして，彼は「自分の一族以外の者は20年待たないと権力を握れない」と息巻いていた。ここでも民主化後に一族支配が始まったのである。彼の汚職にも誰も手を出せず，マドゥラ出身の学生や活動家がその批判をすると狙われた。現地のNGO活動家たちによれば，2010年から2015年1月までにバンカラン県において8人の活動家が刀で切られたり，銃で撃たれたりした。また，家への投石や脅迫SMSもあった。

そ れでも，彼らは，反汚職運動を展開するジャカルタのNGOのインドネシア・コラプション・ウォッチ（ICW）の支援も得ながら県知事などの汚職を批判するデモをしたり，汚職に関するデータを汚職撲滅委員会に提出したりして，県政批判を続けた。2014年12月4日，こうした行動もあり，汚職撲滅委員会はついに彼を天然ガス売買に伴う贈賄の容疑で現行犯逮捕した。2015年3月時点で，同委員会は，バンカラン県だけで80ほどの土地建物，さらにジャカルタやバリの家やアパート，

暴力の

11台の車，2000億ルピアの現金を接収した。これは，現地の活動家たちがジャカルタのNGOの支援を受けながら，汚職していた元県知事の逮捕にこぎ着けた一例である。元県知事の逮捕がきっかけとなり，より良い地域社会を作るための動きも生み出しつつある。短期的に大きな変化が生まれることは難しいが，社会変容の一つの布石にはなった。緩やかではあるが，インドネシア各地でこうした動きは見られる。

32年間続いたスハルト権威主義体制が崩壊したとき，インドネシア政治に関心を持つものからは，その将来を危惧する声が上がっていた。東チモールを筆頭に，いくつかの地方が分離独立するのではないか，民主化しても政治的不安定が続き，再び権威主義体制に舞い戻りするのではないかといった危惧である。しかし，実際に独立した東チモールを除けば，インドネシアは国民国家として存在し続けているし，また，分権的民主主義体制も続いている。そして，東南アジアで最も民主的で，政治的自由度の高い国との評価もされるようになった。世界でもまれに見る成功した体制変革とも言われる。

　この体制変革について，体制内変革派と体制外民主化勢力との連携に着目した研究など，国政レベルでの民主化のソフトランディングについての研究，あるいは国軍の民主化への対応に関する研究などがあることは最初に述べたとおりである。しかし，インドネシアは多民族国家であり，ジャカルタでの政治的安定が地方での政治的安定につながる保障はない。実際にも，スハルト権威主義体制崩壊前後には各地で社会不安が発生し，自警団の乱立，地域によってはエスニック紛争，宗教紛争も起きていた。アイデンティティに依拠した社会的亀裂が政治化，暴力化していた。それではどうして地方レベルでこうした現象が収まり，政治が安定していったのであろうか。これが本書の問いであった。国軍が地方レベルの紛争への関与をしなくなったことも大きな理由の一つである。しかし，地方アクターに力点をおいてみると，別のことも明らかになってきた。それは，自治体新設運動であり，首長公選に見られる異集団間の正副首長候補の組み合わせであり，地域に応じた政党の合従連衡であった。こうした地方政治アクターの行動がアイデンティティに依拠した社会的亀裂の非政治化，脱政治化を生み出した。

　民主化・分権化後のインドネシアの政治についての研究の多くは，民主化・分権化のパラドックスに関心が向いていた。本書は，カネと暴力の政治がインドネシアで最も卓越していたバンテン地方を取り上げ，ここでも社会的亀裂の非政治化，脱政治化が起き，表立った暴力の行使は減ってきたことを示したつもりである。その上で，各地の事例を取り上げて，同様の政治現象がバンテン地方に限らないことを示した。

第1節　暴力と政治をめぐる比較政治学 ── フィリピンとタイ

　このインドネシアの民主化，分権化と暴力や政治的安定との関係について，ここで少し比較の視点から考えてみることにしたい。参照するのは，インドネシアと同様に権威主義体制から民主化したフィリピンとタイである[1]。それぞれの国について，地方政治全般と，国家と対立する分離主義運動が見られる地域とに分けて見ていきたい。フィリピンの場合，1983年にマルコス権威主義体制が崩壊し，民主主義体制が始まった。そして，1991年には地方分権法が施行された。アメリカ植民地時代から続いていた地方政界，中央政界におけるオリガーク支配の打破を目指していたマルコスが失脚すると，結局，オリガーキーは復活し，地方では家産制化が顕著になった。フィリピンのNGO「ガバナンスにおける人々のエンパワーメント研究所」の調査によれば，250の政治家一族がフィリピンの国政と地方政治を支配し，80州のうち94％にあたる73州で政治家一族が政治的に圧倒的に影響力を持つ[2]。

　アメリカ植民地時代やマルコス権威主義体制までの民主主義体制時代のオリガークたちは自らが所有する大農園などからの利潤，さらに国会議員であれば地方開発資金として自己裁量で使用できる予算，「ポーク・バレル」を重要なリソースとしていたのに対し，マルコス政権崩壊後は，分権化が進んだこともあり，「ポーク・バレル」に加えて，地方政府の予算や許認可権も重要なリソースとなった。加えて，アメリカ同様，猟官制を取っていることから，政治家にとって選挙の勝利は極めて大きなリソース獲得につながるため，選挙戦は熾烈なものとなった。反政府活動に対して警察が文民ボランティア組織（Civic Volunteers Organizations, CVOs），軍隊が市民武装自警団（Civic Armed Forces Geographical Unit, CAFGU）といった民兵組織を作っており，地方のオリガーキーたちがライバルの政治家やその支持者などへの暴力にこうした組織を動員

---

1) 　フィリピンの地方政治については非常に多くの研究が出版されている。例えば，[Sidel 1999; Abinales 2000; McCoy 2009]。タイの地方政治については，とりわけチャオポーについては，[OcKey 1993; 2000; ヴィエンラット 2000; 2001; Shatkin 2003; Viengrat 2008] を参照。タイの政治的殺人については，[Anderson 1990]。

2) 　この研究所の調査については，同研究所のウェブサイト参照 [http://www.cenpeg.org/index.html]。

している。それゆえ，タイやインドネシアと比べれば，選挙時における暴力事件は多い。2001年選挙では269件（死者111人），2004年選挙では249件（148人），2007年選挙では229件（121人），2010年選挙では176件となっている。2006年にはマギンダナオ州知事選をめぐる抗争で46人の政治家の一族，ジャーナリストがライバルの武装勢力に銃殺される事件も起きている。ただし，こうした政治的殺人は基本的に地方におけるライバル一族間の対立であり，政党間対立として全国化するようなものではないため，地方を超えた政治的不安定には至らない[3]。また，反中央政府的な要素も薄い。

　一方，分離主義運動はどうであろうか。カトリック教徒が多数派のフィリピンの中でムスリムが多いフィリピン南部のミンダナオにおいては，例外的に1960年代後半から分離主義運動が顕著であった。ミンダナオに移民としてキリスト教徒が大量にやってきたことに先住民が不満をいだいたことが最大の原因である。先住民たちの一部は，モロ民族解放戦線（MNLF），MNLFから分裂したモロ・イスラーム解放戦線（MILF）などの分離主義組織を作り上げ，地方の名士であるムスリム指導者にも支持者が出た。マルコス権威主義体制の時代や民主化後のエストラーダ政権の時代には，こうした分離主義運動とフィリピン国軍との間の対立は深刻化した。しかし，アロヨ政権以後，分離主義運動へのミンダナオのムスリム指導者の支持は弱まっていった。アロヨ政権が，金銭的に彼らを積極的に懐柔していったからである。そして，2012年にはMILFも和平協定に合意することで，独立支持派の勢力は弱体化している。

　タイはどうであろうか。クーデターが繰り返された後，80年代から軍人が政権トップにいながら徐々に文民を政権参加させていく時代，「管理された民主化移行期」が続いた。その後，一度のクーデターを経て民主主義体制が定着していった。19世紀末以降，近代国家の体裁を整え始めたタイにおいては，基本的に内務官僚を軸とした中央集権的政治体制が続いてきたが，80年代から少しずつ分権化が始まり，97年に制定された新憲法は地方分権の実施を明記して，99年から地方分権化が始まった。タイの経済成長の中心は首都バンコクであるとはいえ，経済成長が続く中で80年代には地方都市の発展も目立

3）　アロヨ政権時代には，反政府活動家とみなされたものについては，軍の関係者により暗殺される事件が非常に多く，フィリピンのNGO「人権擁護連合」（Karapatan）によれば，2001年から2010年の間に，ジャーナリスト，牧師，活動家など1206人が殺されている［Karapatan 2010: 16］。超法規的に不穏分子を排除して政治的安定を作り出そうとしたのである。

つようになっていた．そうしたなかで，地方経済を牛耳り，地方政治にも強い影響力を持つ有力者，チャオポーと呼ばれるものたちが台頭した．チャオポーの中には複数の自治体にまたがって影響力を行使して，さまざまな合法ビジネスをコントロールするのみならず，ドラッグや売春などのビジネスにも従事するものがいた．そして，チャオポーは暴力と結び付けられてきた．チャオポーは選挙では集票請負人の役割も担っており，国会議員候補たちも選挙で勝つために彼らに頼った．フィリピン同様，選挙においてイデオロギーは意味がなく，選挙のたびに政治家たちが首相率いる与党連合に衣替えすることは日常茶飯事であった．80年代に始まる地方経済の活性化と民主化・分権化による政治ポストの魅力の増大により，彼らの権力争いは激化していき，議員候補やその支持者に対する政治的殺人が目立つようになった．

　1997年憲法が施行され，地方分権が始まる一方で小選挙区制が導入されると地方政治に変化が起きた．圧倒的な資金力を持つタクシン率いるタイ愛国党が2001年総選挙で過半数に達する議席を獲得して勝利し，タクシンが首相に就任した．そうすると，タイで初めて強い政府が誕生した．警察主導で「麻薬との戦い」を実施して，2000人以上を麻薬犯罪関係者として殺害するなど，激しい人権侵害を引き起こしながら，麻薬に絡めて反タクシンの地方政治家たちを排除することで，地方政治を掌握しようとした．地方での政治的暴力は地方政治家同士，チャオポー同士のものから国家対地方政治家，チャオポーという構図に変わった．

　タクシンは，30バーツ医療保険制度や中小企業の債務帳消しなど大衆受けする政策も実施して，2005年の総選挙では地滑り的勝利でさらに議席数を増やした．こうして政治的な集権化がさらに進むかに思えたが，タクシンの汚職に不満をいだいた都市中間層や王室の支持を得る形で国軍が16年ぶりにクーデターを起こしてタクシン政権を倒閣したことで，タイの政治は混沌に陥った．地方に至るまでタクシン派か反タクシン派かで色分けされるようになった．バンコクでは両派の対立が先鋭化して大規模な暴力事件が起きたが，地方では選挙における政治的殺人が減った．

　2011年選挙は，両派の対立で混乱が起きる可能性が高いので戒厳令を布くことを求める声もあった．しかし，さまざまな市民団体やNGOが選挙監視を行い，75%というタイ史上で最も高い投票率の選挙となり，また，政治的殺人事件の数も80年代以来最低のレベルに留まった．地方政治家，チャオポー間

の対立，国家対チャオポーの対立といった構図が崩れ，タクシン派を代表する政党と反タクシン派を代表する政党との対立という構図が生まれ，利権よりも正統性がテーマとなる選挙となったため，選挙で勝つには脅迫や暴力の行使が不利に働くようになったからである［Prajak 2011］。加えて，90年代後半に始まった行政面での分権化により，農村部に職員わずか15名ほどの小規模なタンボン自治体が6000以上も誕生し，その首長や議員が直接選挙で選ばれるようになった。このタンボン自治体が公的に農民たちの意見を汲み取る機能を果たし始めており，パトロン・クライアント関係やパトロネージの政治とは異なる政治が農村レベルでも定着しつつあることが，地方政治での暴力の減少につながった面もある。

ただ，2014年には再びクーデターが起きて，国軍が地方のタクシン派を強引に鎮圧し始めていることから，地方アクター間の暴力ではなく国家による暴力が地方レベルで展開しており，国家の地方統制が厳しくなり，地方政治の余地がなくなってきている。

インドネシアにおけるアチェやパプア，フィリピンにおけるミンダナオのように，タイにおいては深南部（主にパッタニー県，ヤーラー県，ナーティワラート県）で分離主義運動が続いている。仏教徒が圧倒的多数派であるタイにあって，深南部はムスリムが多数派である。仏教を国教にするタイ政府は，およそ深南部の開発に積極的ではなく，また，イスラーム教を軽視してきた。そのため，ムスリムによる反政府運動や分離主義運動が継続してきた。とりわけ2001年にタクシンが首相に就任すると，ムスリムの反政府運動に対する取り締まりが強化され，反政府勢力による武力行使も激増した。その対象は警察官や行政官であるが，一般市民も巻き添えで亡くなっている。2004年から2012年までに5000人以上の死者を数え，極めて深刻な紛争となっているが，一向に解決の気配はない。

フィリピンのミンダナオでは，中央政府が自治権を与え，紛争解決の方針を具体的に進める一方で，地方エリートたちが中央政府に取り込まれていったことで独立派の影響力の伸張が阻まれていた。一方，タイの深南部の場合，中央政府が自治権を付与することにさえ消極的で，武力による鎮圧を中心的戦略としてきた。加えて，バンコクの政治は2006年のクーデターによるタクシン追放以降，タクシン派と反タクシン派の対立の克服が主要課題であり，深南部の問題は周縁化されてきてしまっていた。こうした状況が際限なき暴力の行使に

つながっている。また，地方のムスリム・エリートが紛争解決に努めておらず，内部分裂していることも紛争の長期化をもたらしている。

　さて，こうしたフィリピン，タイと比較した場合，インドネシアの地方政治の特徴は何であろうか。まず，地方政治内の暴力について考えてみる。フィリピンにしても，タクシンが登場するまでのタイにしても，地方政治における政党の政治的意味は低く，地方では有力地方エリート間のリソース争いが対立の中心であり，選挙ともなれば政治的殺人が頻発している。それに対して，インドネシアでは今までのところ政治的殺人はそれほど多くない。その理由としては，細分化する地域主義により，地方エリートはライバルと物理的対立をするよりも新設自治体を作ることでリソース獲得に邁進することができたことが考えられる。また，インドネシアの場合，一地方内にあっても対立構図が単純な二項的でないことが多い。エスニシティ，宗教，地域といった水平的な社会的亀裂が複数走っていることも多い上に，全国政党が地方の津々浦々にまで進出してきている。そのため，地方エリートが政治的に台頭するルートが複数存在し，二項対立的な政治対立は起きにくい。むしろ，地方エリート間で妥協と調整を行い，合従連衡を繰り広げるゲームが支配的となりやすい。

　次に，国家対地方という文脈ではどうであろうか。フィリピンでもタイでも分離主義にまで発展した地方の不満というのは，ムスリムによる現存の政治体制への異議申し立てである。フィリピンの場合，時間はかかったが中央政府がムスリムに自治権を与え，地方のムスリム・エリートを取り込むことで和平にまでこぎ着けることに成功した。それに対して，タイの場合，中央政府が深南部のムスリムに妥協する姿勢を示しておらず，地方のムスリム・エリートは内部分裂をしており，この対立の仲介役になっていない。インドネシアの場合，スハルト体制崩壊後，各地で分離主義運動が起きたものの，フィリピン政府以上に迅速に広範な自治権を付与することで懐柔することに成功した。さらに，とりわけパプアについては自治体の分割を促進することでパプアの一体感を弱め，より多くのパプア地方内エリートが新設自治体のリソースを獲得できるようにすることで今のところ取り込みに成功している。

第 2 節　インドネシアは再び不安定化するか？

　以上のように、フィリピン、タイと比べた場合、インドネシアはこれまでのところ、地方レベルでの政治的安定の実現に成功していると言える[4]。32 年間続いた権威主義体制の崩壊とその後の混乱状況を考えると、このことは、非常に画期的な事実である。ただし、あくまでも短・中期的なものである。長期的に考えれば地方政治、地方自治が抱える問題は多く、その解決に時間をかけて取り組んでいかなければ、インドネシアの民主主義体制が再び不安定化する可能性はある。ここでは本書とも関わるもので、長期的に重要な課題である4点をあげておこう。

　まず、新設自治体のパフォーマンスである。新設自治体の行政能力評価については国家経済企画庁、内務省、国家行政院などが行ってきており、どの評価も好ましいものではない。さらに 2009 年には国連開発プログラム（UNDP）の「分権的ガバナンスの樹立と再創造プログラム」が同様の調査を行い、やはり新設自治体が望ましいパフォーマンスを示していないと指摘した［Harry 2009］。こうした背景があり、内務大臣は国会に対して自治体新設のモラトリアムを求め、自治体新設の動きを弱めようとしている。分権化が既存の自治体にもさまざまな課題をもたらしている以上、新設自治体が即座に高いパフォーマンスを示すことを期待するのはそもそも容易なことではない。自治体新設当時の目的が地域住民の行政へのアクセス向上や既存自治体内の格差是正というものであったにせよ、いったん自治体が新設されてみれば地方エリートによる利権獲得が目立ってしまっていることが行政能力の低さにつながっていると批判されている。

　次に、正副首長の対立である。首長公選のときには最大得票数獲得を目論んで正首長候補は異なる社会的背景の副首長候補とペアを組んだものの、実際に州知事、県知事、市長に就任すると、副首長を排除して行政を運営し始めるケースが多い。バンテン州ではアトゥット州知事はタンゲラン地区を代表していた

---

[4]　タクシン以後のタイの地方政治については、2011 年選挙を見る限り、安定化し始めているように見える。しかし、バンコクで先鋭化しているタクシン派対反タクシン派の対立の構図が地方にも波及する可能性がある。

マスドゥキ副知事を行政から排除してしまい，さらにはタンゲラン県から分離した南タンゲラン市を新設して，義理の妹を市長に据えることに成功した。その結果，タンゲラン県知事，市長からは強い不満があがっている。内務省のデータでは，2010年の2回目の首長公選において現職の正副首長がペアを組んで選挙戦に望んでいるケースは6％にとどまっており，それぞれが別の候補を擁立する場合が多い[5]。その一因は，在職中の首長と副首長の関係悪化にある。そのことが結果として，第1回目の地方首長選に見られたように，異なる社会的背景の候補者とペアを組むという選択肢を捨て，身内など縁故を基準とした選択になっていく可能性がある。

　そのことと関連するのが，自治体の家産化，一族による地方政治支配と呼ばれる現象である。2010年以降の二度目の地方首長公選の傾向を見てみると，現職首長の妻，子弟など一族が首長候補として立候補して勝利し始めている。2013年10月，内務大臣は57の正副首長が地方の一族支配を行っていると述べた（Merdeka Online 2013.10.18）。また，地方議会議員や国会議員にも一族を送り込み始めている。現職首長が5年の任期の間に地方官僚の統御に成功して，地域住民に対してはポピュリズム的なばらまき政治を行い，ローカル・メディアを統制してイメージ向上に努めることに成功すれば，現職の一族はその貴重な政治的リソースを有効活用して選挙戦を有利に展開することができる。選挙戦に勝利を収めれば，その一族とその取り巻きが自治体を私物化する可能性が強まり，実際にもそうしたことが起きつつある。自治体の家産制支配が始まっている。中央政界とのネットワークが強固であれば，その支配はさらに強くなる。

　最も目立つ例は，本書で取り上げてきたバンテン州である。ハサン・ソヒブ自身は2011年に81歳で亡くなったが，州知事には娘，州都セラン市の副市長には息子，セラン県の副知事には娘が就任した。2010年には南タンゲラン市長に息子の妻，2011年にはパンデグラン県の副知事に自分の妻を当選させることに成功した。バンテン州，そして州内の8県・市のうち，5つの自治体に一族を送り込むことに成功した。他にも，一族の中には国会議員，州議会議員，県・市議会議員に納まっているものもおり，強い政治的影響力を持つに至った。ハサン・ソヒブの死後，キングメーカーと言われるのがハエリ・ワルダナ，通

---

[5] ジョヘルマンシャ・ジョハン地方自治総局長とのインタビュー，2010年10月11日。

写真 10-1　ワワンとアイリン

称ワワン（写真 10-1）である。彼は，ハサン・ソヒブの息子，アトゥット州知事の異母弟，アイリン南タンゲラン市長の夫である。2012 年には，ハサンの後を継いでバンテン州商工会議所会頭の地位についた。自ら政界に進出することはなく，実業界を統制しながらラウ・グループによるバンテン州の家産制支配の実現を目指した。アトゥットは表看板となり，女性の州知事として母親らしさをイメージとして打ち出しつつ，ゴルカル党本部財政副局長，女性エンパワーメント部長として中央政界とネットワークを維持した。ワワンは経済界のネットワークを堅固なものとしていき，姉を支えた。実際のところ，アトゥットにはさほど行政能力も政治力もなく，ワワンがすべてを取り仕切っているというのが一般的な見方であった。州議会には，9 人の侍・チームなるものがあり，ワワンの会社が州政府のプロジェクトを獲得できるように暗躍していた。ワワンはバンテン州の行政にも強い影響力を持ち，州高官人事には彼の承認が必要であった (Gatra 2013.11.6b. 22; Suara Pembaruan 2013.10.19)。

　例えば，ワワンによる州政府のプロジェクト獲得のからくりは次のようなものであった。州政府の公共事業の入札にあたっては，表向きはウェブサイトで公開入札をしているように見えて，実態は操作されていた。普段はダウンしているウェブサイトがある時期だけ復旧しており，そのときにワワンとその関係

第 10 章　暴力と適応の政治を超えて　257

者だけが入札したのである。また，公共事業局の建設プロジェクトの落札状況を見てみれば，ワワンの土建会社，その仲間の土建会社が順番に落札していることが明らかであった。ワワンの土建会社が事業を実施するときの利益率は3割から4割という高率であり，彼の仲間の業者が事業をするときには事業費の2割を手数料としてワワンに払っていた (Gatra 2013.11.6a: 20-23)。また，公共事業だけでなく，病院機材購入プロジェクトも利権化していった。病院機材は基準価格が操作しやすく，業者の言い値で購入しやすいためである。アイリンが市長を務める南タンゲラン市の保健所では，医師によれば病院機材の価格が市場価格の3倍もしていた (Tempo 2013.11.10b: 44)。

ワワンは主に州政府のリソースを独占しつつ，福祉正義党や学生活動家を始め，多様な政治勢力を取り込んで利権の再配分も行った。露骨に反アトゥット，反ワワンの活動家に対してはピンポイント的に脅迫がなされたが，ワワンの時代に入り，ますますカネによる取り込みが顕著になっていった[6]。

2011年に行われた州知事選においては，アトゥットが再選を目指すにあたり，タンゲラン市の副市長であり，著名な俳優であるラノ・カルノを担ぎだして彼女の副州知事候補にすることに成功した。そして，約6割の得票率で勝利を収めた。ラウ・グループに反発するタンゲラン市長と対立しながら，ラノ・カルノを擁立してタンゲラン地方の支持を獲得することに成功したことになる。こうしたポリティクスにより，ラウ・グループは州行政を掌握し続けることに成功した。しかも，地方の国軍，警察，司法機関との関係強化を忘れないのみならず，主としてゴルカル党を通じて中央政界とも強いネットワークを持ち続けた。

最後に，やはり顕著なのがこのバンテン州の事例が典型的に示すような汚職の拡散である。2014年7月，内務大臣ガマワン・ファウジは，330人の地方首長，つまり全地方首長の86.22％が汚職事件に関わっていると述べた (tempo.co. 2014.7.24)。首長選挙のコストの高さがその原因だという。330人全員が贈収賄で逮捕されるわけではないにしても，極めて高い汚職率であることには違

---

[6] ハサン・ソヒブ一族に関わる汚職事件が裁判になると，担当検事に脅迫SMSが届き，自動車のタイヤに穴が開けられ空気が抜かれ，そのために使われたドライバーがその場に捨て置かれているということが起きた。こうした脅しと同時にカネで懐柔するのである。その結果，複数の汚職事件の裁判では，バンテン州の高等検察庁が捜査中止命令 (SP3) を出して捜査が止まった。また，バンテン州警察で捜査が止まっているケースもある (Forum Keadilan 2014.3.2: 11-15)。

いない。地方公務員，地方議会議員の汚職も含めればその数はさらに膨大なものとなる。

第3節　再び集権化へ？

　中央政府，とりわけ内務省は，こうした分権化のもたらす問題に対して手をこまねいていたわけではない。第1章でも書いたように，分権化が本格化した3年後のメガワティ政権末期の2004年には早くも1999年に制定された分権二法を改定して行き過ぎた分権化に歯止めをかけようとした。2004年第32号法では，中央政府，州，県・市の権限分有を決めた。そして，人事についても州の官房長官任命については内務大臣との協議を義務付け，県・市の官房長官，局長，庁長官などの高官任命にあたっては州知事との協議を義務付けた。しかし，分権化のもたらす問題がさほど改善しておらず，ユドヨノ政権下でも再集権化を目論む動きは続いた。例えば，2010年第19号政令を見てみよう。同政令は，中央政府の代理としての州知事の役割を強化するものであり，州内の県・市の地方行政の監視機能を担わせ，調整会議などに出席しない県知事・市長に対しては制裁を科すという規定まで設けていた。また，県知事・市長が人事権を独占している郡長などミドル・レベルの人事で問題が横行したことから，2011年に内務大臣は専門性を無視した不適切な人事を禁止する通達を出した。分権化後に各自治体がこぞって地方税・利用者負担金についての条例を定めて自主財源増に邁進し，それが投資環境を悪化させていたことから，2009年第28号法は自治体が課税・課金可能な対象を明記し，それに反した自治体には制裁を課すという規定を加えた。

　ユドヨノ政権末期の2014年9月末，こうした統制強化の最終段階として，州知事，県知事，市長選挙に関する法案，2009年第32号法に代わる地方行政法案が国会の審議に付された。地方行政法案では，林業分野や炭鉱分野での県・市の権限はほぼなくなった。すべての分野について中央政府，州，県・市の権限分有の詳細を添付資料で明記して，中央政府の統制強化の意図を明確にした。さらに，首長の両親，義理の両親，叔父母，兄弟姉妹，義理の兄弟姉妹，子息は首長候補になることを禁止する規定を設けて自治体の家産制支配に楔を打ち

込もうとさえした。

　最も議論を巻き起こしたのは，首長公選の廃止，地方議会による首長間接選挙制度の導入を盛り込んだ条項である。内務省がこの提案をし続けてきた。その理由は，選挙実施にかなりのコストがかかり，内務省の理解では，選挙実施後に紛争が起きがちだからである。ただ，内務省は首長間接選挙を盛り込んだ法案が国会をなかなか通過しないために，法案を何度も変えた。2011年8月には州議会が州知事を選び，県知事・市長を直接選挙で選ぶ仕組みを提出したかと思えば，2013年11月には逆に県・市議会が県知事・市長を選び，州知事を直接選挙で選ぶ仕組みを提出した。しかし，国会の多数派が首長間接選挙に反対していたことから，2014年9月上旬には間接選挙の導入をあきらめ，首長公選を盛り込んだ法案を提出した。すると，そのときには，内務省の思惑に反して国会では首長間接選挙を支持する声が増えていた。2014年10月に始まるジョコ・ウィドド（以下，俗称のジョコウィを用いる）新政権下で野党勢力になることを決めた諸政党が政治的な思惑から間接選挙を支持し始めたからである。野党連合は34州中31州の州議会で多数派であることから，州議会が州知事を選ぶようになれば州レベルの政治を牛耳ることに成功し，次の2019年選挙でも有利に戦えると考えたのである。

　有力な知識人たちは首長公選廃止は民主主義の後退であると強く反対し，また，世論調査でも反対意見が圧倒的であった。オンラインでも，政治権力の奪取しか考えない野党連合に対する批判が強まった。キャスティングボードを握っていたのは，ユドヨノ率いる民主主義者党であった。同党は9月上旬時点では首長公選廃止を支持していたにもかかわらず，国会での投票日が近づくと，世論の動向を意識したユドヨノの要望により条件付きで首長公選支持に回った。しかし，国会の審議において，間接選挙か直接選挙かのどちらかを投票で選ぶことが決まると，条件付きの首長公選という選択肢がなくなったとして，同党の大半の議員が国会を退席した。そのため，野党連合が多数派となり，首長間接選挙を定めた2014年第22号法が国会を通過した（Tempo 2014.10.5: 34-38）。また，中央政府の統制強化を盛り込んでいた新しい地方行政法も2014年第23号法として国会を通過した。国会審議が直接選挙か間接選挙かに時間を取られ，地方行政法案の審議は二の次にされた感が強い。

　外遊でアメリカにいたユドヨノは首長公選廃止が決まったことに驚き，それは民意を反映しておらず，民主主義の後退であると批判するインタビューをユーチューブで流した。外遊帰国後の9月30日，彼は，国会を通過した二法（地

方議会による首長選出を規定した2014年第22号法，地方行政を規定した2014年第23号法）に署名し，その2日後の10月2日にその第22号法，第23号法を改正した2015年第1号大統領令，第2号大統領令を施行した。第1号大統領令は，第22号法で規定した地方議会による首長選を否定して首長公選を維持することを定めており，第2号大統領令は，第23号法のなかでも地方議会による首長選に関わる条項を破棄した。その後，2014年10月に始まったジョコウィ新政権のもと，2015年2月17日，この2つの大統領令にいくつかの変更点を加えた新法律（首長選に関する2015年第1号法，地方行政に関する第2号法）が国会を通過した。これで，中央による地方統制は強化されたが，地方首長公選は維持された。オンライン，オフラインで市民社会が首長公選廃止に反対したからこそ実現したことであった。実は，こうした市民社会による政府への要望提示とそのためのデモなどの示威行為は民主化後にインドネシアで増えており，政府や国会を動かすことに成功している。2014年1月に始まった国民皆保険制度，同年11月に国会を通過した村落法などは，こうした市民社会の要望があったからこそ実現したものである。

　地方でも市民社会の声と行動は重要性を持ち始めている。分権化が始まってからの地方行政・政治の改革というと，優れた地方首長に関心が向かいがちである。例えば，2014年10月に大統領になったジョコウィなどは，優れた地方首長の典型となっている。彼は貧困家庭で生まれて苦労して一流大学を卒業して実業家となり，ソロ市長，ジャカルタ州知事，そして大統領にまで上り詰めた。7年間のソロ市長時代，粘り強い対話を通じて市の中心部にいる1000人近い露天商を郊外のマーケットに移動させることに成功したり，貧困層のために健康保険制度を導入したり，行政改革をして汚職撲滅に尽力したりした。そうした功績に加えて，市民を頻繁に訪問して現場の声を重視する姿勢が人気を呼んだ。改革派首長の筆頭と目され，首都ジャカルタの州知事選に担ぎ出された。多数の政党の支持を受けた現職州知事が勝利するという大半の世論調査の結果に反して，ジョコウィが勝利を収めた。ジャカルタ州知事になると，選挙時の公約通り，保健所や提携病院での治療を無料とするプログラムや低所得家庭の小中高生に現金支給するプログラムなどを始めた。また，頻繁な現場訪問が人気を呼び，連日，マスコミは彼の動向を記事にした。州知事としての実績が定着する間もなく，任期2年目にはジョコウィ大統領待望論の声に答えて大統領選に出馬して，実際に当選を果たした。優れた実績とポジティブなイメー

第10章　暴力と適応の政治を超えて　261

ジが相まって，地方政界から中央政界に進出した典型例である。

　改革派と目される地方首長は他にも見られる。東ビリトゥン県知事として健康保険制度を導入し，行政改革に取り組んだ華人初の首長バスキ・プルナマは，バンカ・ビリトゥン島嶼部州知事選，北スマトラ州知事選で敗北した後，ジョコウィと組んでジャカルタ州副知事に選ばれた。ジョコウィの大統領就任後は，ジャカルタ州知事となり，行政改革，インフラ整備などに取り組んでジャカルタ市民の高い評価を得ている。あるいは，スラバヤ市長を二期務める地方公務員出身のリスマは同市の緑化政策で人気を集めている。バンドン市長に2013年に着任した建築家のリドワン・カミルはソーシャル・メディアを使って頻繁に市民と対話を重ねつつ，創造性を重視したプログラムを次々と実施し始めている。「バンドン市の一週間の行事」というプログラムでは，月曜日は学生たちには市が用意した公共バスで通学を求め，水曜日はスンダ文化の衣装を着ることを求め，木曜日は英語を話す日にするなど，バンドン市民の意識改革を求めている。

　地方レベルでも政治が安定度を増してきている今，こうした革新的リーダーが出てくることは望ましいことである。それと並んで重要なことは地方における市民社会の動きであり，それをサポートする首都ジャカルタの動きである。その典型例として再びバンテン州の事例に触れて本書を終わりたい。

第4節　再びバンテン州の事例 —— 暴力とカネの政治を超えて

　2013年10月2日午後11時，汚職撲滅委員会（KPK）は南ジャカルタにある自宅でバンテン州知事の異母弟ワワンを贈賄容疑で逮捕した。同じ日に，汚職撲滅委員会は憲法裁判所長官アキル・モフタルも逮捕した。アキルは，中カリマンタン州グヌン・マス県の県知事戦において勝利した候補者の関係者から30億ルピア，バンテン州ルバック県の県知事選での敗者を支援していたワワンから10億ルピアを受け取った容疑で逮捕された[7]。前長官の時代まで憲法裁

---

7) グヌン・マス県の県知事選の場合，敗者が憲法裁判所に対して勝者の選挙違反を訴えた。勝者としては，憲法裁判所が敗者の訴えを支持することを恐れて，長官に賄賂を提供しようとして逮捕された。

判所は世界でも最も透明性のある裁判所だと思われていただけに，アキル長官の逮捕には全インドネシアに衝撃が走った。

　2014年1月，汚職撲滅委員会は，ワワン宅の家宅捜索での押収物をもとに南タンゲラン市及びバンテン州の総合病院への医療機器納入においてマークアップを行った容疑でも逮捕した。さらに，この二つの事件において，ついにアトゥット州知事も逮捕された。ワワンの妻である南タンゲラン市長アイリンも容疑者となる可能性が高まっている。この一連の逮捕で押収されたワワンやアトゥットの資産が全国紙や週刊誌で次々と明るみになり，世間を驚かせた。ワワンは，ジャカルタ，セラン，さらにはシンガポールやオーストラリアにも家を持ち，200以上の土地証書を持っていた。ランボルギーニ，フェラーリ，ロールスロイスなど高級車を10台以上持ち，州議会の「侍・チーム」や若い女優たちもワワンから高級車をもらっていた。押収された車両数は2014年3月8日時点で58台とハーレーダビッドソンのバイク1台にのぼり，汚職撲滅委員会の駐車場を埋め尽くした（Antara News 2014.3.11）。アトゥットもまたジャカルタ，セラン，バンドンに複数の家を持っていた。テンポ誌はアトゥットのクレジットカードの派手な使用ぶりを記事にした。ジャカルタのみならず，シンガポールなど海外にも出かけ，ルイ・ヴィトン，エルメスなど高級服飾店で買いあさり，1ヶ月に1億ルピア以上，5億ルピアを使うこともあった。支払いは自らではなく，誰かに行わせていたことまでわかっている（Tempo 2013.11.10a: 34-40）。

　バンテンにおけるラウ・グループの支配について風穴を開けた汚職撲滅委員会は，2002年に発足した独立委員会である。汚職がはびこる警察，検察，裁判所などの司法機関では政府機関の汚職撲滅はできないという判断でこの委員会は発足した。同委員会は，国家機構が関与する10億ルピア以上の汚職事件に対して，警察，検察と並んで捜査，取り調べ，起訴を行う権限を持ち，捜査段階では盗聴も行うことができる。その強大な権限もあり，同委員会が取り扱った事件の被告すべてが有罪判決を受けるという驚異的な成果を上げてきた（Bambang Widjojanto 2013）。2014年6月，裁判所はワワンに対してアキルへの贈賄で5年の懲役刑，8月にはアトゥットに対して4年の懲役刑と2.5億ルピアの罰金刑を下した[8]。バンテン州，南タンゲラン市での医療機器納入のマー

---

8)　汚職撲滅委員会はアトゥットに対して10年の懲役刑を求めていたが，裁判所はアトゥットの贈賄への関与を疑問視する声もあり，4年の懲役刑にとどまった。この量刑の低さを疑問視する

クアップ，それに伴うマネーロンダリングについての判決も下されれば，さらに量刑が重くなる。

　汚職撲滅委員会も完全に独立性を保っているわけではない。実際，バンテン州パンデグラン県出身の汚職撲滅委員会捜査局長ユロッド・サレ警察准将がアトゥットやワワンの捜査に乗り気でなかったと言われている。しかし，他の司法機関と比べれば，同委員会の独立性は高く，大統領や国会，特にユドヨノ政権時代に連立の一翼であったゴルカル党の政治介入を拒否してきたことから，ワワンやアトゥットを逮捕することができた。地方政治で圧倒的影響力を行使するのみならず，中央政界にネットワークを持っている地方有力者さえも逮捕されたことになる。これは，まったく新しい地方政治，中央地方関係が生まれる可能性を示したことになる。地方政治が安定し始め，民主化の次の課題である質の向上を考える上で画期的な変化である。

　この変化を引き起こしたのは，何も汚職撲滅委員会の取り組みによるだけではない。もう一つ重要なことは，バンテン州内でも市民社会勢力による反ラウ・グループの動きが続いていたことであり，それをジャカルタでサポートする勢力がいたことである。その1人がウダイ・スハダである。彼は「バンテンの公共性のための自立した同盟」というNGOのトップである。しかし，そのメンバーはウダイだけである。これまでの自らの経験から運動をNGOのような形で組織化してしまうと，さまざまな利害関係がからみ合って身動きがとれなくなることから，彼は組織化をしないことにした。必要に応じて学生組織やNGOに声をかけて人集めをして，この同盟の名のもとに反ラウ・グループの合同デモを行った。そうすることで，大規模な反ラウ・グループ・デモが繰り広げられているかのように演出して，全国メディアの関心を呼び続けた。

　ウダイは，ジャカルタにある反汚職NGOの最大手インドネシアン・コラプション・ウォッチ（ICW）とともに汚職撲滅委員会に州知事の汚職を取り上げるように訴え続けた。アトゥットが再選を目指していた2011年8月にはバンテン州政府の社会扶助プログラムに係る汚職を複数のNGO組織とともに汚職撲滅委員会に報告した。この行動によりアトゥット再選が阻止されることを危惧したワワンは，20名ほどの殺し屋を1500万から2000万ルピアで雇ってウダイ暗殺を謀っているという話がジャワラの間で流れた。また，ウダイに対し

　　声がバンテンのNGOなどからあがり，汚職撲滅委員会もこの判決を不服として，再審を求めている（Forum Keadilan 2014.9.8: 11–22）。

写真 10-2　写真展「バンテンの今」開会式

て，ワワンに雇われた殺し屋の 1 人が自宅に戻らないよう警告を発した (tempo 2013.11.11)[9]。こうした脅迫を受けながらも，彼は反ラウ・グループの運動を続けていた。

　もう 1 人のアリフ・キルディアットの場合，もう少し間接的にラウ・グループ批判を続けた。学生が反ラウ・グループのデモをするときには金銭的援助をしながら，自らが社会開発を実践することでアトゥットの州行政を批判した。バンテン州政府の予算ではなく，国内外の民間企業や実業家からの支援を得て，僻地に橋を作る運動を始めたのである。州政府がラウ・グループにしか利益をもたらさず，分権化後もバンテン社会の貧困改善が見られないことを間接的に批判する意図もあった。2013 年 10 月には「バンテンの今」と題する写真展を開催して，さまざまな角度からバンテン社会の貧困を捉えた写真を展示した（写真 10-2）。アトゥットが激怒して，ジャワラたちが写真展を妨害する可能性を見越して，開会式にはバンテン社会の名望家のみならず，マウラナ・ユスフ軍分区司令官を招聘した。アリフはセランに駐屯する陸軍特殊部隊第 1 グループ司令官とも信頼関係を構築して，橋の建設には特殊部隊も動員するに至っている。いわば，インフォーマルな暴力集団ジャワラの妨害工作を阻止するため

---

9)　ウダイ・スハダとのインタビュー，2014 年 3 月 6 日。

写真10-3　裁判で証言をするハエリ・ワルダナとそれを聞くアトゥット元州知事

に，フォーマルな暴力装置との関係を強化しているのである[10]。ウダイやアリフのような市民社会勢力がバンテン社会に存在したからこそ，首都ジャカルタにある汚職撲滅委員会もアトゥット，ワワンの逮捕に踏み切ることができたのである。

　そして，こうした地方での汚職撲滅の動きを盛り上げるにあたっては，ジャカルタのICWの支援が重要であった。ハサン・ソヒブを中心として作り上げられた秩序はある種の安定を生み出したものの，それはバンテンにおける市民社会のダイナミズムを抑制するものであった。この秩序に風穴を開けようとすれば，ウダイやアリフのような地元活動家だけでは困難である。外部からの介入が必要である。ICWは，ウダイなどからの要請もあり，州知事選の前年2011年頃から本格的にバンテン地方の汚職問題に取り組み始めた。お互いにそれほどリンクのなかった地元活動家たちを集めた組織「バンテンの透明性を求める住民たち」(Mata Banten) を作り，自治体予算を分析して汚職を暴くためのトレーニングを始めた。アトゥット，ワワンたちもICWの介入を嗅ぎつけて妨害工作をしてきたことから，頻繁に会場を移動し，また，会場前には警備をつけてトレーニングを行った。州予算を分析して分かったのが社会扶助プログラムにおける汚職であった。ICWは汚職撲滅委員会にその汚職を報告し，

---

10) アリフ・キルディアットとのインタビュー，2014年3月29日。

現地の活動家たちは汚職を批判し始めた。そうすると，これまではアトゥット体制に追従しがちであったウラマーたちも変化し始めた。第2章の扉や第4章で記したカリスマ的ウラマー，ディミヤティの息子で同じくウラマーのムタディ・ディミヤティがトップを務めるバンテン・ウラマー・フォーラムがICWやバンテンの活動家たちの活動をサポートし始め，汚職撲滅委員会にアトゥットたちの汚職の解明を求める陳情を行い始めた。一つの汚職事件が契機となってバンテン社会が少しずつ変化し始めた[11]。

　もちろん，どこまでハサン・ソヒブの作り上げた家産制支配が崩壊するのかは分からない。2013年12月末に行われたゴルカル党バンテン州支部長選においては，アトゥットの妹でセラン副県知事のタトゥ・ハサナが勝利を収めて同党州支部長につくことに成功している。また，州議会も州官僚もアトゥット支持派で固められている状態は続いている。ただし，独立司法機関，ジャカルタ，そして地元の市民社会勢力が家産制支配に楔を打ち込んだことは重要である。ジャワラが幅を利かすような社会でさえ，変革が起きたのである。そして，こうした変革の記憶はバンテン社会の記憶として語り継がれていく。それが次の改革への契機となる。汚職の分権化が顕著であるからといって，内務省の考えるように安易に中央統制を強化すれば良いというものでもない。インドネシアの分権化はまだ始まったばかりである。中長期的に地域のイニシアティブを十分に活かすような中央地方関係を作り上げていくことを目指すほうが良い。

　今のところ，汚職問題については独立司法機関の汚職撲滅委員会が高いパフォーマンスを示しており，だからこそ，警察や検察の標的ともなってきており，政権の対応次第では，この委員会の独立性が損なわれる可能性も大いにある。現在のジョコウィ政権は，寡頭制のもとで汚職が蔓延した政治にノーを突きつけたボランティアたちが支持して誕生した政権であり，それだけに汚職撲滅委員会の独立性を安易に損なうことはないだろう。この政権の続く5年，あるいは10年間を通じて各地の市民社会のネットワークを強化し，監視能力を強化する必要がある。地方での市民社会の台頭は何もバンテンに限らない。ICWはアチェ州，北スマトラ州，リアウ州，西ジャワ州ガルット県，中ジャワ州ブリタル県など各地に合計48のローカル・パートナーを持っており，彼らと連携して反汚職運動の地方での拡大を目指している。こうした動きが広が

---

11) アブドゥラー・ダフラン（ICW政治汚職部門コーディネーター）とのインタビュー，2014年10月29日。

るようにすればいい。もちろん簡単ではないにせよ，緩やかでもそれがうまくいけば，中長期的にインドネシアの民主主義は安定だけでなく，その質も向上させていくことができる。道のりは遠いが，希望はある。

あとがき

　本書を仕上げるにあたっては，非常に多くの人にお世話になった．脚注でインタビュー相手として名前を挙げた人もいれば，名前を挙げていない多くの人もいる．ジャワラという暴力を政治リソースとする人たちを扱うものだけに，お世話になった人の名前を挙げることが適切なのかどうか悩むところもあったからである．しかし，第10章に書いたように，2013年10月に汚職撲滅委員会がバンテン州知事アトゥットとその弟ワワンを逮捕し，バンテン州政に大きな変化が見られるようになったこともあり，出版する時期としては今が最適だと思っている．

　本書は，2011年に論文博士取得のために提出した論文がもとになっており，後に掲載している初出一覧に示したように，かなり長い時間をかけて書いてきたものをまとめた形となっている．本書はインドネシアの民主化後の一地方の政治を分析し，インドネシアにおける地方政治の安定化の要因を明らかにするという意味では，インドネシアの現代民主主義についての分析枠組みを提示するものであるが，もう一方では，植民地期以降のバンテン地方の政治史という比較的長期的な視野の中に現在のバンテン政治を位置づけるものともなっている．民主化後の変容のどこまでを扱うのかに悩み，また，バンテンの政治史を取り込む必要もあって時間がかかってしまった．

　本書はインドネシア政治を扱う地域研究の書物であり，フィールドワークの成果を存分に利用している．ある分析枠組みでシャープにインドネシア政治に切り込むというより，民主化・分権化時代のインドネシア人たちの人となり，政治的生き様を鮮烈に描くことを重視するものとなっている．それゆえ，本書には，私個人の経験を本文や各章の扉にかなり盛り込んでおり，学術書として適切かどうかを問う声があるかもしれない．それでも敢えて掲載したのは，こうした経験が，バンテン州という地方の政治，あるいは，インドネシアの地方政治の一端を理解する上で有用だと判断したからである．普段の生活では，暴力を重要な政治的リソースとする人間たちに出会う機会はそれほどない日本人の読者に少しでも彼らの人となりを分かってもらうには，私個人の経験を踏ま

えたほうがよいと思い，本書に盛り込んだ．少しは彼らへの具体的イメージが湧いたのではないかと思う．

本書の初出は次のとおりである．

岡本正明, 2000 年,「革命期を生き抜いた植民地期原住民行政官吏（パンレ・プラジャ）：インドネシア・西ジャワ州の場合」,『東南アジア研究』, 第 38 巻第 2 号, 203-225 頁（第 3 章）

岡本正明, 2001 年,「改革派に転向したスハルト期地方エリートたち：バンテン州新設の政治過程に焦点を当てて」,『アジア・アフリカ地域研究』, 第 1 巻第 1 号, 186-211 頁（第 5 章）

岡本正明, 2005 年,「インドネシアにおける地方政治の活性化と州「総督」の誕生—バンテン地方の政治：1998-2003」,『東南アジア研究』, 第 34 巻第 1 号, 3-25 頁．（第 4 章, 第 6 章）

岡本正明, 2006 年,「分権化に伴う暴力集団の政治的台頭：バンテン州におけるその歴史的背景と社会的特徴」, 杉島敬志・中村潔編『現代インドネシアの地方社会：ミクロロジーのアプローチ』, NTT 出版, 43-66 頁（第 2 章）

岡本正明, 2008 年,「細分化する地域主義とその後のポリティクス：民主化・分権化後のインドネシアから」,『地域研究』, 第 8 巻第 1 号, 128-143 頁（第 5 章）

Okamoto Masaaki and Abdul Hamid, 2008, Jawara in Power, 1998-2007, "*Indonesia 86*", October, pp. 109-138.（第 6 章, 第 7 章）

Okamoto Masaaki, 2010, Rise of "Realistc" Islamist Party, PKS in Indonesia. In Ota Atsushi, Okamoto Masaaki and Ahmad Suaedy (eds). 2010. *Islam in Contention: The Rethinking of Islam and State in Indonesia*. Jakarta: CSEAS, CAPAS and Wahid Institute, pp. 214-248（第 8 章）

本書，そしてこの本書を構成する諸論文を書き上げるにあたっては本当に多くの先生，友人にお世話になりました．そもそもインドネシア政治研究を始めるきっかけを下さった（故）土屋健治先生，そして，インドネシア政治研究を続けていく上では，京都大学でインドネシア研究，東南アジア研究の手ほどきをしてくれた加藤剛先生，白石隆先生，田中耕司先生，水野広祐先生，玉田芳

史先生には本当に感謝しています。また，幸運にもまわりには東南アジア研究をする先輩，同世代の友人，若い世代の友人（貞好康志氏，永井史男氏，本名純氏，左右田直規氏，長津一史氏，北村由美氏，小林知氏，見市建氏，鬼丸武士氏，（故）水谷康弘氏，河野元子氏，ジャファール・スルヨメンゴロ氏，相沢伸広氏，中西嘉宏氏，森下明子氏，（故）村上咲氏）がいて常に刺激をもらうことができました。さらに，インドネシア研究者であれば誰もが一度は会いたいと思うコーネル大学のベネディクト・アンダーソン先生やジェームス・シーゲル先生と会うことができたことも幸運でした。アンダーソン先生は，地域研究をする上で好奇心の重要性を力説しておられましたが，私もある意味では好奇心に駆られ続けてジャワラ研究を続けてきたのだと思います。インドネシアでは，共著論文や共編著本を書いたアブドゥル・ハミド氏，アブドゥル・ロザキ氏，アフマド・スアエディ氏，共同研究をしてきたワフユ・プラスティアワン氏など一緒に研究をして楽しい仲間にずいぶんと助けられてきました。写真提供をしてくれたKKW氏にも感謝の念に堪えません。どうもありがとうございました。母親などは，私がインドネシア政治研究をしたことは知っていても，ジャワラたちに踊らされる研究をしていたとは思っていませんから，この本を見て驚愕するかもしれません。今後は，もう少し違った視点でインドネシア政治，東南アジア政治を分析したいと思います。

　本書の刊行にあたっては，公益財団法人京都大学教育研究振興財団からの助成をいただきました。また，本研究を実施するにあたっては，日本学術振興会の科学研究費（課題番号 14402009, 17402009, 22310152）の助成を受けました。末尾になりましたが，別して感謝致します。また，編集段階では京都大学学術出版会の鈴木哲也氏，桃夭舎の高瀬桃子氏に大変お世話になりました。お二人に良い意味でそそのかされたからこそ，インドネシア政治，バンテン地方の政治，そして，ジャワラの世界をより分かりやすく提示することができたのだと思います。ありがとうございました。

2015年6月
著者

引用文献リスト

〈一次資料〉

Badan Pemeriksa Keuangan (BPK). 2006. *Hasil Pemeriksaan Semester II Tahun Anggaran (TA) 2005. Atas Belanja Daerah Tahun Anggaran 2004 dan 2005 pada Provinsi Banten di Serang.* Jakarta: Auditorat Utama Keuangan Negara IV Perwakilan III BPK-RI.

Kongres Rakyat Riau II. 2000. *Butir-butir Rekomendasi Kongres Rakyat Riau II Tahun 2000.*

KPU (Komisi Pemilihan Umum) Banten. 2006a. *Lampiran Keputusan Komisi Pemilihan Umum Provinsi Banten Tahun 2006: Nomor: 19/KEP-KPUD/2006 Tanggal: 18 Oktober 2006, model berkas: A7-KWK.*

KPU Banten. 2006b. *Berita Acara Rekapitulasi Penghitungan Suara.*

KPU 2009. *Daftar Kepala Daerah dan Wakil Kepala Daerah yang Telah Diterbitkan Keputusannya Presiden Republik Indonesia Hasil Pemilihan Kepala Daerah Secara Langsung Tahun 2005, 2006, 2007, dan Tahun 2008.*

LPU (Lembaga Pemilihan Umum). 1987. *Buku Pelengkap VII Pemilihan Umum 1987: Yang Berhubungan dengan Hasil Pemilihan Umum Anggota Dewan Perwakilan Rakyat Tahun 1987.*

LPU. 1997. *Buku Lampiran V Pemilihan Umum 1997: Hasil Pemilihan Umum Anggota Dewan Perwakilan Rakyat Tahun 1997.*

〈ウェブ・ジャーナル，新聞〉

Antara News (www. antaranews.com)
    2014.3.11. AM01: 09. KPK sita enam truk Wawan.

Berpolitik.com (www.berpolitik.com/index.pl)
    2000.3.20: Jabar Akan Ikhlas Lepas Banten.

detik.com (www.detik.com)
    2000.2.10: Salam dari Kota Seribu Pendekar: Segera, Wujudkan Propinsi Banten.
    2000.3.2: PK Jabar Dukung Banten Jadi Propinsi: Supporter Utamanya Kaum Jawara.
    2000.3.20: Pansus Propinsi Banten ke Bandung: Berdialog, Akhirnya Sama Bingung.
    2000.7.18: Gus Dur: Sahkan RUU Propinsi Banten.

gatra.com (www.gatra.com/)
    2002.11.6. Bandar Lampung: Pendekar Banten, Jaga Persatuan.
    2006.8.6. 12: 34: Marissa Haque Tolak PDIP Calonkan Atut".

Inilah.com (www.inilah.com)
    2008.5.26. 07: 08: PKS Sudah Menangi 91 Pilkada.

Kompas.com (www.kompas.com)
    2006.9.1: 09.49wib: Pilkada Banten Tryana Sjam'un: "Davnie Tetap Pasangan Saya".
    2008.4.17. 18: 18wib: Kajian Etnik Pemilih Pilkada Sumut.

Koran Indonesia (www.koranindonesia.com/)
    2007.12.2: PPP Tangerang Cabut Dukung Ismet-Rano Karno.

Merdeka.com (www.merdeka.com)
    2013.10.18: Mendagri: 57 Kepala Daerah Melakukan Politik Dinasti.

Radar Banten dot Com (RB web) (*www.radarbanten.com/*)
   2006.6.26. 00: 29: 14. Konvensi Golkar Disayangkan.
   2006.7.1. 02: 47: 09. Atut & Tryana Lirik Wahidin Halim.
   2006.7.3. 01: 36: 29. Golkar Resmi usung Atut Chosiyah.
   2006.8.10. 21: 39: 44. Ismet-WH Sepakat Dorong Benyamin.
   2006.8.10. 21: 40: 06. PPP belum terima pilihan Tryana.
   2006.8.14. 23: 10: 33. Usamah Tempel Ketua Umum PPP.
   2007.8.7. 05: 59: 47: Calon Pendamping Ismet Bukan Perempuan.
   2007.8.24. 06: 10: 04: Ismet Masih Tunggu Survei Calon Pendamping.
Satelitpost (satelitnews.co)
   2013.12.5. 61 Kabupaten/Kota Jalankan Politik Dinasti.
satunet.com (www.satunet.com)
   1999.11.23: Sorotan Media Massa: Indonesia Akan Miliki 33 Provinsi.
Suara Pembaruan (www.suarapembaruan.com)
   2013.10.19: Inilah Sepak Terjang Adik Atut dalam Memonopoli Proyek di Banten.
tempointeraktif (www.tempointeraktif.com, www.tempo.co)
   2004.4.1: Banten tunda 31 proyek senilai Rp90 miliar.
   2004.2.18: Dua Wartawan Dipukul Oknum Pendekar.
   2007.10.26. 14: 02 WIB: Aktor Rano Karno Jadi Calon Wakil Bupati Tangerang.
   2013.11.11. 09: 24 WIB: Pelapor Dugaan Korupsi Atut Pernah Mau Dibunuh.
   2014.7.24. 06: 27 WIB: Menteri Gamawan: 86 Persen Kepala Daerah Korupsi.
   2014.9.8. 14: 12 WIB: UU Pilkada Sah, Koalisi Prabowo Borong 31 Gubernur.

〈新聞〉
Banten Bangkit
   2000.2. Minggu ke-3: Banyak Tikungan Menuju Propinsi Banten.
Banten Ekspres
   2000.1.24-30: Propinsi Banten Siap, Presiden Perintahkan Mendagri: Komite dan Pokja Lakukan Rekonsiliasi.
   2000.2.7-13: DPR garap RUU Provinsi Banten.
   2000.3.20-26 (1): Kolom Heri Ch. Burmelli: Chasan Sochib Sosok Fanatisme Banten Paling Hebat.
   2000.3.20-26 (2): 610 Juta untuk Membidani Kelahiran Provinsi Banten.
   2000.3.29-4.4: Jabar Semakin Kurus: Cirebon Ingin Cerai.
Banten Merdeka
   2000.3.22-28: Gubernur Jabar Akhirnya Pasrah.
Fajar Banten (FB)
   2001.4.5: Ternyata Panitia Pengawas Belum dilantik: Bagi Kursi DPRD Batal.
   2002.6.20 (1): Kongres M3B Berakhir: Tak Perlu Merasa Takut.
   2002.6.20 (2): Gubernur Enggan Komentar Soal "Kekuasaan Tersembunyi".
   2002.6.20 (3): Rekomendasi Kongres M3B.
   2002.7.9. Seperti Menjawab Berbagai Dugaan Masyarakat: Ayip Dicopot dari Sekda.
   2002.9.20. M3B Bertemu Kubu Chasan Sochib di Jakarta.

2002.12.17. Wajar, Beberapa Daerah Ingin Pisah dari Provinsi Banten.
2003.1.6. Dalam Pilkada Kabupaten Tangerang: KNPI dan Chasan Sochib Dukung Ismet Iskandar.
2003.1.9. Banten, Antara Kekuasaan&Kekuatan.

Gema Banten
2000.2. Edisi 6: DPR RI Setujui Banten Jadi Propinsi.

Harian Banten (HB)
2001.4.10. Tb Chasan Sochib Masuk Anggota Panwas: Dilantik Bersama 240 Pegawai Pemprov.
2001.4.22. Ketua I Kadin Provinsi Banten, H. Iyus Y. Suptandar: Pengusaha Daerah Banyak yang Belum Siap.
2001.5.23. Dr. HC. H. Tb. Chasan Sochib; Sosok dan Kiprahnya-"Saya Tak Pernah Minta Diberi Gelar".
2001.8.3. Polwil Banten Gandeng Pendekar.
2001.8.26. Gelar Tb. Chasan Bertambah.
2001.12.4. Djoko-Atut Pemimpin Banten.
2002.1.5. Chasan Sochib ancam kerahkan Pendekar: Jika Pamswakarsa di Karangsari Tidak Ditarik.
2002.4.19. Diincar, Kursi No. 1 DPP Satkar Ulama: Banten dukung Bazari Syam sebagai Sekjen.
2002.5.1. Chasan Sochib Ketua Gapensi Banten.
2002.5.20. TTKKDH 'Maman' Dukung Ayip: Kirim Surat ke Depdagri Minta Ayip Tetap Sekda.
2002.5.23. Tb Chasan: Jangan Politisasi TTKKDH: Buntut Dukungan kepada Sekda Ayip.
2002.6.19. Mahasiswa Minta M3B Bukan Untuk Golongan: Chasan Sochib: Lebih Baik Dibentuk Bamus
2002.6.20: Gubernur Enggan Komentar Soal "Kekuasaan Tersembunyi".
2002.7.2. Dua Kelompok Elit Nyatakan Siap Bertemu.
2002.7.9. Sekda Banten Dicopot.
2002.7.16. Tuduhan M3B Tak Berdasar: M3B Soal Gubernur Djoko Munandar yang 'Disetir' Tb Chasan.
2002.11.21. Kapolda jadi 'Pendekar Banten'.
2002.12.17a. Kota Ingatkan Pemprov Untuk Berbuat Adil: Soal Alokasi Anggaran Tahun 2003.
2002.12.17b. Pemprov Lamban, Bansel Berontak: Aat usulkan 40% Dana Proyek Fisik Didistribusikan ke Daerah.
2003.1.18. Kebijakan Pemprov Dinilai Dibayangi Abah.
2004.3.23a. Dua Pentolan PAN Pindah ke PKS.
2004.3.23b. PKS Rekrut Jawara.
2004.4.1. PKS Mau Berantas KKN.

Jakarta Post.
2009.4.6: Papuans Segregated in Autonomy Era.

Kompas.
1999.2.6: Presiden tentang Timtim: Mau Lepas, "Mangga."
2000.2.22: Soal RUU Inisiatif Propinsi Banten: Jangan Terburu-buru bentuk Propinsi.
2003.12.6: Empat Anggota DPRD Banten Kembalikan Dana Perumahan.
2005.12.15: Marissa Haque Cek-cok dengan Ketua DPD PDIP Banten.

Media Indonesia
2000.3.7: Kota Tangerang bergabung ke Provinsi Banten.
2000.3.24: Pembentukan Provinsi Banten masih dikaji ulang.
Pikiran Rakyat (PR)
1974.1.30: 100 "Lurah Jawara" Mengikuti Penataran.
1999.8.2: Prof. Dr. Yusril Ihza: "Sangat Tergantung Kehendak Politik" Tim Pokja Provinsi Banten Terbentuk.
1999.12.6: Ribuan Warga Hadiri Apel Akbar di Alun-alun Mesjid Serang: Prov. Banten Harus Terwujud th. 2000.
2000.2.16: Sikap Pemda Jabar Tunggu Hasil Penelitian Bappeda: Pada Prinsipnya Rela Lepas Banten Jadi Provinsi.
2000.2.18: Tergantung Pendapat Sesupuh dan Jajak Pendapat: Sikap DPRD Masih Belum Jelas Soal Banten.
2000.3.21: Pemda dan DPRD Jabar: Soal Banten terserah Pusat.
2000.3.23: Setelah "diserang" peserta lokakarya "Prospek Wilayah Banten": Kajian Bappeda akan dirombak.
2000.3.24: Gubernur merasa ditekan: Soal Banten, Sikap Netral Tetap Dipertahankan.
2000.4.5: Standar prosedur menuju Provinsi Banten: Ryaas: Tunggu Rekomendasi Gubernur.
2000.4.7: DPRD Jawa Barat Terima Lahirnya Prov. Banten: Tapi Pembiayaan Dibebankan ke Pusat.
2000.4.8: Gubernur Tak Halangi Bentuk Prov. Banten.
2000.9.6: Mendagri: "UU-nya Disahkan Awal Oktober.
2000.10.5: Ribuan Warganya Saksikan Pengesahan RUU di DPR: Banten Jadi Provinsi.
2003.3.19: M. A. Rahman, "Jaksa di Daerah Tidak Mandiri" Jakgung Resmikan Kejakti Banten.
Radar
2002.6.22. Chasan Sochib: M3B&Taufik Salah Kaprah.
Radar Banten (RB)
2006.2.10: FPKS: Janji Taufik-Andy Memang Belum Terwujud.
2006.2.28: PKS Tepat Pilih Wahidin Halim.
2006.4.26: 2 Fraksi Tak Dapat Jatah Ketua Komisi.
2006.7.19: Ada Kemungkinan Koalisi PKS-PD Batal.
2006.7.28: Koalisi PKS-Demokrat Terancam Batal.
2006.8.1: PKS Gandeng PSI Usung Paket Pilgub.
2006.11.4: PKS Fokuskan di 38 Kecamatan.
2006.11.28: PKS Adukan Kecurangan Pilkada.
2006.11.29: PKS Konsultasi ke Adnan Buyung.
2006.12.1: Jadi Gubernur Bukan Cari Kekayaan.
2007.4.17: PKS Bidik Tokoh Pantura.
2007.5.14: Tutup Peluang Incumbent, PKS Usung Kader.
2007.6.7: Terbuka koalisi.
2007.7.5: PKS Maksimalkan Jaringan Struktur Dalam Partai.
2007.7.19: Jazuli Juwacni Dipastikan Didampingi Airin Rachmi.
2007.9.10: Pasangan Jazuli-Airin Resmi Dideklarasikan.

2007.10.10: Tanggapan Atas Tulisan Saudara Anis Fuad.
Sinar Harapan (SH)
   2002.12.27. Kekecewaan dan Dominasi Kelompok Rawu di Banten.
   2004.1.7: Kapolwil Akui Gunakan untuk Amankan Banten.
   2004.1.20: Pemkab Lebak tolak bantuan dana dari Pemprov Banten.
   2006.6.12: Pembebasan Lahan Puspemprov Banten Rp 104 M.
   2007.11.27: Politik Agama Penyebab "Incumbent" Tumbang di Pilgub Kalbar.
Swara Banten
   2000.1.12–15: Agar tak tertinggal Banten Tuntut Jadi Provinsi.
   2000.1.25–29: Pokja-Komite Adakan Perdamaian.
   2000.4.29–5.3: 22 Mei, Batas akhir Propinsi Banten.
Tribun Timur
   2008.12.18: Partai Kroni Suharto.

〈タブロイド，雑誌〉
Forum Keadilan
   2014.3.2. Jaksa di Kotak Pandora Wawan. 11–15.
   2014.9.8. Vonis Banci Untuk Atut. 11–22.
Gatra
   2000.3.25: Pemilihan Bupati; Demo Putra Daerah. 45.
   2000.4.1: Lepasnya Cula Pasundan. 83.
   2004.2.21. Guruh Soekarnoputra: Pendekar Guruh Pembina Silat. 105.
   2008.3.26: Geuchik Mengancam, Pemekaran Mengambang. 24–27.
   2013.11.6a. Dinasti Jawara Meraup Proyek. 14–18.
   2013.11.6b. Dari Geng Bandung Sampai Tim Samurai. 20–23.
Komunitas Tabloid Investigasi 1–3.
   2007.2.1–15: Kabinet Tanda Jasa. 3–6.
Mimbar Daerah, No. 09/Tahun ke–1.
   2003.11.17–23 (1): Banten dalam Genggaman Jawara?
   2003.11.17–23 (2): Tubagus "Abah" Chasan Sochib: "Saya Memang Gubernur Jenderal.
   2003.11.17–23 (3): Ade Marfudin, Wakil Ketua Komisi D DPRD Banten: Gubernur Didominasi Kekuatan Luar.
Saksi no. 10 Tahun VI
   2004.3.17: Investigasi: Cara PKS Bela Buruh Banten. 52–61.
Tempo
   2007.12.2–9: "Putri Gubernur Jenderal di Tampuk Daerah". 34–36.
   2008.11.17–24: Manuver Politik Fraksi Sejahtera. 32.
   2009.2.9–15: Pesan Angkat Sebelum Mangkat. 26–30.
   2013.11.10a. Ratu Banten di Butik Hermes. 34–40.
   2013.11.10b. Jejak di Rekening Bersama. 43–46.
Teras
   2006.6: Laporan Khusus: Relawan Banten Bersatu: Mengantisipasi Disintegrasi Bangsa. 48.

⟨VCD/DVD⟩

Partai Keadilan Sejahtera (PKS). 2005. *Senam PKS Nusantara* (VCD). Jakarta: DORA (Departmen Olahraga) Production.

Sinar Banten 2003. *Pagelaran Seni Debus*. Bandung: Sinar Banten.

⟨二次文献⟩

Abdul Hamid. 2004. Peran *Jawara* Kelompok Rawu Terhadap Kemenangan Pasangan "Djoko-Atut" Dalam Pemilihan Gubernur Banten dan Wakil Gubernur Banten Periode 2001-2006. (BA Thesis, Faculty of Sociology and Political Science, University of Indonesia).

Abdul Hamid. 2010. The Kiai in Banten: Shifting Roles in Changing Times. In Ota Atsushi, Okamoto Masaaki and Ahmad Suaedy eds. *Islam in Contention: The Rethinking of Islam and State in Indonesia*. Jakarta: CSEAS, CAPAS and Wahid Institute.

Abdul Malik and Delfion Saputra. 2006. *Dinamika Otonomi Daerah di Banten*. Serang: Biro Humas Pemerintah Provinsi Banten.

Abinales, Patricio N. 2000. *Making Mindanao: Cotabato and Davao in the Formation of the Philippine Nation-State*. Manila: Ateneo de Manila University Press. xii + 235p.

Ace Hasan Syadzily dan Burhanuddin. 2002. *Civil Society & Demokrasi: Survey tentang Partisipasi Sosial-Politik Warga Jakarta*. Ciputat: INCIS.

Adnan Buyung Nasution, Harun Alrasid, Ichlasul Amal, dkk. 1999. *Federalisme untuk Indonesia*. Jakarta: Kompas.

Agus Sutisna 2001. *Banten Paska Provinsi: Mengawal Transisi, Membangun Demokrasi*. Lebak: LSPB and Partnership for Governance Reform in Indonesia.

Ahmad-Norma Permata. 2008. Ideology, institutions, political actions: Prosperous Justice party (PKS) in Indonesia. *ASIEN 109* (October). pp. 22-36.

Ali Moertopo. 1973. *Dasar-dasar Pemikiran tentang Akselerasi Modernisasi Pembangunan 25 Tahun*. Jakarta: Yayasan Proklamasi, Center for Strategic and International Studies.

Anderson, Benedict R. O'G. 1972. *Java in a Time of Revolution: Occupation and Resistance, 1944-1946*. Ithaca and London: Cornell University Press.

Anderson, Benedict R. O'G. 1990. Murder and Progress in Modern Sham. *New Left Review* I/181. pp. 33-48.

Anderson, Benedict. R. O'G. ed. 2001. *Violence and the State in Suharto's Indonesia*. Ithaca: Cornell University Press.

Andri Rosadi. 2008. *Hitam Putih FPI (Front Pembela Islam): Mengungkap Rahasia-rahasia Mencengangkan Ormas Keagamaan Paling Kontroversial*. Jakarta: Nun Publisher.

Anis Matta. 2002. *Menikmati Demokrasi: Strategi Dakwah Meraih Kemenangan*. Jakarta: Pustaka Saksi.

Any Muhammad Furkon. 2004. *Partai Keadilan Sejahtera: Ideologi dan Praksis Politik Kaum Muda Muslim Indonesia Kontemporer.* Jakarta: Teraju.

Aragon, Lorraine V. 2001. Communal Violence in Poso, Central Sulawesi: Where People Eat Fish and Fish Eat People. *Indonesia* (October) 72. 45-79.

Aragon, Lorraine V. 2007. Elite Competition in Central Sulawesi. In *Renegotiating Boundaries: Local Politics in Post-Suharto Indonesia* (eds. by Henk Schulte Nordholt and Gerry van Klinken).

Leiden: KITLV Press. 39–66.
Aref Rahmat, M. 2011. *Ali Moertopo dan Dunia Intelijen Indonesia.* Yogyakarta: Narasi.
Arianto Sangaji. 2007. The Security Forces and Regional Violence in Poso. In *Renegotiating Boundaries: Local Politics in Post-Suharto Indonesia* (eds. by Henk Schulte Nordholt and Gerry van Klinken). Leiden: KITLV Press. 255–280.
Aspinall, Edward and Mietzner, Marcus. 2010. *Problems of Democratisation in Indonesia: Elections, Institutions and Society.* Singapore: ISEAS.
Aspinall, Edward and Fealy, Greg eds. *Local Power and Politics in Indonesia: Decentralization & Democratisation.* Singapore: Institute of Southeast Asian Studies.
Bachtiar Adnan Kusuma and Alip Yog Kunandar 2006. *Sulbar, Dulu, Kini dan Esok: Sebuah Jalan Terjal Menuju Provinsi.* Jakarta: Yapensi Jakarta.
Bambang Wijoyanto. 2013. Anti-Corruption Law Renewal in Indonesia: Challenges and Opportunities (A Review of Law Reform of 1998–2012). In the Proceedings of the International Seminar "Socio, Political and Economic Reform in Southeast Asia: Assessments and the Way Forward" (Held in LIPI on March 10, 2013 under JSPS Asia Core Program.
Bappeda (Badan Perencanaan Pembangunan Daerah) Propinsi Jawa Barat 2000. *Kajian Sementara Perkembangan Pembangunan dan Prospek Wilayah Banten.* Bandung: Bappeda Propinsi Jawa Barat.
Benny Subianto. 2009. Ethnic Politics and the Rise of the Dayak-Bureaucrats in Local Elections: Pilkada in Six Kabupaten in West Kalimantan. In Maribeth Erb and Priyambudi Sulistiyanto eds. *Deepening Democracy in Indonesia? Direct Elections for Local Leaders (Pilkada).* Singapore: ISEAS. 327–354.
Billah, KH. Gentur Mu'min. 2002. *Satuan Karya Ulama Indonesia: Komitmen Kemitraan Ulama dengan Umaro.* n.p.
BPS (Badan Pusat Statistik). 2001a. *Penduduk Banten.* Jakarta: BPS.
BPS. 2001b. *Penduduk Sulawesi Selatan.* Jakarta: BPS.
BPS. 2002. Statistik Keuangan Pemerintah Daerah Kabupaten/Kota 1999/2000–2000. Jakarta: BPS.
BPS 2003a. Statistik Keuangan Pemerintah Daerah Propinsi 1999/2000–2002. Jakarta: BPS.
BPS 2003b. Statistik Keuangan Pemerintah Daerah Kabupaten/Kota 2000–2002. Jakarta: BPS.
BPS (Badan Pusat Statistik) Provinsi Banten. 2007. *Banten Dalam Angka 2007.* Serang: BPS Provinsi Banten.
BPS Provinsi Banten. 2010. *Hasil Sensus Penduduk 2010: Data Agregat per Kabupaten/Kota Provinsi Banten.* Serang: BPS Provinsi Banten.
BPS (Badan Pusat Statistik) Provinsi Banten. 2011. *Banten Dalam Angka 2011.* Serang: BPS Provinsi Banten.
Brancati, Dawn. 2009. *Peace by Design: Managing Intrastate Conflict through Decentralization.* New York: Oxford University Press.
Brown, David. and Wilson, Ian Douglas. 2007. Ethnicized Violence in Indonesia: Where Criminals and Fanatics Meet. *Nationalism and Ethnic Politics* 13: 3. 367–403.
Brown, Graham and Diprose, Rachel. 2009. Bare-Chested Politics in Central Sulawesi: Local Elections in a Post-Conflict Region. In Maribeth Erb and Priyambudi Sulistiyanto eds. *Deepening Democracy in Indonesia? Direct Elections for Local Leaders (Pilkada).* Singapore: ISEAS. 352–374.

Center for Strategic and International Studies (CSIS). 2004. *Ali Moertopo, 1924-1984*. Jakarta: CSIS.

Colombijn, Freek and Lindblad, J. Thomas. 2002. Introduction. In *Roots of Violence in Indonesia* (eds. by Freek Colombijn and J. Thomas Lindblad). Singapore: ISEAS. 1-32.

Conboy, Ken. 2004. *Intel: Inside Indonesia's Intelligence Service*. Jakarta Equinox.

Coppel, Charles A. ed. 2006. *Violent Conflicts in Indonesia: Analysis, Representation, Resolution*. London and New York: Routledge.

Crouch, Harold. 2010. *Political Reform in Indonesia after Soeharto*. Singapore: ISEAS.

Cribb, Robert. 1991. *Gangsters and Revolutionaries: The Jakarta People's Militia and the Indonesian Revolution 1945-1949*. North Sydney: Allen & Unwin.

Danmanik, Said Ali. 2002. *Fenomena Partai Keadilan: Transformasi 20 Tahun Gerakan Tarbiyah di Indonesia*. Jakarta: Teraju.

Devas, N. 1989, *Financing Local Government in Indonesia*, Ohio University Monographs in International Studies, Southeast Asia Series, No. 84, Athens: Ohio University.

Dinas Sejarah Kodam V/Jaya 1975. *Sejarah Perjuangan Rakyat Jakarta, Tanggerang dan Bekasi dalam Menegakkan Kemerdekaan R. I.* Jakarta: Dinas Sejarah Kodam V/Jaya.

Djoko Sri Moeljono 2013. *Banten Seabad Setelah Multatuli: Catatan Seorang Tapol 12 Tahun dalam Tahanan, Kerja Rodi dan Pembuangan*. Bandung: Ultimus.

DPD Golongan Karya Tingkat I Jawa Barat berkerjasama dengan Yayasan Wahana Citra Nusantara, Yayasan Siger Tengah dan Yayasan Panca Bhakti Pakuan 1993. *Kiprah Golongan Karya Jawa Barat dari Masa ke Masa: Buku II*. Bandung: CV. Karang Sewu.

DSF (Decentralization Support Facility). 2007. *Costs and Benefits of New Region Creation in Indonesia* (Final Report). Jakarta: Decentralization Support Facility.

Eindhoven, Myrna. 2007. New Colonizers? Identity, Representation and Government in the post-New Order Mentawai Archipelago. In *Renegotiating Boundaries: Local Politics in Post-Suharto Indonesia* (eds. by Henk Schulte Nordholt and Gerry van Klinken). Leiden: KITLV Press. 67-90.

Ensering, Else. 1995. Banten in Times of Revolution. *archipel 50 (Banten, Histoire d'une Region)*. 131-163.

Erb, Maribeth and Sulistiyanto, Priyambudi eds. 2009. *Deepening Democracy in Indonesia? Direct Elections for Local Leaders (Pilkada)*. Singapore: ISEAS.

Eriyanto. 2007a. Indumbent dan Pilkada. *Kajian Bulanan* (Lingkaran Survei Indonesia). Edisi 02-Juni. 1-27.

Eriyanto. 2007b. Pilkada DKI Jakarta dan Efektifitas Koalisi Partai. *Kajian Bulanan* (Lingkaran Survei Indonesia). Edisi 04-Agustus. 1-31.

Eriyanto. 2008a. Faktor Etnis dalam Pilkada. *Kajian Bulanan* (Lingkaran Survei Indonesia). Edisi 09-Januari 2008. 1-22.

Eriyanto. 2008b. Faktor Agama dalam Pilkada. *Kajian Bulanan* (Lingkaran Survei Indonesia). Edisi 10-Februari 2008.

Eriyanto, Sukanta, Taufik Ramdhani. 2008. Kandidat dan Partai: Pelajaran dari Pilkada Jawa Barat dan Sumatera Utara. Kajian Bulanan (Lingkaran Survei Indonesia). Edisi 12-April 2008.

Evans, Kevin Raymond. 2003. *Sejarah Pemilu & Partai Politik di Indonesia*. Jakarta: PT Arise Consultancies.

Faucher, Carole. 2007. Contesting Boundaries in the Riau Archipelago. In *Renegotiating Boundaries: Local Politics in Post-Suharto Indonesia* (eds. by Henk Schulte Nordholt and Gerry van Klinken). Leiden: KITLV Press. 443–458.

Fealy, Greg. 2008. Indonesia: Pietism and Compromising for Power. In Anthony Bubalo, Greg Fealy and Whit Mason. *Zealous democrats: Islamism and Democracy in Egypt, Indonesia and Turkey*. New South Wales: Lowy Institute. 49–74.

Fitria Fitrani, Bert Hofman and Kai Kaiser 2005. Unity in Diversity?: The Creation of New Local Governments in a Decentralising Indonesia. *Bulletin of Indonesian Economic Studies*. Vol. 41 (1). 57–79.

Freedom House. 2012. *Freedom in the World 2012*. Washington D. C.: Freedom House.

藤田英里　2001.「植民地期ジャワの長老とバンテン村落」『史學研究』234号，24–47頁。

深尾康夫　1999a.「中央エリートの内部対立と州知事選挙—1990年代前半インドネシアの事例」亜細亜大学国際関係学会『国際関係紀要』第8巻第2号，1999年2月。

深尾康夫　1999b.「インドネシアの分権化—スハルト政権期パイロットプロジェクトへの考察」秀明大学紀要『国際研究論集』第12巻第1号，1999年4月。

深尾康夫　2003.「ポスト・スハルト時代地方政治の構図—リアウ群島州分立運動の事例から」（松井和久編『インドネシアの地方分権化—分権化をめぐる中央・地方のダイナミクスとリアリティー』アジア経済研究所），77–158頁。

GPI Jawa Barat 1999, *Nuriana Diguncang: Korupsi Rp 172 Miliar?* n.p.

GPRI Serang-Banten. 2000. *Kilas Balik 1 Tahun 4 Mei 1999–4 Mei 2000*. GPRI Serang Banten. n. p.

Hadiz, Vedi R. 2003. Power and Politics in North Sumatra: The Uncompleted *Reformasi*. In *Local Power and Politics in Indonesia: Decentralization & Democratisation* (ed. by Edward Aspinall and Greg Fealy). Singapore: Institute of Southeast Asian Studies. 119–131.

Hadiz, Vedi R. 2010. *Localising Power in Post-Authoritarian Indonesia: A Southeast Asia Perspective*. Stanford: Stanford University Press.

Harry Seldadyo. 2009. *Pemekaran Daerah dan Kesejahteraan Rakyat: Mencari Jalan Alternatif*. Jakarta: UNDP.

Headman, Eva-Lotta E. ed. 2008. *Conflict, Violence, and Displacement in Indonesia*. Ithaca: Cornell Southeast Asia Program.

Hilmi Aminuddin. 2007. *Menghilangkan Trauma Persepsi*. Jakarta: Arah Press.

Honna Jun. 2003. *Military Politics and Democratization in Indonesia*. London, New York: RoutledgeCurzon.

本名純　2003.「国軍の財政破綻とその政治インパクト：10州の事例から見る国軍ビジネス，軍管区制度，地方政治，社会不安の関係」財団法人国際金融情報センター『インドネシアの構造改革と日本の援助政策』（財務省委嘱調査），63–80頁。

本名純　2005.「メガワティと闘争民主党の敗北：党内政治・地方政治・選挙政治で何が起こっていたのか」松井和久・川村晃一編著『2004年インドネシア総選挙と新政権の始動—メガワティからユドヨノへ』明石書店，102–144頁。

本名純　2013.『民主化のパラドックス：インドネシアにみるアジア政治の深層』岩波書店。

Ikrar Nusa Bhakti and Irine H. Gayatri. 2002. *Unitary State versus Federal State: Searching for an Ideal Form of the Future Indonesian State*. Jakarta: PPW-LIPI.

Imdadun Rahmat, M. 2008. *Ideologi Politik PKS: Dari Masjid Kampus ke Gedung Parlemen*. Yogyakarta: LKiS.

International Crisis Group (ICG). 2007. *Indonesia: Decentralisation and Local Power Struggles in Maluku.* Asia Briefing No. 64, Jakarta and Brussels: ICG.

ICG. 2010. *Indonesia: Preventing Violence in Local Elections.* Asia Report No. 197. Jakarta and Brussels: ICG.

Iqbal Djajadi. 2004. Kekerasan Etnik dan Perdamaian Etnik: Dinamika Relasi Sosial di Antara Dayak, Melayu, Cina & Madura di Kalimantan Barat. Paper presented at the Reading Group LIPI on January 20, 2004.

Irfan Aulia Ulumuddin. 2013. *Konflik Internal Partai Keadilan Sejahtera (PKS) pada Tahun 2004-2013 (analisis factor penyebab dan dampak).* Skripsi. Fisipol Univsitas Muhammadiya Yogyakarta.

Irsjad Djuwaeli. 1997. *Membawa Mathla'ul Anwar ke Abad XXI.* Jakarta: PB. Mathla'ul Anwar.

Iwan Kusuma Hamdan and Agus Sutisna 2003. *Stakeholders dan Kebijakan Publik dalam Dinamika Politik dan Pembangunan Daerah Provinsi Banten.* Lebak: LSPB and Kemitraan bagi Pembaruan Tata Pemerintahan di Indonesia.

Jacobsen, Michael. 2002. To Be or What to Be – That is the Question' On Factionalism and Secessionism in North Sulawesi Province, Indonesia. *Southeast Asia Research Center Working Paper Series No. 29* (Hongkong: City University of Hongkong). 1-30.

Joko J. Prihatmoko. 2005. *Pemilihan Kepala Daerah Langsung: Filosofi, Sistem dan Problema Penerapan di Indonesia.* Yogyakarta: Pustaka Pelajar.

Josef Christofel Nalenan 2008. Pilkada dan Konflik Massa (http://www.jppr.or.id/content/view/740/80/). (accessed at AM11: 56 on July 5, 2008)

KADIN (Kamar Dagang dan Industri Indonesia). 2001. *KADIN Indonesia Directory 2001/2002.* Jakarta: KADIN.

Karapatan. 2010. 2011 Year-end Report on the Human Rights Situation in the Philippines. Manila: Karapatan. 59p.

川村晃一・東方孝之 2009.「インドネシア：再生した亀裂投票と不明瞭な業績投票」間寧編『アジア開発途上諸国の投票行動―亀裂と経済』アジア経済研究所，265-327頁。

Khatib Mansur 2000, *Profil Haji Tubagus Chasan Sochib beserta Komentar 100 Tokoh Masyarakat seputar Pendekar Banten.* Jakarta: Pustaka Antara Utama.

Kimura, Ehito. 2007. Marginality and Opportunity in the Periphery: The Emergence of Gorontalo Province in North Sulawesi. *Indonesia* 84 (October). 71-95.

KPPB (Komite Pembentukan Propinsi Banten) 1999. *Pokok Pokok Pikiran Pembentukan Propinsi Banten.*

Leo Suryadinata, Evi Nurvidya Arifin and Afis Ananta. 2003. *Indonesia's Population: Ethnicity and Religion in a Changing Political Landscape.* Singapore: ISEAS.

LSI (Lembaga Survei Indonesia). 2006. *Peluang Menang Calon-calon dalam Pilkada Provinsi Banten: Temuan Survei 25-31 Mei 2006.*

Liddle, R. William. and Mujani, Saiful. 2007. Leadership, Party, and Religion: Explaining Voting Behavior in Indonesia. Comparative Political Studies. Vol. 40. No. 7. 832-857.

Lili Romli. 2007. Jawara dan Penguasa Lokal di Provinsi Banten (2001-2006). (PhD Dissertation, Faculty of Social and Political Sciences, University of Indonesia).

LSI-2 (Lingkaran Survei Indonesia). 2006. *Laporan Survei Propinsi Banten.*

MacDougall. John. 2007. Criminality and the political economy of security in Lombok. In

Renegotiating Boundaries: Local Politics in Post-Suharto Indonesia (eds. by Henk Schulte Nordholt and Gerry van Klinken). Leiden: KITLV Press. 281–303.

Makagansa, H. R. 2008. *Tantangan Pemekaran Daerah*. Yogyakarta: FusPad.

Malley, Michael S. 2003a. New Rules, Old Structures and the Limits of Democratic Decentralisation. In *Local Power and Politics in Indonesia: Decentralisation & Democratisation*. (ed by Edward Aspinall and Greg Fealy). Singapore: Institute of Southeast Asian Studies. 102–118.

Malley, Michael S. 2003b. Indonesia: The Erosion of State Capacity. In *State Failure and State Weakness in A Time of Terror*. (ed. by Robert I. Rotberg). Washington: Brookings Institution Press. 183–218.

Mashudi 1999. Gagasan Propinsi Banten In *Kajian Sementara Perkembangan Pembangunan dan Prospek Wilayah Banten* (Bappeda Propinsi Jawa Barat 2000).

増原綾子　2010.『スハルト体制のインドネシア―個人支配の変容と一九九八年政変』東京大学出版会。

McCoy, Alfred W. ed. 2009. *An Anarchy of Families: State and Families in the Philippines*. Wisconsin: University of Wisconsin. 548p.

McVey, Ruth. 1965. *The Rise of Indonesian Communism*. Ithaca: Cornell University Press.

Mietzner, Marcus. 2006. *The Politics of Military Reform in Post-Suharto Indonesia: Elite Conflict, Nationalism, and Institutional Resistance*. Washington DC: East-West Center.

Mietzner, Marcus. 2007. Local Elections and Autonomy in Papua and Aceh: Mitigating or Fueling Secessionism?. *Indonesia* 84 (October). 1–39.

Mietzner, Marcus. 2008. Comparing Indonesia's Party Systems in the 1950s and the Post-Soeharto Era: Centrifugal versus Centripetal Inter-Party Competition. *Journal of Southeast Asian Studies*, Volume 39/3. 431–453.

Mietzner, Marcus. 2009a. *Military Politics, Islam, and the State in Indonesia: from Turbulent Transition to Democratic Consolidation*. Singapore: ISEAS.

Mietzner, Marcus. 2009b. Autonomy, Democracy, and Internal Conflict: The 2006 Gubernatorial Elections in Papua. In Erb, Maribeth and Sulistiyanto, Priyambudi eds. Deepening Democracy in Indonesia? Direct Elections for Local Leaders (Pilkada). Singapore: ISEAS. 259–282.

Mietzner, Marcus. 2011. The Political Marginalization of the Military in Indonesia: Democratic Consolidation, Leadership, and Institutional Reform. In Marcus Mietzner ed. *The Political Resurgence of the Military in Southeast Asia: Conflict and Leadership*. London and New York: Routledge. pp. 126–147.

見市建　2005.「イスラーム票はどう動いたか―南カリマンタン州における福祉正義党の躍進から」松井和久・川村晃一編著『インドネシア総選挙と新政権の始動―メガワティからユドヨノへ』明石書店．343-362頁。

Minako Sakai. 2003. Resisting the Mainland: The Formation of the Province of the Bangka-Belitung (Babel). In *Autonomy and Disintegration in Indonesia* (eds. by Damien Kingsbury and Harry Aveling). London and New York: RoutledgeCurzon. 189–200.

宮本謙介　2003『概説　インドネシア経済史』，有斐閣選書。

森下明子　2003．「スハルト体制崩壊後のインドネシア政治エリート：1999年総選挙による国会議員とはどのような人たちか」『東南アジア研究』41巻3号，361-385頁。

森下明子　2007．「ポスト・スハルト時代のインドネシア国会議員：2004年総選挙後の変化と連続性」『東南アジア研究』45巻1号，57-97頁。

森下明子　2010.「2009年国会議員にみるインドネシアの政党政治家と政党の変化」本名純・川村晃一編『2009年インドネシアの総選挙―ユドヨノ再選の背景と第2期政権の展望』，ジェトロ・アジア経済研究所，91-108頁。

Mulyadi. 2001. Gerakan Pembentukan Provinsi Sulawesi Barat. (BA Thesis. Universitas Negeri Makassar).

南塚信吾　1999『アウトローの世界史』NHKブックス874，日本放送出版協会。

Nina H. Lubis, Dr. 1998. *Kehidupan Kaum Menak: Priangan 1800-1942*. Bandung: Pusat Informasi Kebudayaan Sunda.

野中葉　2010.「インドネシアの大学生によるタルビヤの展開：大学ダアワ運動の発展を支えた人々とイスラーム学習」『東南アジア研究』第48巻1号，25-45頁。

Nurhayat Arif Pernama. 2002. Revitalisasi Lembaga Adat dalam Menyelesaikan Konflik Etnis Menghadapi Otonomi Daerah: Studi Kasus Pulau Bangka. *Antropologi Indonesia* 68. 74-85.

Ockey, James. 1993. *Chaopho*: Capital Accumulation and Social Welfare in Thailand. *Crossroads* 8(1): 48-77.

Ockey, James. 2000. The Rise of Local Power in Thailand: Provincial Crime, Elections and the Bureaucracy. In Ruth McVey ed. *Money and Power in Provincial Thailand*. Singapore: ISEAS; Chiang Mai: Silkworm. pp. 74-96.

大形利之　1995.「第4章　ゴルカル―スハルトと国軍のはざまで」安中章夫・三平則夫編『現代インドネシアの政治と経済―スハルト政権の30年』アジア経済研究所，143-192頁。

岡本正明　2005.「分権・分離モデルから弱い集権・融合モデルへ―新地方分権制度と内務省の勝利」松井和久・川村晃一編著『2004年インドネシア総選挙と新政権の始動―メガワティからユドヨノへ』明石書店，343-362頁。

Okamoto Masaaki. 2006. Broker Keamanan di Jakarta: Yang Profesional dan Yang Berbasis Massa. In *Kelompok Kekerasan dan Bos Lokal di Indonesia Era Reformasi* (eds. by Okamoto Masaaki dan Abdur Rozaki). Yogyakarta: IRE Press. pp. 1-19.

岡本正明　2007.「自治体新設運動と青年のポリティクス―ゴロンタロ新州設立運動（1998年～2000年）に焦点を当てて」『東南アジア研究』第45巻第4号，137-158頁。

岡本正明　2008.「細分化する地域主義とその後のポリティクス―民主化・分権化後のインドネシアから」『地域研究』第8巻第1号，128-143頁。

Okamoto Masaaki. 2009. Populism under Decentralization in post-Suharto Indonesia. In *Populism in Asia* (eds. by Mizuno Kosuke and Pasuk Pongpaichit). pp. 144-164.

岡本正明　2010.「第4章，政党，候補者の「創造」―民主化と選挙コンサルタント業」本名純・川村晃一編『2009年インドネシア総選挙と新政権の行方』ジェトロ・アジア経済研究所，73-90頁。

岡本正明　2012.「逆コースを歩むインドネシアの地方自治：中央政府による「ガバメント」強化への試み」永井史男・船津和代編『東南アジア：変わりゆく地方自治と政治』ジェトロ・アジア経済研究所，27-66頁。

Ong Hok Ham. 1978. The Inscrutable and the Paranoid: An Investigation into the Sources of the Brotodiningrat Affair, *Southeast Asian Transitions, Approaches through Social History* (ed. by Ruth McVey). New Haven: Yale University Press.

Ong Hok Ham. 1984. The Jago in Colonial Java: An Ambivalent Champion of the People, *History and Peusant Consciousness in South East Asia* (eds. by A. Turton & S. Tanabe). Senri Ethnological Studies Vol. 13. Osaka: National Museum of Ethnology.

Ota Atsushi. 2006. *Changes of Regime and Social Dynamics in West Java: Society, State and the Outer World of Banten, 1750–1830*. Leiden and Boston: Brill.
Panitya Propinsi Banten 1967. *Banten Siap Mendjadi Propinsi*. In *Pokok Pokok Pikiran Pembentukan Propinsi Banten* (KPPB 1999).
Pemda Jabar (Pemerintah Propinsi Daerah Tingkat I Jawa Barat). 1993. *Sejarah Pemerintahan di Jawa Barat*. Bandung.
PKS (Partai Keadilan Sejahtera). 2008a. *Ringkasan Platform dan Isu-isu Nasional*. Jakarta: Majelis Pertimbangan Pusat Partai Keadilan Sejahtera.
PKS. 2008b. *Memperjuangkan Masyarakat Madani*. Jakarta: Majelis Pertimbangan Pusat Partai Keadilan Sejahtera.
Prajak Kongkirati. 2011. Robust Electoral Politics, Unstable Democracy. *East Asia Forum Quarterly* Vol. 3. No. 4. pp. 7–8.
Robison, Richard and Hadiz, Vedi R. 2004. *Reorganizing Power in Indonesia: The Politics of Oligarchy in An Age of Markets*. London and New York: Routledge Curzon.
Rohaiza Ahmad Asi, Johari Efendi, Irine Hiraswari Gayatri, Akiko Horiba, Marc Probost and Muridan Widjojo. 2011. *Conflict Management in Indonesia: An Analysis on the Conflicts in Maluku, Papua and Poso*. Geneva: Center for Humanitarian Dialogue.
Rosidin, Dindin Nurul. 2007. *Quo Vadis Mathla'ul Anwar*. Paper presented at Mathla'ul Anwar's National Coordination Meeting in Batam.
Rotberg, Robert I. 2002. The New Nature of Nation-State Failure. *The Washington Quarterly*. 25 (3): 85–96.
Roth, Dik. 2007. Many Governors, No Province: The Struggle for a Province in the Luwu-Tana Toraja Area in South Sulawesi. In *Renegotiating Boundaries: Local Politics in Post-Suharto Indonesia* (eds. by Henk Schulte Nordholt and Gerry van Klinken). Leiden: KITLV Press. 121–150.
Rush, James R. 1990. *Opium to Java: Revenue Farming and Chinese Enterprise in Colonial Indonesia, 1860–1910*. Ithaca and London: Cornell University Press.
Sartono Kartodirdjo. 1966. *The Peasants' Revolt of Banten in 1888: Its Conditions, Course and Sequel: A Case Study of Social Movements in Indonesia*. 'S-Gravenhage: Martinus Nijhoff.
佐藤次高・清水宏祐・八尾師誠・三浦徹　1994.『イスラム社会のヤクザ―歴史を生きる任侠と無頼』第三書館。
Schiller 2009. Electing District Heads in Indonesia: Democratic Deepening or Elite Entrenchment? In Erb, Maribeth and Sulistiyanto, Priyambudi eds. *Deepening Democracy in Indonesia? Direct Elections for Local Leaders (Pilkada)*. Singapore: ISEAS. 147–173.
Schulte Nordholt, Henk. 1991. The Jago in the Shadow: Crime and 'Order' in the Colonial State in Java (translated by Ernst van Lennep), *RIMA* Vol. 25/1 (Winter). pp. 74–92.
Schulte Nordholt, Henk. 2003. Renegotiating Boundaries: Access, Agency and Identity in post-Suharto Indonesia. *Bijdragen tot de Taal-, Land- end Volkenkunde* 159. 550–589.
Schulte Nordholt, Henk. 2004. Decentralization in Indonesia: Less State, More Democracy? In *Politicising Democracy: The New Local Politics of Democratisation* (eds. By John Harriss, Kristian Stokke and Olle Tornquist). New York: Palgrave Macmillan. 29–50.
Schulte Nordholt, Henk. And Van Klinken, Gerry. 2007. *Introduction*. In *Renegotiating Boundaries: Local Politics in Post-Suharto Indonesia* (eds. by Henk Schulte Nordholt and Gerry van

Klinken). Leiden: KITLV Press. 1–30.

Sedjarah Militer Kodam VI Siliwangi. 1968. *Siliwangi dari Masa ke Masa*. Djakarta: Fakta Mahjuma.

Shatkin, Gavin. 2003. *Globalization and Local Leadership: Growth, Power and Politics in Thailand's Eastern Seaboard*. URRC Working Paper Series 03–05. 34p.

Sidel, John. 1999. *Capital, Coercion, and Crime: Bossism in the Philippines*. Palo Alto: Stanford University Press.

Sidel, John. 2004. Bossism and Democracy in the Philippines, Thailand and Indonesia: Towards an Alternative Framework for the Study of 'Local Strongmen' In *Politicising Democracy: The New Local Politics of Democratisation* (eds. by John Harriss, Kristian Stokke and Olle Törnquist). New York: Palgrave Macmillan. 51–74.

Sidel, John. 2006. *Riots, Pogroms, Jihad: Religious Violence in Indonesia*. Ithaca and London: Cornell University.

Sjahrir, Sutan. 1968. *Our Struggle*. (Translated with an introduction by Benedict R. O'G. Anderson). Ithaca: Cornell University Press.

Slater, Dan. 2004. Indonesia's Accountability Trap: Party Cartels and Presidential Power after Democratic Transition. *Indonesia* 78 (October). 61–92.

Slater, Dan. 2006. The Ironies of Instability in Indonesia." *Social Analysis* 50: 1 (Spring). 208–213.

Smail, John R. W. 1964. *Bandung in the Early Revoluiton, 1945—1946: A Study in the Social History of the Indonesian Revolution*. Ithaca: Cornell Modern Indonesia Project.

Suryawan, I Ngurah. 2005. Bisnis Kekerasan Jagoan Berkeris: Catatan Awal Aksi Pecalang dan Kelompok Milisi di Bali. In *Kelompok Kekerasan dan Bos Lokal di Era Reformasi* (eds. by Okamoto Masaaki and Abdur Rozaki). Yogyakarta: IRE Press. 91–114.

Suryawan, I Ngurah. 2006. *Bali: Narasi dalam Kuasa: Politik & Kekerasan di Bali*. Yogyakarta: Ombak.

Syaiful Bachri. 2008. *Catatan dari Pilkada Kabupaten Tangerang 20 Januari 2008*. n.p.

Syamsul Hadi, Andi Widjajanto, Rori Permadi U., Nurul Rochyati, Supriyanto, Suzanne Maria A., and Wahyu Addinata. 2007. *Disintegrasi Pasca Orde Baru: Negara, Konflik Lokal dan Dinamika Internasional*. Jakarta: Center for International Relations Studies and Yayasan Obor Indonesia.

Syarif Hidayat. 2007. 'Shadow State'?: Business and Politics in the Province of Banten. In Henk Schulte Nordholt and Gerry van Klinken eds. *Renegotiating Boundaries: Local Politics in Post-Suharto Indonesia*. Leiden: KITLV Press. 203–224.

Syarif Hidayat. 2009. Pilkada, Money Politics and the Dangers of "Informal Governance" Practices. In Erb, Maribeth and Sulistiyanto, Priyambudi eds. 2009. *Deepening Democracy in Indonesia? Direct Elections for Local Leaders (Pilkada)*. Singapore: ISEAS. 125–146.

Taylor, R. H. 1996. Introduction. In R. H. Taylor ed. *The Politics of Elections in Southeast Asia*. Washington DC: Woodrow Wilson Center Press and Cambridge University Press. 1–11.

Tifatul Sembiring. 2007. *Dakwah Adalah Perubahan ke Arah yang Lebih Baik*. Jakarta: Arah Press.

Tihami, M. A. 1992. *Kiyai dan Jawara di Banten* (MA. Thesis, Universitas Indonesia).

Tim Pemenangan Pemilu Nasional (TPPN) Partai Keadilan Sejahtera (PKS). 2008. *Buku Saku Pemenangan Pemilu 2009: Kader PKS Mewujudkan Iman dengan Amal Siyasi untuk Kesejahteraan Bangsa*. Jakarta: TPPN PKS.

Tjetje Hidayat Padmadinata 2006. *Stengah Abad Perlawanan: 1955–2005: Memoar Tjetje H. Padmadinata*. Bandung: Hikayat Dunia.

Turton, David. 2006. Ethnic Federalism: The Ethiopian Experience in Comparative Perspective. Athens: Ohio University Press.

植村泰夫　1988.「19世紀後半〜20世紀初頭ジャワ・マヅラのデサ首長の社會的地位をめぐって」『東洋史研究』第47巻第3号，76–118頁。

Untung Widyanto. 2005. *Antara Jago dan Preman: Studi Tentang Habitus Premanisme pada Organisasi Forum Betawi Rumpug (FBR)* (MA Tesis, University of Indonesia).

Untung Widyanto. 2006. Jagoan Betawi dari Cakung. *Kelompok Kekerasan dan Bos Lokal di Era Reformasi* (eds. by Okamoto Masaaki and Abdur Rozaki). Yogyakarta: IRE Press. 45–66.

Uwes Qorny 1999. *Sandyakalaning Propinsi Banten*. In *Pokok Pokok Pikiran Pembentukan Propinsi Banten* (KPPB 1999).

Van Bruinessen, Martin. 1995. Shari'a Court, Tarekat and Pesantren: Religious Institutions in the Banten Sultanate. *archipel 50 (Banten, Histoire d'une Region)*. 165–200.

Vel, Jacqueline. 2007. Campaigning for a New District in West Sumba. In *Renegotiating Boundaries: Local Politics in Post-Suharto Indonesia* (eds. by Henk Schulte Nordholt and Gerry van Klinken). Leiden: KITLV Press. 91–120.

ヴィエンラット・ネーティポー　2000.「タイの都市政治における政治的影響力 (1) チェンマイを事例に」『法学論叢』148巻1号，43–64頁。

ヴィエンラット・ネーティポー　2001.「タイの都市政治における政治的影響力 (2) チェンマイを事例に」『法学論叢』149巻6号，46–69頁。

Viengrat Nethipo. 2008. Chaing Mai: Family Business, Tourism and Politics. In Pasuk Phongpaichit and Chris Baker eds., *Thai Capital: After the 1997 Crisis*. Bangkok: Silkworm Books. 215–234.

ワフユ・プラスティヤワン　2007.「ポスト・スハルト期における政治経済：リアウ州における政府間対立：1998–2004年」『東南アジア研究』第45巻第4号，120–136頁。

Williams, Michael C. 1990. *Communism, Religion, and Revolt in Banten*. Ohio: Ohio University Center for International Studies.

Wilson, Ian Douglas. 2002. The Politics of Inner Power: The Practice of Pencak Silat in West Java. (Ph. D. Dissertation, Murdoch University)

Wilson, Ian Douglas. 2006. Continuity and Change: the Changing Contours of Organized Violence in Post-New Order Indonesia. *Critical Asian Studies 38: 2*. 265–297

山本信人　2001.「インドネシアの政治不安と社会統合：噴出した暴力は国家分裂に導くのか」末廣昭・山影進編『アジア政治経済論：アジアの中の日本をめざして』NTT出版, 89–125頁。

Yon Machmudi. 2005. *Partai Kedilah Sejahtera: Wajah Baru Islam Politik Indonesia*. Bandung: harakatuna publishing.

Yudi Latif, Aay Muhamad Furkon and Edwin Arifin. 2005. *Partai Keadilan Sejahtera*. Final Report. (Studi Monografi Partai Politik). Jakarta: Reform Institute.

〈ウェブサイト〉

banten.bps.go.id/pop1.htm（2008年11月9日 10:20 アクセス）

bcwbanten.blogspot.com/（2008年12月2日 13:15 アクセス）

chasansochib.blogspot.com/（2008年11月5日 14:14 アクセス）

www.bantenlink.com（2007年6月10日 18:29 アクセス）

www.koranbanten.com/（2009年2月2日 19:15 アクセス）

www.pk-sejahtera.org/v2/index.php（2009年3月8日 18:04 アクセス）

www.syaikhachmadsyaechudin.org/（2008 年 10 月 10 日 12:15 アクセス）
www.tokohindonesia.com/ensiklopedi/t/trihatma-kusuma-haliman/index.shtml（2008 年 10 月 14 日 17:15 アクセス）
www.zulkieflimansyah.com/in/pks-tidak-akan-paksakan-syariat-islam.html（2008 年 8 月 10 日 20:37 アクセス）

索引（事項／人名／地名）

■事項

[インドネシア国内法]
1974年第5号法　75
1999年第2号法　23 →政党法
1999年第3号法　23 →総選挙法
1999年第22号法　23, 26, 27, 126, 228
1999年第25号法　27
2003年第32号法　28
2003年第33号法　28
2004年第32号法　25, 228, 259
2014年第22号法　260
2014年第23号法　260

[英数字]
9・30事件　63
GTZ（ドイツ国際協力公社）　29
ICW →インドネシアン・コラプション・ウォッチ
PPPSBBI →インドネシア・バンテン文化・芸術・拳術家連合
TTKKDH（チマンデ流拳術道場）　138

[ア行]
暁の攻撃（Serangan Fajar）　169
アクセス・リサーチ・インドネシア　208
アジア経済（通貨）危機　7, 103
アフマディヤ（ムハンマドの後にも預言者の存在を認める宗教組織）　192
アヘン請負　46, 48
アラブ人　222
アル・イザー委員会　200
アル・ハエリヤ（Al Khaeriyah　イスラーム系社会組織の一つ）　83
イスラーム学生連盟（HMI）　150
イスラーム主義　184
イスラーム神秘主義　50
イスラーム的市民社会　191
イフワン（イスラーム法やイスラームの真理を学ぶグループ討論）　185
インターナショナル・クライシス・グループ（ICG）　15
インドネシア・イスラーム学生活動連合（KAMMI）　150

インドネシア・イスラーム知識人協会（ICMI）　104
インドネシア・バンテン文化・芸術・拳術家連合（PPPSBBI）　17-18, 85, 128, 133, 148, 170
インドネシア・福祉正義党→福祉正義党
インドネシア・ムスリム学生活動連合（KAMMI）　184
インドネシア・ムスリム党（Parmusi）　81
インドネシア共産党（Partai Komunis Indonesia, PKI）　48, 65
インドネシア国民委員会地方支部（KNID）　57
インドネシア拳術（Pencak Silat）　86
インドネシア青年学生活動連盟（KAPPI）　68
インドネシア調査研究所　160
インドネシア調査サークル（LSI-2）　157, 160
インドネシアン・コラプション・ウォッチ（ICW）　264, 266
ウスタッド（Ustad　若いウラマーや宗教教師）　82
ウスロ→イフワン
ウラマー　49, 81, 199
　ウラマー作業隊（Satuan Karya Ulama, Satkar Ulama）　81, 98, 124
　ウラマー評議会（Majlis Ulama）　58
エスニック連邦主義　218
汚職撲滅委員会（KPK）　262-263
オリガーク／オリガーキー（oligarchy）　12, 217, 250

[カ行]
開発統一党（PPP）　79
家産化／家産制　250, 256, 259, 267
華人　219, 223-224, 240, 242
カディリヤ・ワ・ナサバンディヤ（Qadiriyah Wa Naqsyabandiyah）　50 →タレカット
カルテル政治論　12
喜捨（zakat）　49, 95
キャンパス布教委員会（LDK）　184
供食儀礼（Selametan）　185, 187
強制栽培制度　48
金権政治　13

289

均衡の政治　119
勤労青年団　240
グッド・ガバナンス　130, 191
クラカタウ・スチール社　39
県・市分所（Kandep）　74
権威主義体制　6
原住民官吏（Pangreh Pradja）　44, 55
拳術家作業部隊（Satkar Pendekar）　85
建設業発展委員会（LPJK）　123
公務員組合（KORPRI）　79
国民信託党　105
国家開発企画庁（BAPPENAS）　75
ゴルカル　69, 74, 78, 159, 258
ゴロツキ（プレマン）組織　16
ゴロンタロ人　220

[サ行]
細分化する地域主義　28, 62, 119
『サビリ』誌　186, 200–201
サラフィー主義　183
サルモン・モスク　183
サンギヘ人　225
サントリ（santri）　49
死者への儀礼　185, 187
自治体新設運動　18, 31, 33, 218, 228, 249
自治体の細分化　9
七人委員会　29
シナル・チオマス・ラヤ株式会社　91, 131–132
社会革命　57
社会政治局（Dinas Sosial Politik）　74
社会的亀裂　6, 9, 19, 26, 61, 103, 178, 217, 229, 244, 249, 254
ジャガバヤ　45
ジャカルタ憲章　188
ジャゴ（jago）　45–46
ジャワ人　39, 219, 223, 237, 240
ジャワ防衛義勇軍（ペタ）　57
ジャワラ　45–46, 65, 85, 123, 148, 199
州支所　74
州総督　133
私有地　59
集票請負人　252
呪術　59, 92
首長間接選挙制度　260
首長公選　229
商工会議所　91, 123, 130
シリワンギ師団　62, 65–66, 90
シリワンギ青年団（AMS）　68, 80
新設自治体　255

人民議会　58
スカルノ・ハッタ国際空港　108
スハルト体制　7
スンダ人　39, 44, 64, 78, 103, 118
正義派　197
正義労働者組合　200
政治的安定　6, 18
　地方の政治的安定　8
政党法（1999年第2号法）　23
全インドネシア土建業者連合　91, 123
全バンテン人潜在能力領導会（BPPKB）　144, 170
相互扶助家族協議党（MKGR）　105
総選挙法（1999年第3号法）　23

[タ行]
タイ愛国党　252
多極共存型民主主義　14
ダクワ（布教）運動　183
ダヤック人　223–224, 240, 242
タラウド人　225
タルビヤ（教育）運動　184, 206
ダルル・イスラーム運動　62
タレカット（スラーム神秘主義教団）　45
ダントゥット（インドネシア固有のムード歌謡）　95, 134
タンボン自治体　253
地方自治諮問委員会（DPOD）　112–113
地方首長公選　10, 13, 25, 157, 229, 244, 261
地方代表議会（DPD）　24
チャオポー（タイの地方ボス）　252
中道化　8, 19
チレゴン反乱　50
月星党　105
デブス（debus）　45, 134
闘争民主党　127, 129, 159, 162, 193
トギアン人　223
特殊工作班（Operasi Khusus, Opsus）　68
特殊護衛部隊（GAPSUS）　85, 116
トジョ人　222–223
トラジャ人　221, 231

[ナ行]
ナサコム（NASAKOM）体制　63, 65
ナックレーン（タイの無法者）　45
ナフダトゥール・ウラマー（NU）　61
ニアス人　237

[ハ行]

ハーバード大学　93
バタック人　237
破綻国家（failed state）　7
パモナ人　222-223, 234
パモン・プラジャ（原住民行政官吏）　58 →原住民官吏
反汚職のジハード　186, 188
パンチャシラ（スカルノ体制の国家原則）　73
パンチャシラ青年団　17, 240
パンチュル・カシ（敬愛の泉）財団　224
バンテン王国　43
バンテン開発戦略研究所　130
バンテン敬愛会（MPB）　149
バンテン社会協議会（M3B）　138, 148, 151, 204
バンテン州作業チーム　106
バンテン州設立委員会　105
バンテン州設立調整委員会　107, 109, 114, 126
バンテン人　39
バンテン統一協会（LBB）　169, 175
バンテン有志連合（RBB）　170, 210
反ポルノ法　192
ファーストコム社　196
ブギス人　221-222, 231
福祉正義党　179, 195
福祉派　197
福祉バンテン労働者友好協会　200
プサントレン（Pesantren　イスラーム寄宿塾）　49
ブタウィ人　39
フリーダムハウス（アメリカの国際NGO）　8
フレッシュ・マネー　146
プロジェクトたかり　201
文民統治　23
保安挺身隊（Pam Swakarsa）　116
崩壊国家（collapsed state）　7
ポーク・バレル　250
ボドモロ・アグン・グループ　171

[マ行]

マウラナ・ユスフ地方軍分区（Korem）64-65, 74, 80, 265
マカッサル人　221, 231
マシュミ党　81
マトゥラウール・アンワル（Mathlaul Anwar　イスラーム系社会組織の一つ）　81, 83
マドゥラ人　223, 240
マドラサ（Madrasah　イスラーム学校）　83
マルコス権威主義体制　250
マレー人　219
マンダール人　221
ミナハサ人　220, 235
ミナンカバウ人　224, 237
民主化パラドックス論　12
民主主義者党　193
民主党（PDI）　79
民兵組織　16
ムスリム同胞団　183
ムスリムの家　193
ムハマディヤ（Muhammadiyah　イスラーム系社会組織の一つ）　61, 83
ムラユ人　223-224, 237, 240, 242
ムロビ　185
ムンタウィ人　224
モロ・イスラーム解放戦線（MILF）　251
モロ民族解放戦線（MNLF）　251

[ラ行]

ラウ・グループ　130-131, 135, 140, 142, 146, 149, 152, 162, 164, 166, 176, 203, 213, 263
ラウ市場　98
蘭領東インド政庁　44
陸軍特殊部隊（Kopassus）　74, 86, 265
リッポー・グループ　127
リファイヤ（Rifa'iyyah　イスラーム神秘主義教団の一つ）　50
ルウ人　232

■人名

アアート・シャファート, Tb.　99, 145, 146
アイップ・ムフリフ　131
アイディット, D. N　65
アイリン→アイリン・ラフマニ・ディアニ・ワルダナ
アイリン・ラフマニ・ディアニ・ワルダナ　209, 210, 257, 264
アエンク・ハエルディン　124
アエプ　173
アガ・ノール, M.　175
アキル・モフタル　262
アグス・スティスナ　149
アグス・プジ・ラハルジョ　200, 203
アクバル・タンジュン　88, 116
アチェ・ハサン・シャヅィリ　149, 159
アチェン・イスハック　124, 146

アトゥット　124, 126, 136, 152, 157, 162, 208, 257, 263
アニス・マッタ　194, 198
アブドゥル・カリム　50
アブドゥル・ハミド　42
アフマド，パンゲラン　46
アフマド・ハエルン，ハジ　59
アフマド・ホティーブ　57, 90
アフメド・ザキ・イスカンダール　140
アブリザル・バクリー　115
アミン・ライス　194
アラムシャ・ラトゥ・プラウィラヌガラ，H　84
アリ・ムルトポ　68
アリ・ヤフヤ　109
アリフ・キルディアット　265
アリミン　48
アンビ・タヌジワ　127
イスメット・イスカンダール　139, 208
イパン・ワヒド　196
イビ・シャティビ，H　88
イマン・アリヤディ　145, 206
イルシャッド・ジュワエリ，HM　84, 106
イワン・ハムダン　149
ウィラナタクスマ　56
ウィラント　88, 194
ウィリアムス，W　41
ウィルソン　42
ウウ・マンクサスミタ　104
ウェス・コルニ　68, 104, 115
ウダイ・スハダ　264
ウチ・サヌシ　89, 134
エキ・シャフルディン　106
エディ・ムルヤディ　145
エンバイ・ムルヤ・シャリフ　99
太田淳　41

ガマワン・ファウジ　258
カルトスウィルヨ　62
コルニ→ウェス・コルニ

サイフル・ムザニ　160
サム・ラフマット　145, 159, 168
サルトノ・カルトディルジョ　41
ジャヤバヤ→ムルヤディ・ジャヤバヤ
シャフリル　55
ジャズリ・ジュワエリ　209
シャリフ・ヒダヤット　42
ジョコ・ウィドド　260–261, 267

ジョコ・ムナンダール　128, 133
スカルニ　55
スカルノ　55
スカンダ・プラタマンガラ　60
スタルジョ・カルトハディクスモ　56
スハルト大統領　6
ズルキフリマンシャ　184, 192, 206
スルヤディ→スルヤディ・スディルジャ
スルヤディ・スディルジャ　109, 113
セワカ　60
ソリヒン・GP　80, 85

ダーエンデルス，ヘルマン・ウィレム　43, 46
ダイ・バフティアル　136
タウフィック・キーマス　137
タウフィック・ヌリマン　94, 99, 110, 138, 204
タクシン　252
タトゥ・ハサナ　205, 267
ダルモノ・K・ラウィ　126
タン・マラカ　58
チェ・ママット　57, 90
ティファトゥル・スンビリン　193, 197
ティハミ　42, 45, 106
ディミヤティ，アブヤ　84
ディミヤティ・ナタクスマ　142
デデ・ユスフ　191
デディ・グムラル　206
デニー・JA　160, 175
トリヤナ→トリヤナ・シャムン
トリヤナ・シャムン，H・Tb　107, 114, 159, 161

ヌリアナ→タウフィック・ヌリマン

ハエリ・ワルダナ　166, 170, 174, 176–177, 210, 256, 262
ハエルル・ザマン，Tb　205
ハエルル・サレ　55
ハカムディン・ジャマル，H　114, 125
ハサン・ソヒブ　85, 90, 107, 114, 157, 202
バスキ・プルナマ　262
ハッタ　55
ハディース，V　12
ヒダヤット・ヌル・ワヒド　198
ヒルミ→ヒルミ・アミヌディン
ヒルミ・アミヌディン　185, 191, 194, 197
藤田英里　41
ブルイネッセン，ファン　42, 50
ブルハン，K　84

フルフローニェ，スヌーク 49
ブンヤミン 203
ヘルマン・ハエルマン 127
ヘルリナ・ルビス 111
ベンヤミン・ダフニー 166

マス・サントソ 89, 95
マスドゥキ，HM 166-167
マスフディ 110
マフムド，K 81, 91
マリサ→マリサ・ハック
マリサ・ハック 160-162, 164, 206

ミーツナー，マルクス 8, 18
ミグダル，J 41
ムハマド・ダヌ 69
ムルヤディ・ジャジャバヤ 99, 137, 147
メガワティ 137
モハマド・サヌシ 66

ヤヤ・スハルトノ 201, 203

ラッフルズ，トーマス 44, 46
ラノ・カルノ 211, 258
ラフマン，MA 136
リスマ 262
リドワン・カミル 262
リヤス・ラシッド 29, 108, 112
リリ・ロムリ 42
リリス・カルヤワティ 205
ルスリ・リドゥワン 106
ル・カキン，Tb 124, 146
レイプハルト 14
レーニン，ウラジーミル 51
ロビソン，R 12

ワヒディン・ハリム 139, 205
ワルダナ→ハエリ・ワルダナ
ワワン→ハエリ・ワルダナ

■地名

アチェ 15, 227, 253
アンボン市 10, 233
北スマトラ州 237
北スラウェシ州 220, 225
クディリ 83
ゴロンタロ地方/ゴロンタロ州 220
セラン県・市 37
タイ深南部 253
タンゲラン地方/タンゲラン県・市 37, 139, 165, 199
タンジュンプリオク 48
チオマス地方 58
チレゴン市 37, 199
チレボン地方 111
トラジャ地方 222
中スラウェシ州 222
西カリマンタン州 16, 223, 240
西スマトラ州 224
西スラウェシ州 221
パプア（イリアン・ジャヤ） 15, 147, 227, 253
バンカ・ビリトゥン島嶼部 219, 230
パンデグラン県 37
バンドン 104

東カリマンタン 31, 147
東ヌサトゥンガラ州 226
プリアンガン地方 103, 110, 118
ベンクルー 104
ボーヘン・ディグール 51
ポソ県 10, 16, 222, 234
ボラーン・モンゴンドウ県 225
マギンダナオ州 251
マナド市 235
マルク 104
南スマトラ州 219
南スラウェシ州 221, 231
南タンゲラン市 37
ミンダナオ 251, 253
ムンタウィ地方 224
メッカ 192
ランプン地方 63, 104
リアウ 31, 147, 226
リアウ島嶼部 226-227
リルボヨ 83
ルウ地方 222
ルバック県 37

索引 293

著者略歴

岡本　正明（おかもと　まさあき）
京都大学東南アジア研究所准教授。東南アジア地域研究専攻。
1971 年，兵庫県生まれ。1994 年，京都大学法学部（比較政治学専攻）卒業。
1999 年，京都大学大学院人間・環境学研究科文化・地域環境学専攻博士後期課程研究指導認定退学。2001 年，国際協力事業団（JICA）長期派遣専門家。
2003 年より現職。

主な著作に

「インドネシアにおける地方政治の活性化と州「総督」の誕生──バンテン地方の政治：1998-2003」，『東南アジア研究』第 34 巻第 1 号，3-25 頁，2005．
Kelompok Kekerasan dan Bos Lokal di Indonesia Era Reformasi, Yogyakarta: IRE Press. xxii + 161p., 2006. (Abdur Rozaki との共編)
Jawara in Power, 1998-2007, *Indonesia 86*, pp. 109-138. October, 2008. (Abdul Hamid との共著)
Populism under Decentralization in post-Suharto Indonesia. In Mizuno Kosuke and Pasuk Pongpaichit (eds.), *Populism in Asia*, 2009, pp. 144-164.
Islam in Contention: The Rethinking of Islam and State in Indonesia. Jakarta: CSEAS, CAPAS and Wahid Institute. x + 468p., 2010 (Ota Atsushi, Ahmad Suaedy との共編)
「逆コースを歩むインドネシアの地方自治：中央政府による「ガバメント」強化への試み」，船津鶴代・永井史男編『東南アジア：変わりゆく地方自治と政治』（ジェトロ・アジア経済研究所），27-66 頁，2012．
「環境にやさしいアブラヤシ農園というディスコースの誕生：インドネシアのアブラヤシ農園拡大戦略から」『地域研究』14 巻 1 号，238-263 頁，2013．
など。

暴力と適応の政治学
── インドネシア民主化と地方政治の安定
（地域研究叢書 30）　　　　　　　　　　　　© Masaaki Okamoto 2015

平成 27（2015）年 6 月 30 日　初版第一刷発行

	著　者	岡　本　正　明
	発行人	檜　山　爲次郎
発行所	京都大学学術出版会	

京都市左京区吉田近衞町 69 番地
京都大学吉田南構内（〒606-8315）
電　話（075）761-6182
Ｆ Ａ Ｘ（075）761-6190
Home page http://www.kyoto-up.or.jp
振　替　01000-8-64677

ISBN 978-4-87698-880-8　　　　　　印刷・製本　クイックス
Printed in Japan　　　　　　　　　　定価はカバーに表示してあります

本書のコピー，スキャン，デジタル化等の無断複製は著作権法上での例外を除き禁じられています。本書を代行業者等の第三者に依頼してスキャンやデジタル化することは，たとえ個人や家庭内での利用でも著作権法違反です。